MANUALI, TECNICA E SPORT

Biblioteca del mare®

Giancarlo Pedote

IL MANUALE DELLO SKIPPER

MURSIA

Disegni in copertina: Filippo Biagi

Illustrazioni nel testo: Alessandro Giommetti

Il nostro indirizzo Internet è: http://www.mursia.com

L'indirizzo Internet dell'Autore è: www.giancarlopedote.it
L'email dell'Autore è: info@giancarlopedote.it

5376/AC - Gruppo Ugo Mursia Editore S.p.A. - Milano
Stampato da Grafica Veneta - Trebaseleghe (Padova)

Anno	Ristampa
07 06 05 04	1 2 3 4

Alla prima barca che mi regalerà
l'Oceano in solitario

CERCASI SPONSOR URGENTEMENTE

SOMMARIO

PRESENTAZIONE

Una conoscenza nata sulle banchine di Riva di Traiano, in occasione della «Roma per 2» 2003, quando, vicini di barca nel gruppo dei Mini 650, entrambi, Giancarlo ed io, coltivavamo la passione per il mare, il desiderio di esperienze nuove e la voglia di navigare.

«Dove vai? Ti serve un passaggio?» Fin da subito, Giancarlo, vedendomi appiedata alla fermata di un autobus che non arrivava mai, mi diede prova di quella solidarietà tutta speciale che unisce la gente di mare. Nel breve tragitto, in cui mi accompagnò dal porto in città, mi colpì il suo sentimento viscerale per la navigazione, intesa soprattutto come vela d'altura, con una visione del mare come viaggio, spostamento, occasione per misurarsi con se stessi e, esperienza estrema, la navigazione in solitario. Ci incontrammo di nuovo qualche settimana dopo a Riva di Traiano, dove entrambi attendevamo di trasferire alcune barche. Conoscendoci si presentò l'occasione di veleggiare insieme all'isola d'Elba su una barca che in autunno avrebbe fatto l'Oceano.

Lì ho conosciuto veramente Giancarlo: sorriso aperto e sincero; capelli neri ricci lasciati un po' incolti che si adattano alla perfezione al suo modo di vivere la vita così come viene, cogliendo i momenti belli e affrontando con coraggio i momenti di sconforto; una volontà quasi esasperata nel dire sempre la verità, in faccia, tendenza che non sempre facilita le cose in un mondo in cui, a volte, l'apparenza vale più della sostanza. Insomma, una persona spontanea, aperta, molto determinata e profonda.

Abbiamo fatto uscite a vela insieme, e ho apprezzato la sua competenza nell'arte della navigazione e l'infinita umiltà che dimostra, nonostante abbia alle spalle grandi esperienze, e che gli lascia aperti gli orizzonti della mente e le porte della conoscenza.

Un giorno mi parlò del libro che stava scrivendo e trovai l'idea geniale, visto che anche a me piace non solo scrivere, ma anche leggere buoni testi che dicano qualcosa di nuovo e abbiano un approccio diverso a temi già così trattati.

Mi diede il manoscritto e provai una certa emozione a tenere tra le mani quei fogli, frutto di una lunga elaborazione, che sicuramente prima o poi sarebbero stati pubblicati. Giancarlo disse: «Leggilo, e dimmi se ti piace...».

Lo lessi accuratamente e con piacere, apprezzandone la chiarezza e l'attenzione che veniva posta a ogni singolo particolare, per non lasciare nulla al caso trattandosi di un elemento da rispettare come il mare. Soprattutto, lo trovai innovativo in quanto la vela viene qui descritta da un punto di vista pratico. *Il manuale dello skipper* è un libro rivolto a tutti i velisti che desiderano approfondire la conoscenza della navigazione da diporto, la gestione dell'imbarcazione e dell'equipaggio. Leggere il libro è un po' come uscire in barca per una crociera, considerando nei minimi particolari tutti gli aspetti organizzativi legati a quest'attività. Parla chiaro ed è esaustivo, senza giri di parole o termini incomprensibili per i non addetti ai lavori, e una successione logicamente orchestrata della casistica e delle problematiche, che possono presentarsi in mare, tiene viva la narrazione. La fluidità del testo, corredato da immagini esplicative, rende la lettura godibile, istruttiva e piacevole, rivolgendosi a tutti coloro che vogliono approfondire le proprie conoscenze, migliorare le proprie capacità e avere una guida nella pratica dell'andar per mare.

Nel contempo Giancarlo mi regalò anche *Il piccolo principe* di Antoine de Saint-Exupéry, che non avevo mai letto, per farmi capire ancora meglio il suo messaggio e il suo modo d'essere. In un certo senso, piano piano addomesticò anche me, come il Piccolo Principe fece con la volpe, intrecciando un'amicizia sincera che risulta sempre un porto sicuro nell'immenso mare imprevedibile dell'esistenza.

La vita ci portò per strani giochi del destino a condividere un'ulteriore esperienza: il battesimo dell'Oceano, sulla stessa barca su cui eravamo usciti per la prima volta insieme all'Elba. Durante i ventitré giorni di traversata il nostro rapporto di fratellanza si consolidò, vivendo in empatia, oltre ai fatti quotidiani, anche le gioie e le difficoltà di questa navigazione, la più lunga da noi compiuta fino a quel momento.

Ho raccontato la storia di come ho conosciuto Giancarlo, perché niente mi appare più incredibile della vita vera, che ti porta, a volte, a incontrare sul tuo cammino persone speciali, che ti accompagnano per un pezzo di strada o per sempre, e con la loro amicizia entrano a far parte del grande tesoro che conserviamo nell'anima e che raccoglie tutte le cose belle.

Sono sicura che questo libro non solo aiuterà i lettori a chiarirsi le idee sui fondamenti della navigazione e offrirà agli skipper spunti di riflessione molto utili, ma trasmetterà anche tutto l'entusiasmo, la passione e l'intelligenza di Giancarlo, piccolo principe del mare. E sono certa che sarà il primo di una lunga serie.

Buon vento!

MARGHERITA PELASCHIER

PREFAZIONE

Il piccolo principe di Antoine de Saint-Exupéry spazzava accuratamente il camino dei suoi vulcani per prevenire le eruzioni, curava attentamente il suo fiore, si prendeva cura di strappare le radici dei baobab: insomma, la sua vita era scandita dal sorvegliare il proprio pianeta. Una barca a vela, nello stesso modo, è come un piccolo pianeta che ha bisogno di un piccolo principe per funzionare al meglio. In mare le situazioni, come nei vulcani, a volte si modificano e possono concretizzarsi in un'eruzione di problemi. «È una questione di disciplina», come diceva il Piccolo Principe.

Un bravo skipper è colui che riesce a prevenire le eruzioni e a mantenere l'imbarcazione sempre in stato di armonia. Per fare questo non occorre essere superuomini, ma occorre imparare a ragionare correttamente, velocemente e a prendersi cura di tutto ciò che fa parte di questo piccolo pianeta eruttante.

In barca spesso non siamo soli, ma con altre persone: a volte esperte, a volte no, di cui comunque noi dobbiamo farci carico. Compito dello skipper è imparare a leggere tra le righe, pensare in anticipo il possibile mutare delle condizioni in peggio ed essere in grado di non rimanere mai senza una risorsa in tasca.

Accade che le situazioni siano incalzanti e, proprio mentre vorremmo fare altro, siamo chiamati al lavoro. A volte, invece, il tempo è dilatato e davanti abbiamo l'opportunità di contemplare orizzonti da cui l'uomo moderno è assai distante. Per fare questo è necessario imparare, come nella matematica, a considerare tutte le variabili possibili di un sistema, per essere poi tempestivamente pronti a risolvere i quesiti che l'imbarcazione e le circostanze ci possono porre.

Quando ciò accade, la nostra barca comincia lentamente a essere protetta da una specie di bolla di sapone ad alta consistenza, in grado di tenere sotto controllo l'attività vulcanica. Stiamo riuscendo, come nell'equitazione, a creare un binomio con il mezzo a nostra disposizione: la barca a vela.

Lo skipper che riesce a stabilire questa fusione con la propria barca diviene il piccolo principe di un piccolo pianeta in cui è possibile vivere l'aspetto fisico-empatico (l'equitazione), l'aspetto logico-deduttivo (la matematica) e quello magico-contemplativo (il piccolo principe).

L'aspetto fisico-empatico si riferisce alla capacità di un essere umano di entrare in sintonia con un elemento del mondo esterno, fino a comprendere il necessario effetto corrispondente ad ogni minima alterazione energetica di quell'elemento: la stessa cosa accade nell'equitazione a un fantino ben affiatato col suo cavallo.

L'aspetto logico-deduttivo riguarda la capacità umana di indurre e dedurre a velocità elevate senza cadere in errore; la differenza con la matematica, però, sta nel fatto che in barca le argomentazioni per essere corrette devono produrre soluzioni pratiche, mentre le contraddizioni in questo caso non lasciano scampo di sorta, poiché i danni sono oggettivi: andiamo a fondo.

L'aspetto magico-contemplativo, infine, si riferisce alla soggettività, alla fantasia, alla capacità umana di rimanere estasiati nel percepire le forze della natura nel suo aspetto primordiale. In una sorta di «stato di grazia» l'individuo è nella condizione migliore per comprendere, e a volte, senza poter dimostrare le proprie idee, è comunque in grado di intuire cose assai importanti che forse non si possono argomentare o spiegare. La filosofia Zen ha già pensato tutto ciò, forse con minor apprensione per comunicarlo filosoficamente. A volte le cose «profonde» sono molto difficili da comunicare.

INTRODUZIONE

A La Rochelle, in Francia, la filosofia della navigazione è così brevemente riassunta: in barca prima si fanno le cose che vengono «prima» e dopo si fanno quelle che vengono «dopo».

Un buon comandante, o skipper, è responsabile e custode di un «guscio attrezzato» e del suo equipaggio, per questo deve prendere tutti gli accorgimenti necessari per una corretta gestione dell'attività di bordo. Non credo possa esistere uno skipper che non sbaglia mai, perché tutte le menti possono andare in corto circuito e quindi sbagliare: l'importante è rendersi conto di questa possibilità e tentare di prevenirla, magari riposandoci un po' se ci sentiamo affaticati. Una volta detto questo, credo però che per un bravo skipper i margini d'errore siano notevolmente riducibili, in funzione soprattutto dell'approccio con cui si pone nei confronti dell'imbarcazione: il controllo mentale del mezzo non deve vacillare, e ciò si ottiene fondamentalmente agendo prima che l'azione diventi una necessità inevitabile.

A volte, parlando dei problemi che possono nascere a bordo, si vorrebbe trovare una risposta definitiva e unica, come se ad ogni circostanza particolare fosse possibile contrapporre uno specifico rimedio, ma ciò non è pensabile perché ogni situazione è un caso a sé che deve essere valutato nel momento in cui si verifica. Per apprendere l'arte della giusta scelta bisogna imparare a discernere le priorità fra le diverse cose da fare in una situazione: ciò si ottiene solamente grazie a un costante e intenso allenamento. Attraverso quest'esercizio si possono trasformare le teorie e le congetture in esperienza, che, insieme a un metodo sempre pronto a essere rimesso in gioco, aumenta il nostro bagaglio tecnico e la nostra tranquillità nelle più svariate evenienze. Navigare e trascorrere ore in mare è molto importante, ma ragionare nelle diverse situazioni che incontriamo lo è ancora di più.

Importantissimo è ricordare che in crociera non dobbiamo dimostrare niente a nessuno, specialmente se a bordo ci sono persone poco o per nulla esperte: a volte rinunciare ai propri programmi di viaggio, per non rendere una giornata di navigazione troppo stancante, e magari approdare in un luogo meno attraente ma più semplice da raggiungere è un comportamento saggio perché può evitarci inconvenienti anche seri; se i nostri passeggeri sono amanti del brivido, possono benissimo scegliere un corso di paracadutismo o qualche altro sport estremo.

Tutti in mare, in misura diversa, abbiamo bisogno degli altri. Proviamo a pensare a quante persone lavorano dietro al suono metallico del VHF e quanto esso sia utile ai naviganti. Per questo motivo in mare dobbiamo essere solidali l'uno con l'altro e disposti ad aiutarci reciprocamente. Ad esempio, un buon capobarca, in vista di un equipaggio di inesperti che non sanno manovrare in porto, difficilmente urlerà come un forsennato le complicate manovre da eseguire nel frastuono provocato dai marinai da banchina che da terra sanno sempre tutto: in questo caso prendere il proprio tender e aiutare l'equipaggio in difficoltà è sicuramente molto più proficuo!

Poiché ci siamo assunti la responsabilità del comando, è necessario essere preparati a fornire a bordo il primo soccorso a chiunque si senta male o si ferisca per una disattenzione.

La messa a punto di un'imbarcazione è un lavoro da orafi della vela: trovare una barca preparata adeguatamente è un evento assai raro. Tutto questo è dovuto al fatto che spesso siamo portati «a lasciar andare le cose finché vanno», sino al punto in cui per qualche congiunzione astrale queste cose smettono di funzionare e si fermano.

In barca, sicuramente con un grande sforzo, è possibile spendere molte energie per evitare che «le cose si fermino». Fare questo significa sacrificio, disciplina e consapevolezza. La consapevolezza, a volte, può metterci di fronte a tante cose che non siamo riusciti a fare prima di partire, perché non ne siamo stati in grado o non abbiamo potuto. Cercare di scoprire perché «le cose si fermano» è la strada che porta a divenire skipper. Il bravo skipper, poi, grazie a una concentrazione costante, farà in modo che «le cose non si fermino», per quanto è possibile.

Il May Day è una chiamata di soccorso che si lancia quando lo skipper, per un suo limite o per causa di forza maggiore, non è più in grado di «gestire le cose» ma sono le cose che gestiscono lui, a schiaffi. A tutti può capitare, e per questo è necessario stare attenti.

In questi ultimi anni il numero delle imbarcazioni da diporto si è incrementato notevolmente, in proporzione al numero di persone che decidono, dopo aver frequentato corsi di vela o conseguito la patente nautica, di noleggiare una barca. Anche il numero degli skipper che lavorano presso società di charter è aumentato, ma sappiamo benissimo che nel nostro paese, per quanto ci sia un'antica tradizione marinaresca, non è poi così facile imparare tutti i trucchi che fanno della navigazione da diporto una vera e propria arte. In tutta umiltà, questo libro ha la presunzione di candidarsi a essere un pezzo di un puzzle, infinito come il mare.

DOTAZIONI E ACCESSORI PER NAVIGARE IN SICUREZZA

CAPITOLO 1

Una volta a bordo il comandante deve accertare che la propria imbarcazione sia fornita delle dotazioni previste, ma anche dei documenti e di altri accessori non obbligatori, ma indispensabili per navigare sicuri ed essere pronti ad affrontare qualsiasi evento straordinario.

Il ritiro di una nuova imbarcazione appena uscita da un cantiere, la partenza per un trasferimento su una barca che non naviga da molto tempo: la presa di possesso dell'imbarcazione è un momento molto importante per lo skipper, e fondamentale è la conoscenza del mezzo che egli sarà in grado di acquisire prima di salpare.

In caso di noleggio di una barca, al momento della consegna può accadere che le dotazioni e gli accessori di bordo siano mostrati e spiegati un po' troppo rapidamente, per questo a chi non è frequentemente a contatto con questo tipo di cose possono subentrare alcune legittime preoccupazioni: viene naturale chiedersi se si è capito tutto o, al contrario, se abbiamo dimenticato qualcosa.

Una volta preso il largo saremo soltanto noi a dover gestire il mezzo che trasporta il nostro equipaggio, e cercare di navigare in sicurezza per prevenire ogni possibile incidente sarà il presupposto necessario per trascorrere, e far trascorrere alle persone imbarcate, una piacevole vacanza in mare. Il primo passo per realizzare tutto ciò è conoscere e familiarizzare con la nostra barca, in modo da scoprire tutte le sue caratteristiche e peculiarità, e accertarsi che sia provvista di tutte le dotazioni e gli accessori, obbligatori e indispensabili, per la navigazione che abbiamo deciso di intraprendere.

La nuova normativa prevede quattro categorie di costruzione stabilite in funzione della forza del vento e dell'altezza significativa delle onde (espresse in scala Beaufort) che l'unità è idonea ad affrontare. Il D.L. 14/8/1996 n. 436 classifica le unità da diporto nelle seguenti categorie:

- la prima abilita alla navigazione in alto mare con vento che può superare forza 8 e onde di altezza significativa oltre 4 m;
- la seconda abilita alla navigazione al largo, con vento fino a forza 8 e onde di altezza significativa fino a 4 m;
- la terza abilita alla navigazione in prossimità della costa, con vento fino a forza 6 e onde di altezza significativa fino a 2 m;
- la quarta abilita alla navigazione in acque protette, con vento fino a forza 4 e onde di altezza significativa fino a 0,5 m.

Le attuali disposizioni sulle dotazioni di bordo prevedono che le unità da diporto devono essere dotate dei mezzi di salvataggio e di sicurezza prescritti per la distanza dalla costa dove la navigazione viene effettivamente svolta come riportato nella *Tabella 1* a pag. 22. In mare però le cose non sempre funzionano secondo la nostra volontà: un mutare improvviso delle condizioni meteo marine può determinare un cambiamento di programma e di rotta, magari facendoci allontanare più di quanto avevamo ipotizzato. Trovarsi entro 12 miglia dalla costa e imbattersi contro un forte vento di terra, per giunta proveniente dalla stessa direzione che dovremmo prendere per rientrare, obbliga a una navigazione faticosa che mette a dura sollecitazione l'imbarcazione e può essere stancante per un equipaggio non molto esperto. Che cosa potrebbe succedere in navigazione se la nostra barca, magari d'inverno, dovesse subire una falla e fossimo costretti ad abbandonarla? Quali sarebbero le nostre condizioni di sopravvivenza restando in acqua abbracciati a un atollo con vento di terra?

Per evitare di affidare la nostra vita al caso, è opportuno vagliare attentamente quest'argomento a prescindere dalla distanza dalla costa entro cui abbiamo ipotizzato di navigare, e scegliere la nostra imbarcazione anche in base a come è stata attrezzata.

Compito insindacabile dello skipper non è soltanto prendere decisioni, ma anche controllare la validità e l'efficienza di dotazioni, strumenti e accessori, quindi illustrare a tutte le persone imbarcate la collocazione e l'utilizzo di quelli determinanti in caso di eventi straordinari, sia che si tratti di una crociera settimanale, sia di un'uscita giornaliera.

L'elenco delle cose da fare è sicuramente lungo e a prima vista stancante per essere effettuato con il caldo d'agosto, ma non è questa una ragione valida per non essere preparati di fronte al verificarsi di situazioni che pensiamo debbano sempre capitare agli altri. Il controllo della propria imbarcazione è un'attività che si svolge abitualmente prima di salpare sino a diventare, con l'esperienza, un gesto spontaneo e automatico per tutti coloro che svolgono in modo coscienzioso l'attività di skipper.

Cominciamo così a individuare la collocazione e il funzionamento delle dotazioni di salvataggio e di sicurezza, la presenza dei documenti di bordo e di altri accessori non legalmente obbligatori, ma indispensabili per una maggiore tranquillità, per concludere con la conoscenza degli impianti interni, del motore e dell'attrezzatura di coperta.

In questi capitoli iniziali cercheremo di chiarirci le idee sui primi passi da compiere per la messa a punto di una barca da crociera e per l'utilizzo dei suoi dispositivi di salvataggio e di sicurezza. Parleremo di dotazioni che sono obbligatorie nella normativa francese, ma non nella nostra, e di altri accessori non menzionati in entrambe le normative, ma capaci di rendere più confortevole e sicura la nostra navigazione. Il controllo delle dotazioni, se svolto in modo organizzato, non richiede molto tempo; inoltre, il rapporto tra l'energia spesa e la sicurezza che saremo in grado di acquisire è assai vantaggioso, per questo conviene rimboccarsi le maniche e mettersi al lavoro.

Tabella 1

Dotazioni di salvataggio e di sicurezza italiane per unità da diporto (con o senza marcatura CE)							
Dotazioni	**Senza alcun limite**	**Entro 50 miglia**	**Entro 12 miglia**	**Entro 6 miglia**	**Entro 3 miglia**	**Entro 1 miglio**	**In fiumi, torrenti e corsi d'acqua**
Zattera di salvataggio (per tutte le persone a bordo)	x	x					
Apparecchi galleggianti (per tutte le persone a bordo)			x				
Cinture di salvataggio (una per ogni persona a bordo)	x	x	x	x	x	x	x
Salvagente anulare con cima	1	1	1	1	1	1	1
Boetta luminosa	1	1	1	1			
Boetta fumogena	3	2	2	2	1		
Bussola e tabelle di deviazione	x	x	x				
Orologio	x	x					
Barometro	x	x					
Binocolo	x	x					
Carte nautiche della zona in cui si effettua la navigazione	x	x					
Strumenti da carteggio	x	x					
Fuochi a mano a luce rossa	4	3	2	2	2		
Razzi a paracadute a luce rossa	4	3	2	2			
Cassetta di pronto soccorso	x	x					
Fanali regolamentari	x	x	x	x	x		
Apparecchi di segnalazione sonora	x	x	x	x	x		
Strumenti di radioposizionamento (Loran, GPS)	x	x					
Apparato VHF	x	x	x				
Riflettore radar	x	x					
EPIRB (Emergency Position Indicating Radio Beacon)	x						
Ulteriori dotazioni di sicurezza italiane per unità da diporto senza marcatura CE							
Pompa o altro attrezzo di esaurimento	x	x	x	x	x	x	
Mezzi antincendio, estintori	x	x	x	x	x	x	

La normativa riguardo alle dotazioni di salvataggio e di sicurezza può essere soggetta a cambiamenti, pertanto sarà cura di ogni skipper aggiornarsi sulle variazioni che potranno essere apportate. La *Tabella 1* fa riferimento al Regolamento di sicurezza per la navigazione da diporto in base al D.L. 5/10/1999 n. 478 e indica i mezzi di salvataggio e le dotazioni di sicurezza minime da tenere a bordo delle imbarcazioni e dei natanti da diporto, in relazione alla distanza dalla costa o dalla riva. La x indica l'obbligatorietà della dotazione, mentre il numero la quantità dei dispositivi da tenere a bordo.

1.1 *Dotazioni di salvataggio*

La zattera di salvataggio

La zattera di salvataggio è obbligatoria per la navigazione oltre 12 miglia dalla costa e deve essere conforme al nuovo D.M. 18/8/2002 n. 219, pertanto tutti coloro che acquistano una nuova zattera devono accertare che risponda alle caratteristiche del nuovo decreto, mentre chi possiede la zattera omologata dalla precedente normativa (che fa riferimento al D.M. del 02/12/1977) può continuare a utilizzarla soltanto dopo averla sottoposta a una revisione speciale entro il 17/10/2004. Questa dotazione deve essere collocata in una posizione sicura che, oltre a garantire una buona tenuta, sia nello stesso tempo di facile accesso in caso d'emergenza. Se posta in coperta, sarà nostra cura accertare che sia stata ben assicurata per non rischiare che sia spazzata via da un'onda, o che il consueto sbandamento dell'imbarcazione possa pregiudicarne la stabilità. Se riposta in un gavone, il suo spazio destinato non dovrà essere intralciato da altri oggetti o da strumenti situati nei pressi dell'autogonfiabile, tali da renderne difficoltosa l'estrazione in caso di necessità. Le unità munite di marcatura CE sono dotate di un apposito alloggiamento per una o eventualmente più zattere di salvataggio. Infatti, secondo l'articolo 6 paragrafo 3 della G.U. del 17/12/99 n. 295, tutti i mezzi di salvataggio devono essere sistemati in modo che nella manovra di messa a mare non devono esservi impedimenti per il libero galleggiamento e devono essere dotati di adeguate ritenute che ne permettano il rapido distacco dall'unità durante la navigazione.

Ogni zattera è in grado di trasportare un numero di persone indicato su una targhetta cucita su di essa e riportato sul manuale d'uso riguardante la conformità e le caratteristiche. È importante controllare che il mezzo sia stato revisionato e che la data della prossima revisione sia posteriore al nostro programmato rientro.

Questi apparecchi, a seconda della casa costruttrice che li ha prodotti, adottano procedure di utilizzo che nell'insieme più o meno si somigliano tutte, anche se è raccomandabile leggere sempre le specifiche modalità di utilizzo di quello presente sulla nostra barca. Il fabbricante deve fornire le istruzioni stampate su un foglio resistente all'acqua, da affiggere sull'unità da diporto possibilmente in prossimità della zattera, in cui è spiegata la procedura per mettere in acqua il mezzo e per come raddrizzarlo nel caso si dovesse capovolgere. Deve esserci una rappresentazione della zattera gonfiata con l'ubicazione dei suoi accessori e con le operazioni da effettuare una volta a bordo di questo mezzo ausiliario. La zattera di salvataggio è racchiusa all'interno di un contenitore di materiale plastico o in una valigia di tela robusta. Generalmente su un angolo di questa vi sono due fori da cui fuoriescono pochi centimetri di due sagole: una è adibita all'apertura ordinaria (circa 10 m di lunghezza complessiva) e l'altra a quella di emergenza (circa mezzo metro), anche se in quelle di nuova costruzione per motivi tecnici e di sicurezza si preferisce adottare una sagola soltanto. La regola vuole che la sagola di attivazione ordinaria sia fissata preventivamente a un punto fisso dell'imbarcazione al momento della messa a bordo della zattera, purché questa non costituisca intralcio per le manovre, gli spostamenti dell'equipaggio in coperta e quant'altro di simile. A questo punto la zattera è pronta per essere gettata in acqua e recuperata, possibilmente sottovento, tramite la sagola di vincolo fin sottobordo. È indispensabile adesso tirare energicamente la sagola in modo perpendicolare al contenitore, in modo da consentire a una bombola contenente anidride carbonica e azoto di attivarsi e determinare il gonfiaggio dell'apparecchio in circa dieci secondi. Se con la procedura ordinaria l'autogonfiabile non dovesse aprirsi, è necessario munirsi di cintura di salvataggio, assicurarsi con una cima e scendere in acqua a tirare la sagola d'emergenza, se l'autogonfiabile ne è dotato.

Le zattere di salvataggio possono essere di marche e materiali differenti, ma devono essere identiche per quanto riguarda le specifiche tecniche di costruzione e il sacco delle dotazioni. Le zattere realizzate in conformità alla nuova normativa europea ISO 9650 sono dotate di svariati accessori da utilizzare in caso di naufragio. Riportiamo nella tabella sottostante l'elenco di questi accessori e dotazioni *(Tabella 2)*.

Tabella 2

Sagole di appiglio esterne/interne	2 Segnali fumogeni
Dispositivo di raddrizzamento	2 Razzi a paracadute
Ancora galleggiante	1 Sassola
Anello galleggiante con 30 m di sagola	1 Kit riparazione
Coltello di sicurezza	2 Pagaie
Materiale retroriflettente	2 Spugne
Luci interne ed esterne	1 Fischietto
Mezzo di raccolta per l'acqua piovana	1 Kit per la pesca
1 Tavola istruzioni d'emergenza	1 Sacchetto per il mal di mare (a persona)
1 Manuale di sopravvivenza	1 Cassetta di pronto soccorso
1 Gonfiatore a soffietto	1 Specchio eliografico con tavola delle segnalazioni
1 Torcia elettrica stagna	2 Indumenti di protezione termica
1 Set batterie e lampadine di riserva	Acqua (1,5 l a persona)
4 Fuochi a mano	Viveri (10.000 kj a persona)

Le specifiche tecniche di questi materiali sono indicate nel decreto citato all'inizio del paragrafo e nei suoi allegati. È consigliabile, per coloro che sono dotati della vecchia zattera e abitualmente navigano lontani dalla costa, integrare il materiale mancante all'interno di un bidone stagno facilmente raggiungibile in caso d'emergenza.

L'apparecchio galleggiante di salvataggio

Questo apparecchio è costituito da almeno due cuscini o tubolari circolari galleggianti, uno sovrapposto all'altro senza un fondo, e da una cima a festoni fissata intorno all'esterno a cui aggrapparsi in caso di naufragio. L'apparecchio, conosciuto anche con il nome di atollo, è obbligatorio per la navigazione entro le 12 miglia dalla costa e adotta procedure di attivazione simili alla zattera, ma in questo caso il sistema di gonfiaggio è diverso. Infatti, non è dotato di sagola di 10 metri, ma di una maniglia alla quale sono collegati due cavetti d'acciaio che corrispondono a due piccole bombole che gonfiano i due tubolari separatamente.

Questo dispositivo deve rispettare i parametri stabiliti dal D.L. 29/09/1999 n. 412, essere marcato con il nome del fabbricante, indicare il numero di persone che è adibito a sostenere, esporre le istruzioni d'impiego ed essere sottoposto alle revisioni periodiche. Come accennavamo in precedenza con questo mezzo di salvataggio i naufraghi permangono in mare aggrappati all'atollo, quindi in caso di tempi prolungati a basse temperature l'ipotermia non tarderà a sopraggiungere ai malcapitati. Per questa ragione è consigliabile disporre in ogni caso di una zattera di salvataggio, o quantomeno di una zattera aperta con fondo. Il mezzo di salvataggio utilizzato in Francia per le imbarcazioni abilitate alla navigazione in quarta categoria (zattere di classe V) è sicuramente un ottimo compromesso per coloro che navigano in prossimità della costa.

Le cinture di salvataggio

Le cinture di salvataggio, comunemente conosciute come giubbotti salvagente, devono essere presenti almeno in numero pari alle persone imbarcate. Il D.L. 5/8/1994 n. 689 stabilisce le caratteristiche che il giubbotto deve possedere per l'omologazione CE, la quale deve essere leggibile su di esso. I giubbotti differiscono principalmente per la galleggiabilità (misurata in newton) che varia in funzione del peso di chi lo indossa. Generalmente vengono imbarcati con una spinta di galleggiamento pari a 150 newton, ma è opportuno verificare che quelli presenti a bordo siano idonei alla costituzione fisica dei membri del nostro equipaggio: se ci sono dei bambini, è necessario imbarcare quelli adatti alla loro corporatura.

Dato che possono essere conservati in spazi umidi, è opportuno controllare che non ci siano strappi nel tessuto che li riveste e che il cinturone e la fibbia siano in grado di garantire una buona tenuta. Inoltre, devono essere presenti le strisce retroriflettenti.

Al momento dell'imbarco dell'equipaggio è necessario provvedere alla consegna di questi dispositivi e illustrare la modalità per indossarli. Tutti i membri devono provarne uno e adattarlo alla propria corporatura: questo sarà custodito da ognuno nella propria cabina insieme agli effetti personali per l'intera durata della crociera. Se l'imbarcazione è piccola e i giubbotti devono restare, per motivi logistici, collocati in uno spazio comune, sarà utile contrassegnarli con una lettera o un simbolo, in modo da permettere a tutti di riconoscere il proprio in caso di necessità e di trovarlo già regolato a misura: in ogni caso è importante accertare che siano riposti in un luogo facilmente raggiungibile. Da alcuni anni sono in commercio giubbotti autogonfiabili comprensivi di una cintura di sicurezza incorporata, in modo tale da riunire due dotazioni nello stesso dispositivo *(Figura 1.1)*.

Fig. 1.1

L'attivazione automatica o manuale di una bomboletta contenente gas gonfia il giubbotto, che fuoriesce automaticamente da una custodia di protezione chiusa con un velcro. Coloro che decidono di fare uso di questi dispositivi devono ricordarsi di portare con sé i ricambi specifici per il gonfiaggio, poiché a volte può capitare che si gonfi in modo accidentale.

Il salvagente anulare e la boetta luminosa

L'anulare con la rispettiva cima di almeno 30 m e con la boetta luminosa ad attivazione automatica deve essere di tipo omologato e rispondente ai requisiti stabiliti dal D.L. 29/9/1999 n. 385. Le due estremità della cima devono essere collegate rispettivamente alla boetta luminosa e al salvagente. In relazione a questo dispositivo ci provengono due preziosi consigli dalla famosissima scuola dei Glénans.

Il primo consiglio riguarda le modalità del fissaggio: è conveniente utilizzare un pezzo di tubo di PVC con fondo chiuso che permette di raccogliere all'interno la cima, mentre la boetta potrà essere inserita capovolta per impedirne l'accensione. L'anulare sarà fissato al pulpito tramite dei gerli elastici o grazie a un tessuto capace di mantenerlo fasciato al pulpito con un'apertura a strappo con un velcro, in modo da permettere alla dotazione, in entrambi i casi, di liberarsi istantaneamente *(Figura 1.2)*.

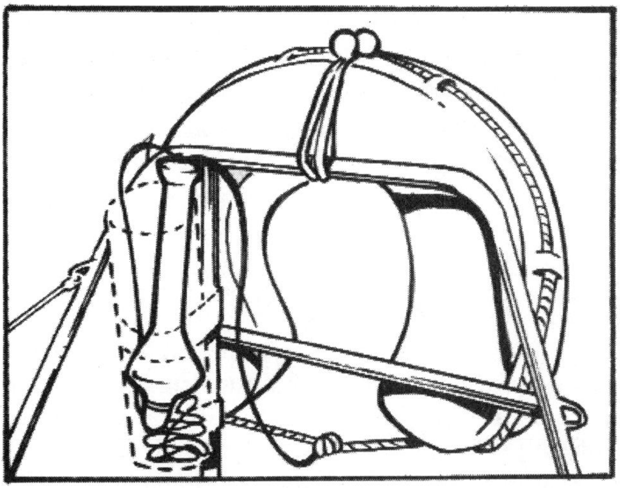

Fig. 1.2

Il secondo consiglio consiste nel predisporre sull'anulare una piccola mini ancora galleggiante tale da rallentarne lo spostamento una volta che il salvagente sarà in acqua. Il dispositivo boetta-cima-anulare dovrà essere sistemato in chiaro accertando che il circuito non rischi di restare impigliato nel pulpito al momento dell'utilizzo. La boetta (munita di pile) ha un peso sufficiente da permettere, in caso di uomo in mare, un buon lancio: la cima deve essere in chiaro così da distendersi al momento del lancio e permettere al naufrago di raggiungere l'anulare collegato all'altra estremità. È necessario verificare costantemente il funzionamento della boetta, dato che l'umidità è l'elemento che più degli altri può comprometterne l'efficienza: quando la barca è in porto è consigliabile, quindi, riporre tutto sottocoperta. Nel fondo del tubo in PVC dovranno esserci dei fori, così da permettere la fuoriuscita di eventuale acqua che potrebbe accumularsi.

1.2 Dotazioni di sicurezza

La bussola, l'orologio, il barometro e il binocolo

Prima di salpare è necessario controllare l'efficienza di questi strumenti. La bussola deve rispondere alle caratteristiche del D.L. 29/9/1999 n. 388. La tabella delle deviazioni, anche se di materiale cartaceo, è considerata una dotazione di sicurezza e deve rispondere ai requisiti dello stesso decreto.

Verifichiamo l'efficienza del binocolo e accertiamo di avere a bordo almeno un orologio. Non dimentichiamo di regolare il puntatore del barometro sul valore della pressione al momento dell'imbarco: prima di salpare potremmo già constatare una variazione.

Le carte nautiche e gli strumenti per la navigazione

Squadrette nautiche, rapportatore, lapis, temperamatite, gomma. Le carte imbarcate devono comprendere le zone in cui abbiamo programmato di navigare, ma se ipotizziamo di effettuare atterraggi in tratti di mare che non conosciamo sarà nostra cura reperire carte particolareggiate (oltre ai portolani di cui parleremo in seguito).

L'ancora con catena e i cavi di ormeggio

Dell'ancora, chiamata anche «il ferro» da alcuni vecchi marinai, dobbiamo controllare sempre l'integrità e la forma: il fatto che il fuso sia piegato perché è stata sbattuta o è stata disincastrata male dal fondale può comprometterne la capacità di agguantare. Verificare sempre che la parte terminale della catena sia congiunta all'imbarcazione tramite una cima di piccole dimensioni, da poter tagliare tempestivamente in casi d'emergenza. L'ancora dovrà essere ben fissata o riposta per intraprendere la navigazione, senza il rischio che possa sbattere da qualche parte. Controllare l'efficienza del salpa ancora elettrico, se l'imbarcazione ne è dotata, potrà risparmiarci sgradevoli sorprese al primo ancoraggio in rada.

I cavi d'ormeggio devono essere cime di dimensioni adeguate al tipo d'imbarcazione: solitamente si utilizzano dei canapi elastici in poliestere. È utile avere a disposizione un buon numero di cime per assicurare l'imbarcazione in modo opportuno, nel caso le condizioni del tempo siano avverse. Avere a bordo un cavo elastico di almeno 50 m è una buona precauzione sia per rafforzare un ormeggio sia per un eventuale rimorchio.

I segnali di soccorso

I segnali di soccorso devono rispondere ai requisiti stabiliti dal D.L. 29/9/1999 n. 387. Come accade per la maggior parte degli accessori nautici, anche questi adottano modalità di utilizzo differenti poiché sono prodotti da svariate case costruttrici. Di solito le istruzioni sono scritte a caratteri molto piccoli e non sempre la sequenza delle operazioni da fare è elencata in modo logico sull'involucro del segnale. Visto che questi oggetti non vengono generalmente utilizzati in situazioni piacevoli e dato che sono pericolosi, è necessario che ogni membro dell'equipaggio conosca a memoria le procedure di utilizzo prima di salpare. È opportuno pensare di utilizzarli al buio e riconoscere l'impugnatura con facilità.

Tutti i razzi hanno una freccia disegnata sul contenitore che deve essere sempre rivolta verso l'alto prima di provocarne l'accensione. In caso di malfunzionamento, mai accostare il volto alla parte esplosiva del segnale: è necessario gettare immediatamente tutto in mare (questo è uno dei pochi casi in cui inquinare è consentito). Dobbiamo verificare sempre la data di scadenza (i segnali di soccorso hanno quattro anni di validità dalla data di fabbricazione) e assicurarci che siano conservati in un luogo asciutto.

I fuochi a mano a luce rossa

Questi tipi di segnalamenti (portata massima 6 mg) devono essere utilizzati quando nel nostro raggio visivo rileviamo qualcuno in grado di poter collaborare al nostro soccorso: una nave, un aereo, o delle persone lungo la costa. In genere si accendono, o tirando un anello protetto da un cappuccio, o sfregando una parte ruvida contenuta all'interno di un tappo su un'altra (come per i fiammiferi). Bruciano uniformemente emettendo un colore rosso brillante con un'intensità pari a quindicimila candele per circa un minuto.

È importante ricordare, per questo genere di segnali, di mantenere il fuoco sempre lontano dal corpo e sottovento, e di utilizzare un guanto o uno straccio umido, dato che l'accensione è accompagnata da una consistente reazione esotermica.

I razzi a paracadute a luce rossa

I razzi a paracadute (portata massima notturna 25 mg, diurna 7 mg) devono essere utilizzati quando nel nostro campo visivo non rileviamo nessuno, ma si presume la presenza di una nave, di un aereo, o di qualcuno che dalla costa potrebbe rilevare il segnalamento luminoso.

Il razzo sale in alto per 300 m e cade in circa 40 secondi, in modo da essere notato anche da molto lontano. L'intensità luminosa prodotta è di trentamila candele; al momento del lancio è necessario mantenere salda l'impugnatura per attutire il contraccolpo.

Le boette fumogene

Le boette fumogene, al contrario degli altri segnalamenti che abbiamo descritto, devono essere usate soltanto di giorno dato che emettono fumo arancione per circa tre minuti e sono quindi scarsamente visibili durante la notte. Come per i fuochi a mano, devono essere adoperate se nella nostra portata visiva c'è un'unità che ha la possibilità di avvistare il fumo e quindi di rilevarci. Di solito è sufficiente svitare un tappo a protezione di un anello che deve essere tirato; dopodiché la boetta deve essere gettata fuori bordo e sottovento.

La cassetta di pronto soccorso

La cassetta di pronto soccorso deve essere di un materiale rigido a chiusura stagna tale da galleggiare; preferibilmente è opportuno tenerla in un luogo fresco e asciutto. Secondo l'ultimo decreto del ministero della Sanità (D.M. 25/5/1988 n. 279), le quantità e le qualità degli accessori da tenere a bordo delle imbarcazioni e delle navi da diporto sono quelle riportate nella *Tabella 3*.

Tabella 3

Disinfettante a base di ammonio	quaternario, un flacone da 250 cc.
Un flacone di ammoniaca	viene generalmente utilizzata sulle punture d'insetto o sulle ustioni da medusa, anche se non tutti sono concordi sui benefici del suo impiego.
Bende di Cambric (5 confezioni di varia misura)	sono bende di cotone resistente, che vengono utilizzate per immobilizzare un arto fratturato, bendare una medicazione, tamponare una zona di emorragia o altro.
Cerotto adesivo (una confezione)	non va mai applicato direttamente sulla ferita, dato che serve come adesivo per fissare le garze di una medicazione su una parte lesa.
Cerotto medicato (una confezione)	il classico cerotto comunemente utilizzato per i piccoli infortuni domestici.
Cotone idrofilo (un pacco da 250 g)	più indicato quello di tipo sterile viene imbevuto di disinfettante ed è utilizzato per le piccole medicazioni.
Forbici comuni	di molteplice utilizzo durante le medicazioni.
Garze idrofile compresse (una confezione di varia misura)	servono per coprire le ferite che hanno smesso di sanguinare dopo che sono state medicate. Una volta aperta la busta perdono la sterilità e sarà quindi opportuno ripristinare a bordo l'intera confezione.
Garze vaselinate compresse (una confezione)	sono contenute in confezioni di metallo sterili. Sono utilizzate su ferite come abrasioni o ustioni poiché ricoprono le superfici senza attaccarsi. Una volta poste sulla ferita vanno poi coperte con garze, le quali saranno fissate con cerotto adesivo.
Un laccio emostatico	si tratta di un tubicino di gomma che serve per determinare una stasi del sangue. Dato che il suo utilizzo è richiesto in circostanze particolari, si consiglia di conoscere bene il suo impiego prima di prendere iniziative.
Stecche per fratture	sono di differenti dimensioni e vengono utilizzate per immobilizzare arti fratturati. Devono essere strette attorno all'arto tramite una benda di Cambric.

Per le unità adibite al noleggio, il materiale indicato va integrato con quello stabilito dalla *Tabella 4* annessa al sopracitato decreto:

Tabella 4

Analgesici, antipiretici, antireumatici:	
– a base di acido acetilsalicilico	compresse da 500 mg gastroresistenti, n. 20
– a base di derivati pirazolinici	compresse n. 10; gocce; flaconi n. 1
Antispastici:	
– discoidi	10 mg, n. 20
– fiale	n. 3
Antiemorragici:	
– a base di acido tranexanico	fiale da 5 ml, n. 5
Antistaminici, antiallergici, antishock:	
– a base di desclorfeniramina maleato	compresse da 2 mg, n. 30
– a base di metilprednisolone	fiale da 20 mg, n. 1 scatola
Collirio a base di ossibuprocaina	flacone con contagocce oftalmico da 20 ml, n. 1
Gocce antiodontalgiche (contro il mal di denti)	flacone o fialette, n. 1
Pomate:	
– a base di prometazina	crema o pomata 2% tubetti, n. 1
Contro le ustioni	spray da 100 g flacone o tubetti pomata da 30 g, n. 1
Disinfettanti liquidi per uso esterno:	
– acqua ossigenata a 12 volumi	100 g
– tintura di iodio	50 g
Bende di mussola idrofila	confezioni di varie misure, n. 2
Pacchetti sterili di medicazione	di varie misure, n. 2
Siringhe monouso	da cc. 5 (n. 2) e da cc. 10 (n. 2)
Termometro clinico	
Manuale di pronto soccorso	

Una buona farmacia di bordo in alcuni casi può avere una funzione determinante: come dicevamo nell'introduzione, in barca può capitare di navigare molto lontani dalla costa e reperire un medico o un pronto soccorso non è sempre possibile in tempi brevi. Per questa ragione essere preparati nel primo soccorso e avere con sé un buon manuale, oltre a trasportare in ogni caso i medicinali indicati in entrambe le tabelle, è una maggiore sicurezza per noi e per le persone imbarcate. È necessario integrare in ogni caso la farmacia con guanti sterili, poiché l'autoprotezione è uno dei precetti più importanti del primo soccorso.

I fanali regolamentari

Le imbarcazioni a vela che navigano di notte devono mostrare i fanali laterali rosso e verde per complessivamente 225° (112,5° a dritta e 112,5° a sinistra), e un fanale bianco a poppavia per 135°. Possono, inoltre, mostrare fanali speciali facoltativi in testa d'albero, rosso sopra e verde sotto.

Le unità inferiori ai 20 m possono riunire i fanali laterali in un solo fanale centrale (posto a prua), comprensivo dei due settori colorati verde e rosso, oppure riunire tutti i fanali in uno solo a tre settori colorati in testa d'albero. Devono in più avere un fanale bianco in testa d'albero per 360° (luce di fonda) e uno sopra la metà dell'albero rivolto verso prua per 225°, da utilizzare quando l'imbarcazione a vela sta procedendo a motore: si completa così, con il fanale bianco di poppa per 135°, un coronamento bianco di 360°, tipico delle imbarcazioni che navigano a motore.

Nel caso di navigazione diurna un'imbarcazione a vela, se procede per mezzo di propulsione meccanica o mista, deve mostrare un segnale conico con il vertice verso il basso, mentre se alla fonda un segnale a forma sferica. Entrambi devono essere neri e rispondere alle caratteristiche del Regolamento Internazionale per prevenire gli abbordi in mare emendato dall'I.M.O. con risoluzione A. 464 (XII) adottata il 19/11/1981 (specificatamente regole 25 e 30), in cui sono stabilite le precauzioni da adottare per evitare le collisioni durante la navigazione. Nella terza di copertina è raffigurata la tavola di riferimento per il riconoscimento notturno e diurno delle navi.

Gli apparecchi di segnalazione sonora

Sono necessari in caso di nebbia o scarsa visibilità per comunicare le nostre intenzioni alle altre unità e per comprendere le loro. Per le imbarcazioni aventi una lunghezza superiore ai 12 m sono obbligatori anche il fischio e la campana, anche se quest'ultima può essere sostituita da un dispositivo sonoro portatile, altrimenti è sufficiente un semplice corno da nebbia. Il corno a fiato è un ottimo dispositivo: finché abbiamo fiato non potrà tradirci. Le regole 32-36 del regolamento citato in precedenza stabiliscono le modalità di utilizzo dei segnali acustici e la tipologia dei suoni da emettere al fine di prevenire gli abbordi in mare. L'elenco dei segnali da emettere in condizioni di scarsa visibilità è riportato nell'*Appendice 1* a pag. 215).

Gli estintori

Gli estintori differiscono tra loro per le sostanze contenute al loro interno, destinate a estinguere differenti classi d'incendi.

Il D.M. 232/1994, modificato nel D.M. 5/10/1999 n. 478, stabilisce il numero degli estintori che deve essere tenuto a bordo delle unità da diporto senza marcatura CE *(Tabella 5)*.

Tabella 5

Entro 12 miglia dalla costa: 1 estintore (solo per i natanti)			
Potenza totale installata P (kW)	**Capacità estinguente portatile**		
P ≤ 18,4 18,4 < P ≤ 147 P > 147	13 B 21 B 34 B		
Entro 50 miglia dalla costa e senza alcun limite			
Potenza totale installata	**Numero degli estintori e capacità estinguente**		
P (kW)	In plancia o posto di guida	In prossimità dell'apparato motore	In ciascuno degli altri locali o gruppi di locali adiacenti
18,4 < P ≤ 74 74 < P ≤ 147 147 < P ≤ 294 294 < P ≤ 368 P > 368	1 da 13 B	1 da 21 B 2 da 13 B 1 da 21 B e 1 da 13 B 1 da 34 B e 1 da 21 B 2 da 34 B	1 da 13 B

Nella tabella il numero che precede la lettera B indica la capacità estinguente dell'estintore. A un numero più alto corrisponde una maggiore capacità estinguente, ma quella indicata nella tabella è la minima richiesta. La lettera B indica la designazione della classe di fuoco che l'estintore è idoneo a spegnere. Sulle unità da diporto possono essere sistemati anche estintori appartenenti alle altre classi di fuoco purché omologati anche per classe di fuoco B. Riportiamo qui di seguito la tabella di classificazione dei fuochi *(Tabella 6)*.

Tabella 6

Classe	Fuochi derivati da:
A	Materiali combustibili: legno, tessuti, cotone, lana, cartone eccetera
B	Liquidi infiammabili: benzine, olii, nafta, kerosene eccetera
C	Getti di gas infiammabili: propano, butano, metano, gas naturale eccetera
D	Apparecchi elettrici (anche sotto tensione): quadri, motori, trasformatori eccetera

In base al tipo di sostanza estinguente utilizzata esistono vari tipi di estintori: a polvere, ad anidride carbonica, a schiuma e a liquido alogenato. I primi, i più utilizzati nella nautica da diporto, sono dotati di polveri miscelate con azoto che possono essere di vario tipo, mentre i secondi contengono anidride carbonica pressurizzata all'interno di una bombola. Gli estintori a schiuma si basano sulla reazione: base + acido = schiuma. All'interno della bombola è situato un contenitore con l'acido separato da solfato di alluminio, che in questo caso funge da base. Al momento dell'uso occorre dare un colpo a terra con la bombola rovesciata per rompere il diaframma che mantiene divisi i due elementi chimici. Altri estintori a schiuma contengono anidride carbonica che serve a espellere il liquido schiumogeno contenuto nell'estintore. Gli estintori a liquido alogenato sprigionano gas dannosi all'ozono e nella nautica da diporto sono stati vietati.

La verifica periodica degli estintori non è richiesta. Il controllo consiste nell'accertamento del buono stato di conservazione, dell'integrità del sigillo posto tra lo spinotto di sicurezza e l'apparecchio, mentre l'indicatore di pressione (manometro), quando è presente, deve essere nella posizione di carico (zona verde). È comunque buona norma revisionare gli estintori ogni anno e ricaricarli ogni tre. Un buon consiglio è agitare periodicamente gli estintori a polvere per evitare che il contenuto si compatti e quindi lo strumento sia inefficiente.

Il riflettore radar

Il riflettore radar permette di essere individuati dalle imbarcazioni dotate di radar a bordo. In commercio se ne trovano di tipi diversi, anche se complessivamente tutti svolgono le stesse funzioni.

Ci sono molte teorie su quale sia il punto migliore del sartiame per posizionare questo strumento: solitamente viene fissato almeno a 4 m dal ponte. Per ogni riflettore deve essere indicata l'altezza d'installazione consigliata, la sezione di massima riflessione, l'orientamento consigliato e la distanza di sicurezza da bussole magnetiche. In ogni caso il D.L. 29/9/1999 n. 386 stabilisce le caratteristiche di questo dispositivo e le norme per il posizionamento. Recenti prove hanno comunque dimostrato che un albero in alluminio di almeno 9 m è sufficiente per essere visualizzati sul monitor di un radar, anche se privi di riflettore.

La pompa o altri mezzi di esaurimento

Nella maggior parte delle imbarcazioni da diporto è presente una pompa di sentina elettrica e un'altra manuale, utilizzabile tramite un'apposita leva che deve essere individuata e tenuta a portata di mano. Un bugliolo o una sassola potranno essere ugualmente adatti a sgottare l'eventuale acqua che potrà infiltrarsi a bordo: è buona norma per questo non dimenticare mai questi vecchi rimedi.

L'apparato VHF

Tutte le unità da diporto con scafo di lunghezza inferiore ai 24 m abilitate alla navigazione oltre le 6 mg dalla costa devono essere dotate, secondo il D.L.

14/08/96 n. 436, di almeno un apparato ricetrasmittente a onde metriche (VHF).

Il VHF è uno strumento di grande importanza e utilità, poiché permette a un'unità di comunicare con un'altra, o con una stazione costiera. Le radio più semplici sono dotate di una manopola per il volume, la quale deve essere regolata in modo da ascoltare le comunicazioni dal pozzetto, e di un'altra per lo squelch.

Lo squelch è un filtro regolabile da un minimo, in cui sono captati tutti i segnali compresi quelli deboli e i fruscii, a un massimo, in cui si ricevono soltanto segnali forti e in grado di giungere all'apparecchio con una sostanziale potenza, tali da essere «copiati» (ricevuti) dall'ascoltatore. È preferibile non tenere mai lo squelch troppo alto, per non perdere le comunicazioni deboli, a volte disturbate dalla propagazione. Un altoparlante in pozzetto potrebbe essere un'ottima soluzione per ascoltare il VHF in navigazione, poiché non sempre è semplice comprendere i messaggi da un altoparlante situato sottocoperta.

Per mezzo di una pulsantiera, o una manopola, è possibile cambiare canale in base al tipo di comunicazione che dobbiamo effettuare. Il VHF funziona in simplex, in pratica non può ricevere e trasmettere contemporaneamente come il telefono: per trasmettere è necessario premere il tasto del mike (microfono), mentre per ricevere è necessario lasciarlo.

Il VHF, se non è utilizzato per traffico di corrispondenza pubblica, non ha l'obbligo di essere affidato in gestione a una società concessionaria e di corrispondere il relativo canone. L'apparato ricetrasmittente installato a bordo, che non effettua traffico di corrispondenza pubblica, è esonerato dalle ispezioni ordinarie. I medesimi apparati anche di tipo portatile e muniti di omologazione sono esenti dal collaudo e dalle ispezioni periodiche (D.L. 11/06/97 n. 205 art. 4).

Gli operatori devono essere muniti di certificato limitato di radiotelefonista per navi e possedere le conoscenze pratiche e generali richieste dal Regolamento Internazionale delle Radiocomunicazioni contenute nell'estratto facente parte del D.M. 10/08/65 pubblicato sulla G.U. n. 228 del 10/09/65.

Durante la navigazione tutte le unità sono sintonizzate in stand-by (ascolto) sul 16 (156,8 MHz), il canale di emergenza su cui vengono trasmesse le richieste di soccorso e vengono annunciati i canali, in cui saranno trasmessi i bollettini meteorologici, gli avvisi ai naviganti e tante altre informazioni riguardanti la navigazione. È opportuno ricordare che questo è un canale di emergenza, pertanto non è consentita alcuna forma di conversazione se non pertinente a un'eventuale richiesta di soccorso. Su questo canale è d'obbligo il silenzio radio per i primi tre minuti di ogni mezz'ora, così da permettere alle chiamate più deboli di essere captate anche in lontananza.

Quando desideriamo comunicare con un'altra stazione, è necessario pronunciare tre volte il nome della stazione chiamata e una volta la parola «qui» seguita dal nominativo della nostra imbarcazione. Un esempio può essere: Livorno radio, Livorno radio, Livorno radio, qui imbarcazione Samkhya.

I canali, su cui è possibile effettuare comunicazioni di servizio tra un'unità e una stazione costiera, vengono comunicati da quest'ultima all'unità chiamante, mentre i canali disponibili per comunicazioni di servizio tra due unità in navigazione sono i seguenti: 6, 8, 10, 13, 15, 17, 69, 72, 73, 77; è necessario accertare preventivamente che non ci siano operatori marittimi o altri navigatori in comunicazione. È buona norma fare un uso moderato della radio e non utilizzarla per scambiare ricette di cucina.

Le chiamate speciali vengono effettuate sempre sul canale 16 e sono di tre tipi: SECURITÉ (ripetuto tre volte) che riguarda messaggi inerenti la navigazione, come il lancio dei bollettini meteo e degli avvisi ai naviganti. PAN (ripetuto tre volte) è una chiamata in cui viene richiesta soltanto assistenza, poiché non sussiste pericolo di vita per l'equipaggio. MAY DAY (pronunciato medé e ripetuto tre volte) si usa in caso di imminente pericolo di vita per una o più persone imbarcate: è richiesto soccorso immediato. Dato che spesso le comunicazioni sono disturbate, si utilizza un alfabeto e un cifrario fonetico, così è possibile effettuare lo spelling dei dati che vengono difficilmente copiati dall'ascoltatore. Nell'*Appendice 2* a pag. 216 è riportata la tabella fonetica internazionale relativa alla trasmissione di lettere e cifre.

Gli strumenti di radioposizionamento: Loran, GPS

Il principio di funzionamento del Loran si basa sulla misura della differenza di tempo che impiegano le onde radio, trasmesse simultaneamente da due stazioni emittenti, ad arrivare a una stazione ricevente. La conoscenza di queste differenze permette di tracciare delle iperboli da cui è possibile stabilire il punto nave. Il Loran, nell'era in cui i GPS hanno raggiunto prezzi abbordabili, è stato sostituito da questo strumento satellitare di notevole precisione.

Il GPS (Global Position System), grazie alla ricezione di impulsi satellitari, riesce a calcolare il punto nave espresso in latitudine e longitudine, con un margine di scarto di pochi metri. Tutti i membri dell'equipaggio devono necessariamente saper utilizzare questo strumento: accenderlo e visualizzare, premendo alcuni tasti, la «pagina» che indica la posizione dell'imbarcazione. È necessario stabilire che il display del GPS deve essere sempre mantenuto su questa visualizzazione e non su altre inerenti la cartografia o altre funzioni dell'apparecchio, per una costante sicurezza dell'equipaggio.

Tra le svariate informazioni che può offrire un GPS ce n'è una degna di nota: il tasto MOB (Man Out Board), che permette di memorizzare la posizione di un eventuale uomo in mare. Premendo questo tasto, lo strumento è in grado di memorizzare la posizione, computare la rotta da seguire e indicare la distanza mancante per tornare sul punto dell'incidente. È opportuno tenere conto dello spostamento dovuto alla corrente al fine di effettuare le operazioni di ricerca con maggiori probabilità di successo.

Il GPS insieme al VHF consente anche a una persona rimasta da sola a bordo di salvarsi, o di salvarne altre: per questo è necessario dare disposizioni chiare sull'utilizzo e sulla gestione di questi strumenti. Anche un bambino, istruito sul funzionamento di questi apparecchi, può salvare l'intero equipaggio. Voglio ricordare, infine, che avere uno strumento di posizionamento elettronico non significa seppellire le carte sotto il tavolo da carteggio, ma è indispensabile continuare a stimare e rilevare la posizione della nostra imbarcazione con le tecniche tradizionali. Tutto ciò che è elettronico può guastarsi ed essere allenati nel carteggio permette di non perdersi d'animo in tali circostanze.

L'EPIRB

L'EPIRB (Emergency Position Indicating Radio Beacon) è uno strumento costituito da un apparato trasmittente contenuto in un involucro stagno capace di galleggiare. Questo trasmettitore di soccorso è il mezzo con cui le unità in stato di emergenza trasmettono la loro posizione a squadre impegnate nella ricerca e nel soccorso (SAR). La sua autonomia è legata al buon funzionamento del pacco batterie.

I trasmettitori satellitari, denominati Beacon, possono operare con differenti frequenze: 406 MHz, 243 MHz e 121,5 MHz. Secondo il loro uso essi si distinguono in: EPIRB per uso marittimo, ELT (Emergency Locator Transmitter) per uso aeronautico e PLB (Personal Locator Beacon) per uso personale. I Beacon che operano con frequenza 121,5 MHz e 243 MHz, rispettivamente frequenze di soccorso aeronautico civile e militare, emettono dei segnali analogici che possono essere captati con una precisione di localizzazione all'incirca di 12 mg. Questi non dispongono di un sistema di identificazione che permette di far conoscere alla stazione ricevente su quale unità sono imbarcati. Quelli che operano con frequenza 406 MHz, invece, sono gli unici che trasmettono un segnale digitale con il codice del Beacon, che contiene i dati identificativi dell'unità e altre informazioni utili per la localizzazione. I Beacon di ultima generazione muniti di GPS sono in grado di trasmettere la posizione con un margine di scarto di pochi metri.

All'acquisto, o in caso di imbarco su altro vettore o di cambio del proprietario, o in caso di qualsiasi altra variazione e modifica del loro codice, tali Beacon devono essere nuovamente codificati e registrati in una banca dati, poiché questa è la prima fonte consultabile in momenti di necessità. Le informazioni contenute sono l'indispensabile ausilio alle forze SAR, impegnate nelle successive operazioni di ricerca e di soccorso. Un Beacon italiano, utilizzato in Italia e quindi imbarcato su vettori italiani, che ha come codice d'identificazione della nazione il codice attribuito al nostro paese, vale a dire il 247, va registrato nella banca dati della Stazione Satellitare Italiana di Bari-ITMCC.

I Beacon si attivano sia manualmente sia automaticamente, e dall'attivazione alla loro localizzazione, a seconda della frequenza utilizzata, intercorre un periodo di tempo che va dai primi istanti per i Beacon a 406 MHz a circa mezz'ora per quelli a 121,5 MHz. Il Beacon deve essere collocato nell'imbarcazione in un luogo sicuro e di facile accesso, deve essere nella piena ed esclusiva disponibilità del comandante dell'unità per un rapido utilizzo e deve essere preservato da manomissioni accidentali. Il precetto normativo di riferimento è il D.M. 15 aprile 2003 n. 130 art. 21.

Quando questi strumenti si attivano trasmettono il loro segnale a satelliti orbitanti, equipaggiati con apparecchiature COSPAS/SARSAT, che provvedono al rilancio a terra. Tale rilancio viene ricevuto da stazioni terrestri denominate LUT (Terminali di Utente Locale) che, elaborato il segnale, ne ricavano i dati di localizzazione e ne trasmettono le coordinate geografiche agli MCC (Centri di Controllo Missione) associati. Il percorso del messaggio può seguire due strade distinte: se un allarme ricevuto ricade nell'area di servizio di quel MCC, ci sarà la distribuzione diretta agli SPOC (Punti di Contatto per la Ricerca e il Soccorso) esistenti sul suo segmento terrestre; se invece l'allarme ricevuto ricade nell'area di servizio di un altro MCC, a quest'ultimo gli sarà notificato il segnale e sempre quest'ultimo instraderà il messaggio agli SPOC ricadenti nella sua area di servizio.

Per tutte e tre le tipologie d'allarme, vale a dire marittimo, terrestre e aereo, lo SPOC in Italia individuato per la distribuzione degli allarmi COSPAS/SARSAT è il Comando Generale del Corpo delle Capitanerie di Porto, Guardia Costiera, Roma.

L'ultimo EPIRB di cui parliamo, entrato di recente nel mercato, è l'Inmarsat Beacon che opera in una banda di 1,6 GHz. Questo tipo di EPIRB trasmette un segnale a satelliti geostazionari che includono, come quelli che operano su 406 MHz, l'identificazione e la posizione dell'unità in difficoltà. Per mezzo di questo sistema di satelliti il tempo che intercorre tra l'attivazione e la ricezione del segnale da parte degli SPOC si abbassa a meno di 5 minuti.

1.3 *I dispositivi di manovra di emergenza*

Secondo il D.L. 14/08/1996 n. 436, le unità da diporto a vela, o con un solo motore entrobordo e con rispettiva linea d'asse, munite di marcatura CE e dotate di sistema di governo con comando a distanza devono disporre di dispositivi d'emergenza per il governo dell'unità a velocità ridotta. Tra questi non è indispensabile una barra di rispetto: le differenti soluzioni adottate dal costruttore devono essere obbligatoriamente indicate sul manuale del proprietario. Ad ogni buon conto, a prescindere dalla marcatura CE, è sempre preferibile averne una a bordo, specialmente se la nostra imbarcazione è dotata di timone a ruota.

1.4 *Il numero d'iscrizione e le bandiere*

La sigla e il numero d'iscrizione devono essere applicati sulla dritta della prora e sulla sinistra della poppa con le indicazioni stabilite dall'art. 142 del Codice della Navigazione.

La bandiera nazionale è obbligatoria solo per le unità iscritte nei registri (navi e imbarcazioni), ma non per i natanti. La normativa prevede che la bandiera vada esposta dall'alba al tramonto quando si naviga in prossimità di terra, incrociando altre unità e durante l'entrata e l'uscita dai porti. In porto si espone nei giorni festivi, nelle feste nazionali e nelle festività civili. La bandiera può essere quindi esposta secondo le opportunità di bordo, senza l'obbligo di una collocazione specifica. Gli articoli 337-341 del regolamento per l'esecuzione del Codice della Navigazione sono esaurienti riguardo a questo tema.

La bandiera dello stato ospitante è detta di cortesia, è facoltativa e si issa alla crocetta di dritta. La bandiera del proprietario si issa alla crocetta di dritta, oppure a sinistra quando è presente la bandiera di cortesia. Il guidone del club nautico va esposto in testa d'albero e rimane sempre alzato. Tutte le bandiere, salvo quest'ultima, devono essere ammainate quando viene ammainata la bandiera nazionale.

1.5 *I documenti obbligatori per le imbarcazioni da diporto*

- Licenza di navigazione con relativo certificato di sicurezza in corso di validità.
- Polizza e contrassegno di assicurazione dell'unità, del motore ausiliario e del fuoribordo se di potenza maggiore a 3 CV.
- Licenza di esercizio RTF (obbligatoria per tutte le unità che hanno un apparecchio radiotelefonico a bordo).
- Ricevuta comprovante il pagamento della tassa di stazionamento e di eventuali apparecchi radiotelevisivi di bordo (solo per le unità impiegate in attività di locazione e noleggio).
- Certificato di uso del motore (solo per le unità munite di fuoribordo).
- Patente di abilitazione e certificato limitato di radiotelefonista.
- Manuale del proprietario per le unità munite di marcatura CE.

1.6 *I documenti consigliati da tenere a bordo*

- Portolani.
- Tabella per il riconoscimento notturno e diurno delle unità in navigazione.
- Tabella dei segnali acustici da emettere in condizioni di scarsa visibilità.
- Tavola delle correnti e annuario delle maree, se navighiamo al di fuori del Mediterraneo.
- Documenti di conformità e validità delle dotazioni (eventuali).
- Pubblicazione 1111 dell'Istituto Idrografico della Marina Militare (simbologia delle carte).
- Elenco dei fari e dei fanali.
- Un manuale delle emergenze mediche.
- Libretto di uso e di manutenzione del motore.
- Descrizione e schemi degli impianti di bordo.
- Libretti di istruzione degli strumenti installati (GPS, VHF, anemometro ecc.).
- Giornale di bordo.

1.7 *Dotazioni di salvataggio e di sicurezza per le imbarcazioni francesi*

In Italia molti velisti acquistano la barca utilizzando il leasing francese. Tra i vari impegni che comporta questa procedura, c'è quello di avere a bordo le dotazioni di salvataggio e di sicurezza previste dalla normativa francese. Questa prevede sei categorie di navigazione secondo il tipo di unità da diporto. Ogni categoria autorizza a navigare entro una determinata distanza dalla costa e viene assegnata in base al tipo di unità. Il proprietario può scegliere anche una categoria di navigazione inferiore, in considerazione del fatto che per ogni categoria è necessario avere a bordo determinate dotazioni. Le categorie sono suddivise in base alla distanza da un riparo, ovvero dove le imbarcazioni possono facilmente trovare rifugio. Le categorie di navigazione sono le seguenti:

- prima categoria: navigazione che non rientra in una delle categorie successive;
- seconda categoria: navigazione nel corso della quale l'unità non si allontana a più di 200 mg da un rifugio;
- terza categoria: navigazione nel corso della quale l'unità non si allontana a più di 60 mg da un rifugio;
- quarta categoria: navigazione nel corso della quale l'unità non si allontana a più di 20 mg da un rifugio;
- quinta categoria: navigazione nel corso della quale l'unità non si allontana a più di 5 mg da un rifugio;
- sesta categoria: navigazione nel corso della quale l'unità non si allontana a più di 2 mg da un rifugio.

Le dotazioni di salvataggio e di sicurezza riportate nella *Tabella 7*, comprendono il materiale di bordo minimo obbligatorio per le sei categorie di navigazione. Il numero indica la quantità delle dotazioni da tenere a bordo, mentre la x la sola obbligatorietà.

Tabella 7

Dotazione	Categoria 1ª	2ª	3ª	4ª	5ª	6ª	Osservazioni
Mezzi di salvataggio							
Zattera di salvataggio	1	1	1	1			Vedere art. 224.2.20 (SHOM)
Apparecchio galleggiante					1		Vedere art. 224.2.20 (SHOM)
Salvagente anulare con cima e con boetta luminosa ad attivazione automatica	1	1	1	1	1		Due salvagenti anulari per barche > 15 m; le boette non obbligatoriamente luminose per la 5ª categoria
Giubbotto di salvataggio	1	1	1	1	1	1	+ 10% se più di 10 persone a bordo

Dotazione	Categoria						Osservazioni
	1ª	2ª	3ª	4ª	5ª	6ª	
Materiale di svuotamento e antincendio							
Secchio rigido con manico	2	2	2	2	1		Capienza di almeno 7 l
Sassola						1	
Pompa a mano				1			Su imbarcazioni > 8 m
Pompa fissa manovrabile dal pozzetto	1	1	1				Portata minima 0,5 l/pompata o 500 l/h
Pompa fissa manovrabile dall'interno	1	1	1				Portata minima 0,5 l/pompata o 500 l/h
Estintore di tipo approvato	x	x	x	x	x		Uno o più. Vedere art. 224.2.30 (SHOM)
Apparato estintore a gas inerte	x	x	x	x	x		Per motori a benzina di potenza > 110 Kw/150 CV
Dispositivo antincendio motore					1	1	Per motori di potenza superiore a 4,5 Kw (6CV)
Gioco di turafalle conici in legno	1	1	1	1	1		Di diametri differenti
Materiale di manovra							
Ancora con catena e cavo	x	x	x	x	x	x	1 o 2 ancore secondo il dislocamento, vedere art. 224.2.36 (SHOM)
Remo di lunghezza sufficiente	1	1	1	1	1	1	O coppia di pagaie per imbarcazioni < 8 m
Galloccia o bitta d'ormeggio e bocca di rancio per rimorchio	1	1	1	1	1	1	
Cavo per rimorchio	1	1	1	1	1		Se l'unità è dotata di una sola linea d'ancoraggio
Mezzo marinaio	1	1	1	1	1		
Barra del timone di rispetto	1	1	1	1	1		
Segnali di soccorso							
Razzi a paracadute	4	4	4	3			
Boetta fumogena galleggiante	2	2	2				
Fuochi a mano a luce rossa	6	6	6	3	3		
Motori Diesel							
Iniettore tarato di rispetto	1	1	1	1			
Cartuccia filtro gasolio	1	1	1	1			

Dotazione	Categoria 1ª	2ª	3ª	4ª	5ª	6ª	Osservazioni
Motori a benzina							
Candele d'accensione di ricambio	1	1	1	1			Comprensiva di chiave per montaggio
Bobina d'accensione	1	1	1	1			Comprensiva di condensatore specifico
Materiale medico e farmaceutico							
Cassetta pronto soccorso	3	3	3	2	1		Vedere art. 224.2.36 (SHOM)
Apparecchiature e strumenti nautici							
Fanali, segnali acustici, mezzi di segnalazione	x	x	x	x	x		Fanali approvati per barche > 7 m (art. 224.2.36 SHOM)
Riflettore radar	1	1	1	1			Non obbligatorio per imbarcazioni con scafo metallico
Specchio di segnalazione	1	1	1	1	1		
Bandiera nazionale	1°	1°	1*	1*	1*		° Dimensione minima 60x50
Bandiere N & C	1°	1°	1*	1*	1*		* Dimensione minima 40x30
Corno da nebbia	1	1	1	1	1		
Campana	1	1	1	1	1		Su imbarcazioni > 12 m
Bussola da navigazione	1	1	1	1	1		
Bussola da rilevamento	1	1	1	1*			* O una bussola da navigazione che permette i rilevamenti
Regolo rapportatore	1	1	1	1			O uno strumento equivalente
Sestante	1						Con tavole di navigazione astronomica
Orologio interno	1	1*	1*	1*			* O un orologio da polso di precisione
Barometro	1	1	1	1			
Binocolo o cannocchiale	1	1	1				
Scandaglio a mano	1	1	1	1			
Solcometro totalizzatore	1	1	1				
Torcia stagna	2	2	2	1	1		
Radio ricevente	1*	1*	1	1			* Comprensiva di BLU (Banda Laterale Unica)
Segnale a pallone diurno di imbarcazione alla fonda	1	1	1	1	1		Diametro minimo 30 cm per unità > 5,50 m
Segnale conico diurno di imbarcazione a vela che procede a motore	1	1	1	1	1		Per unità a vela provviste di motore ausiliario
Gonfiatore					1	1	

Dotazione	Categoria 1ª	2ª	3ª	4ª	5ª	6ª	Osservazioni
Materiale d'armamento e di rispetto							
Gioco di vele	1	1	1	1	1		
Gioco di manovre correnti	1	1	1	1	1		
Tormentina	1	1	1	1	1		
Dispositivo di riduzione della velatura	1	1	1	1	1		
Cinture di sicurezza	1	1	1	1			Una per ogni persona imbarcata
Cime assortite per manovre correnti	1	1	1				
Bozzelli e grilli per manovre correnti	x	x	x				In quantità sufficiente
Cesoie per tagliare il sartiame	1	1	1				
Materiale di rispetto per imbarcazioni a motore o a propulsione mista							
Attrezzi per varie riparazioni	1	1	1	1			
Bulloni appropriati al motore	x	x	x	x			In quantità sufficiente
Raccordi, tubi e fascette di bloccaggio	x	x	x	x			In quantità sufficiente
Cinghia di rispetto	1	1	1	1			
Fusibili impianto elettrico	x	x	x	x			In quantità sufficiente
Documenti							
Giornale di bordo	1	1	1				Vedere art. 224.2.41 (SHOM)
Tavole di marea	1	1	1	1	1	1	O opera equivalente (salvo in Mediterraneo)
Guida del navigatore SHOM vol 1,2,3	1	1					
Opere 2°, 2B, 3C SHOM			1	1	1		O guida per navigare in sicurezza (SHOM)
Opera 1D SHOM			1	1	1		Simboli e abbreviazioni carte nautiche (equivalente 1111)
Opera 32 SHOM	1	1	1	1	1		Se l'unità è dotata di VHF
Codice internazionale dei segnali	1	1	1	1			Edizione francese per le barche munite d'apparato ricetrasmittente
Portolani	1	1	1	1			Comprendenti la zona di navigazione
Decreti e regolamenti relativi alla sicurezza		1	1	1	1		Per imbarcazioni da diporto < 25 m
Libro dei fari e dei segnali da nebbia	1	1	1	1			Relative alla zona di navigazione
Carte nautiche	1	1	1	1	1		Relative alla zona di navigazione

Lo SHOM di cui è stata fatta menzione nelle osservazioni della tabella, è il Servizio Idrografico e Oceanografico della Marina francese, redattore ufficiale di molte pubblicazioni nautiche e di servizi d'informazione riguardanti la navigazione da diporto.

È utile osservare la completezza di queste dotazioni, assai più numerose di quelle italiane. Un confronto può offrire un prezioso spunto per attrezzare al meglio la nostra barca: è opportuno considerare, in fronte ai problemi che possono nascere a bordo, i materiali adeguati da imbarcare.

Le cinture di sicurezza

Tra le dotazioni francesi elencate, le cinture di sicurezza meritano una particolare attenzione. Queste imbracature *(Figura 1.3)*, per certi aspetti simili a quelle che si usano in montagna, consentono con un minimo ingombro di restare sempre assicurati all'imbarcazione grazie a un pendaglio da collegare a una life-line (linea di vita).

Fig. 1.3

La life-line può essere costituita da una cima che va da una bitta di poppa all'altra, passando davanti all'albero e sotto le scotte del genoa, ma senza essere d'intralcio ad altre manovre *(Figura 1.4 A)*, oppure da due cime o fettucce ad alto carico di rottura che corrono lungo le bitte di dritta e di sinistra della barca *(Figura 1.4 B)*. L'importante è che in entrambi i casi sia possibile raggiungere ogni punto dell'imbarcazione.

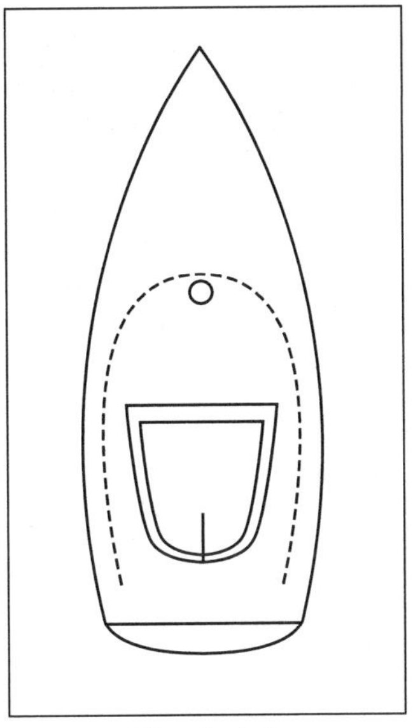

Fig. 1.4 A

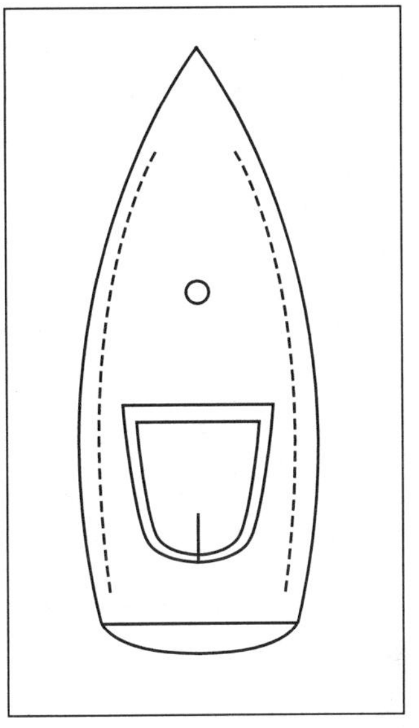

Fig. 1.4 B

Una volta collegato il pendaglio all'imbracatura e alla life-line, diviene possibile muoversi liberamente per tutta la barca. Il vantaggio di questo sistema è che, in caso di caduta in mare, l'uomo rimane appeso all'imbarcazione e può essere tirato su da altri membri dell'equipaggio. In condizioni di onda formata la perdita di un uomo, per quanto munito di cintura di salvataggio, è un evento estremamente rischioso: non sempre è possibile riuscire a individuare il naufrago. Le cinture di sicurezza permettono di manovrare e di lavorare comodamente: sono, quindi, un mezzo sicuro che anche se non obbligatorio nella normativa italiana è meglio preoccuparsi di imbarcare. Quelle d'ultima generazione, come dicevamo in precedenza, sono dotate di un salvagente ad attivazione automatica o manuale, così da permettere al naufrago di restare a galla, anche se il pendaglio o la life-line dovessero cedere. Per fare in modo che la cintura di sicurezza non si sfili in caso di caduta, è opportuno che sia ben regolata alla propria corporatura e che sia dotata di almeno una cinghia che passa tra le gambe, impedendole di sfilarsi accidentalmente.

1.8 *Accessori facoltativi*

L'articolo 1 del Regolamento di sicurezza per la navigazione da diporto stabilisce che resta nella responsabilità del conduttore dotare l'unità degli ulteriori mezzi e delle attrezzature marinaresche e di sicurezza necessarie, in relazione alle condizioni meteo marine e alla distanza da porti sicuri per la navigazione che s'intende effettivamente intraprendere.

Su questa base saranno elencati alcuni accessori che non sono inclusi nelle dotazioni italiane o francesi, ma che ritengo comunque utili per gestire al meglio l'imbarcazione di cui abbiamo assunto il comando (*Tabella 8* alla pagina seguente).

Tabella 8

Manovelle per winch (minimo 2)
Tender comprensivo di remi, di scalmi e di un piccolo ancorotto
Motore fuoribordo per tender e tanica con miscela
Bansigo
Ancora di rispetto
Drizze di rispetto
Fanali di rispetto
Dissalatore in caso di lunghe navigazioni
Ancora galleggiante
Stucchi che catalizzano in acqua per tamponare falle
Pompa di sentina di rispetto
Parabordi (prescritti dall'art. 71 del regolamento per l'esecuzione del Codice della Navigazione)
Taniche di riserva per gasolio e per acqua
Cavo del 220 V
Tendalino
Manichetta per l'acqua
Passerella
Telecomando salpa ancora
Spazzolone per pulizie
Imbuto carburante
Scaletta di risalita
Set completo di stoviglie

È consigliabile avere sempre una cassetta degli attrezzi (menzionata nella normativa francese) equipaggiata a mestiere e comprensiva di una sega con più lame di ricambio.

Dato che non è facile ricordare dove sono state riposte le dotazioni e gli accessori, è opportuno disegnare uno schema generale dell'imbarcazione contenente l'ubicazione di tutto ciò che è presente a bordo. È importante che questo foglio sia plastificato e venga posto in un luogo visibile a tutti all'interno dell'imbarcazione. Un buon consiglio è predisporre un bidone stagno di facile accesso, da prendere con sé in caso di naufragio, in cui possono essere stivati i segnali di soccorso, una torcia, un VHF e un GPS portatile con pile di scorta, oltre alle eventuali dotazioni non incluse tra quelle che abbiamo elencato nella *Tabella 2* a pag. 24. Questo materiale, aggiunto a quello di cui è dotata la zattera, sarà utile in caso d'abbandono dell'unità madre, specialmente se la permanenza a bordo del mezzo di salvataggio dovesse prolungarsi.

Tra gli accessori elencati alcuni possono essere risolutivi in caso di particolari inconvenienti, altri semplicemente adibiti a rendere più comoda una crociera. Probabilmente potrebbero esserci altri dispositivi da imbarcare per aumentare la sicurezza della navigazione, ma per evidenti motivi è stato necessario stabilire dei limiti all'elenco proposto. Riflettere sul materiale d'armamento dell'imbarcazione, in modo particolare per gli amanti dell'altura, è un dovere fondamentale dello skipper; a questo proposito si è cercato di offrire uno spunto di riflessione ai naviganti menzionando le dotazioni di entrambe le normative ed altri accessori non elencati in nessuna delle due, affinché ciascuno possa scegliere il materiale d'armamento più adatto alle proprie esigenze.

CARATTERISTICHE DELL'IMBARCAZIONE: GLI IMPIANTI INTERNI, IL MOTORE, L'ALBERO E L'ATTREZZATURA DI COPERTA

CAPITOLO 2

Prima di mollare le cime è buona norma, e indice di professionalità, conoscere le caratteristiche della barca su cui navighiamo. Controlliamo l'efficienza dell'impianto elettrico e di quello idrico, il funzionamento del motore, l'albero, il sartiame e l'attrezzatura di coperta.

Una volta considerate le dotazioni, i documenti e gli accessori, è il momento di conoscere le caratteristiche interne ed esterne della nostra imbarcazione. Il motivo che mi ha spinto a cominciare dalle dotazioni, invece che dalle proprietà generali della barca, è che in mancanza d'estintori, per esempio, un'imbarcazione in cui tutto è nuovo e funzionante non è pronta per navigare. In questo modo, se fosse necessario ripristinare qualche dotazione, potremmo delegare a qualcuno il recupero del materiale mancante, mentre noi continueremmo il nostro lavoro d'ispezione.

Il passo successivo è quello di controllare la sentina, tutte le prese a mare, i passascafi, e verificare l'efficienza dell'impianto elettrico, di quello idrico, del motore, dell'albero e dell'attrezzatura di coperta. Per fare quest'operazione è consigliabile essere soli o con poche persone sottocoperta e, soprattutto, senza bagagli sparsi per la barca. È arrivato il momento di «spagliolare» (alzare i paglioli), da prua verso poppa, per visualizzare tutto ciò che è ubicato nella sentina e per controllare:

- lo stato dei trasduttori (log ed ecoscandaglio);
- il posizionamento e l'integrità delle prese a mare dei lavabi, del w.c., delle pompe di sentina e del motore;
- i bulloni che tengono la chiglia congiunta allo scafo;

- la linea d'asse;
- l'integrità dei meccanismi del sistema di governo (frenelli o quant'altro) e il passascafo della losca del timone *(Figura 2.1)*.

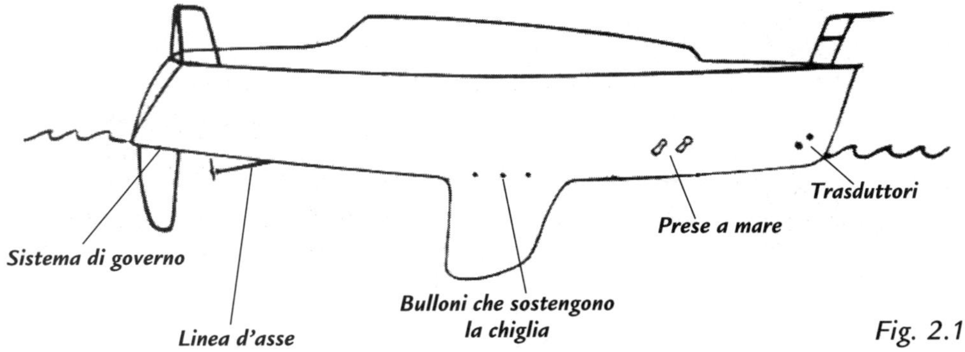

Fig. 2.1

Proseguiamo a controllare che cosa è ubicato negli altri spazi, se non li abbiamo ispezionati precedentemente: i gavoni in pozzetto, quelli sotto la cuscineria delle cabine e della dinette, l'interno degli stipetti. Questo sarà utile per stivare logicamente la cambusa e gli effetti personali al momento dell'imbarco dell'equipaggio, e individuare altri segreti e peculiarità dell'imbarcazione su cui ci troviamo. Alla prima rada, in estate, fare un bagno per controllare lo scafo, la linea d'asse e il fissaggio delle sue appendici (elica, piede dell'elica, anodi di zinco) è un'ottima precauzione. Potremmo, inoltre, ispezionare anche la boccola del timone, le altre prese a mare e i passascafi, al fine di accertare che tutto sia regolare, completando così il nostro esame dell'imbarcazione.

Le caratteristiche di sicurezza degli impianti, di cui sarà data una breve descrizione, sono stabilite dal D.L. 14/8/1996, n. 436 (allegato II). A questo riguardo è opportuno accertare che i nostri impianti di bordo corrispondano alle caratteristiche stabilite.

2.1 L'impianto elettrico

L'impianto elettrico di un'imbarcazione è una questione piuttosto delicata e, soltanto grazie a una sua corretta manutenzione, è possibile disporre di una fonte d'energia sufficiente per utilizzare strumentazioni e apparecchi necessari per la navigazione. È opportuno intervenire soltanto se siamo sicuri di ciò che stiamo facendo, altrimenti sarà meglio lasciare il lavoro a un tecnico di fiducia. Al termine di ogni intervento sull'impianto è nostro compito assicurarci che siano riportate le modifiche effettuate sullo schema elettrico dell'imbarcazione, per permettere a chi verrà dopo di focalizzare velocemente i cambiamenti apportati. Gli impianti di imbarcazioni da diporto di medie dimensioni utilizzano corrente continua a 12 V, anche se imbarcazioni più grandi possono utilizzare quella a 24 V.

Il quadro elettrico e le batterie

Cuore dell'impianto sono le batterie che, per mezzo di cavi elettrici, paragonabili alle vene del corpo umano, sono capaci di trasmettere elettricità al cervello: il quadro elettrico. Attivando gli interruttori di quest'ultimo è possibile determinare il funzionamento di tutte le utenze e tutti gli strumenti: è buona norma, quindi, controllare sempre prima di salpare che tutto sia efficiente. L'impianto elettrico deve essere salvaguardato da un'accidentale presenza di correnti con valori maggiori della soglia ammessa, e a questo proposito vengono utilizzati i fusibili o gli interruttori magnetotermici.

Il fusibile è un componente elettrico composto da una piccola capsula in cui è contenuto un filamento tarato per sopportare una certa portata di corrente (ampere). In casi di eccessivo amperaggio all'impianto, il filamento fonde per effetto joule: in pratica s'interrompe il circuito in caso di sovraccarico o di corto circuito, proteggendo l'impianto e gli apparecchi elettrici collegati. L'interruttore magnetotermico invece racchiude due sganciatori: uno magnetico e uno termico. Il primo, con intervento istantaneo, scatta a causa di un rapido e consistente aumento della corrente, ben oltre il limite consentito. Questa situazione è tipica del cortocircuito. L'interruttore termico interviene per sovraccarico, ovvero quando assorbiamo più corrente del consentito: il sensore all'interno dell'interruttore si riscalda e provoca lo scatto.

Il quadro elettrico è preferibile che sia installato lontano da un possibile contatto accidentale con l'acqua, ma soprattutto non devono esserci infiltrazioni poiché potrebbero causare un corto circuito. È consigliabile verificare periodicamente che i contatti sul retro siano in buono stato e non ci siano fili scoperti.

Le batterie si mettono in funzione tramite uno o più commutatori, ne sono presenti almeno due ed è consigliabile che abbiano utilizzi differenti: una batteria sarà collegata esclusivamente ai meccanismi d'avviamento del motore e dovrà essere mantenuta costantemente a un alto livello di carica, mentre l'altra potrà essere utilizzata per tutti gli altri servizi. Se le batterie non sono separate, ma collegate entrambe sia al meccanismo d'avviamento sia ai servizi di bordo, occorre utilizzarle separatamente e non commutarle in parallelo, in modo da garantire all'imbarcazione di non restare a corto di energia, in quanto una rimarrà sempre carica per l'avviamento del motore.

Per garantire una corretta efficienza è importante che le batterie siano adeguatamente fissate in un proprio vano stagno, nei limiti del possibile, e protetto dall'umidità. I morsetti congiunti ai poli devono essere ben ingrassati, in modo che i contatti siano efficienti e sia possibile prevenire ruggine e ossidazioni. Se disponiamo di batterie tradizionali, il livello del liquido dovrà essere tale da non tenere scoperti gli elementi (aggiungere acqua distillata se necessario), mentre quelle a gel hanno indicatori che cambiano colore in base allo stato di carica. Tutte le batterie hanno una capacità diversa di energia erogabile che viene misurata in amperora: è opportuno scegliere quelle più adatte al nostro fabbisogno.

Consultare le specifiche tecniche degli strumenti installati ci permette di redigere un quadro attendibile dei consumi, ma il controllo pratico tramite un amperometro e un voltmetro rimane sempre il metodo più sicuro per non rimanere a corto di energia. Ricordiamo che il salpa ancora è l'utenza che possiede maggior assorbimento: per questa ragione deve essere utilizzato con il motore acceso a un numero di giri tale da consentire la ricarica delle batterie. Il frigorifero, le pompe elettriche e le luci di via sono nell'ordine le utenze dai consumi più elevati: valutiamo quando ricaricare le batterie in base all'utilizzo che ne facciamo e al tipo d'impianto che abbiamo installato.

L'alternatore e il caricabatterie

Tra i differenti sistemi di ricarica delle batterie, l'alternatore e il caricabatterie da collegare a terra sono sicuramente i più diffusi.

Il primo è un generatore elettrico capace di provvedere alla ricarica quando il motore è in moto. L'alternatore, infatti, mediante la rotazione di un elettromagnete (rotore) attorno alle spire di un avvolgimento fisso, produce corrente alternata che viene raddrizzata in continua per mezzo di un ponte di diodi. Un regolatore di tensione provvederà a sua volta a inviare l'amperaggio necessario per effettuare la ricarica della batteria. Per garantire l'efficienza dell'alternatore non dobbiamo mai staccare le batterie quando il motore è in moto, in caso contrario potremmo danneggiare il regolatore di tensione a causa della mancanza di un riferimento di carica.

Il caricabatterie consente un sistema di ricarica quando siamo ormeggiati in porto. Tramite un cavo elettrico da collegare a una colonnina è possibile trasferire a bordo corrente alternata che viene trasformata e raddrizzata in corrente continua, compatibilmente con il voltaggio delle batterie installate (*Figura 2.2* a pag. 52). I caricabatterie più moderni sono dotati di svariate caratteristiche di sicurezza, ma è necessario che siano provvisti almeno di fusibili di protezione e di un magnetotermico e che, inoltre, siano protetti dai cortocircuiti. Questo strumento teme le stesse insidie di cui abbiamo parlato a riguardo del quadro, sarà necessario pertanto mantenere lo stesso livello di accortezza. Il cavo di collegamento a terra deve essere fissato in modo da non danneggiare le prese situate alle estremità, nel caso dovesse disgraziatamente entrare in trazione. Ricordiamoci, quindi, per evitare quest'inconveniente, di dare volta al cavo da ambo le parti su strutture fisse come le bitte di bordo o della banchina. La prima presa da attaccare è sempre quella di bordo, successivamente quella a terra. È consigliabile non accendere mai il motore con il caricabatterie inserito, per non rischiare di provocare danni all'apparecchio.

I pannelli solari e i generatori eolici sono sempre più utilizzati come sistemi di ricarica delle batterie, soprattutto per chi effettua lunghe navigazioni. Le ricerche nel settore offrono sul mercato prodotti sempre migliori a prezzi abbordabili: è possibile informarsi presso i rivenditori sui prodotti di ultima generazione.

Fig. 2.2

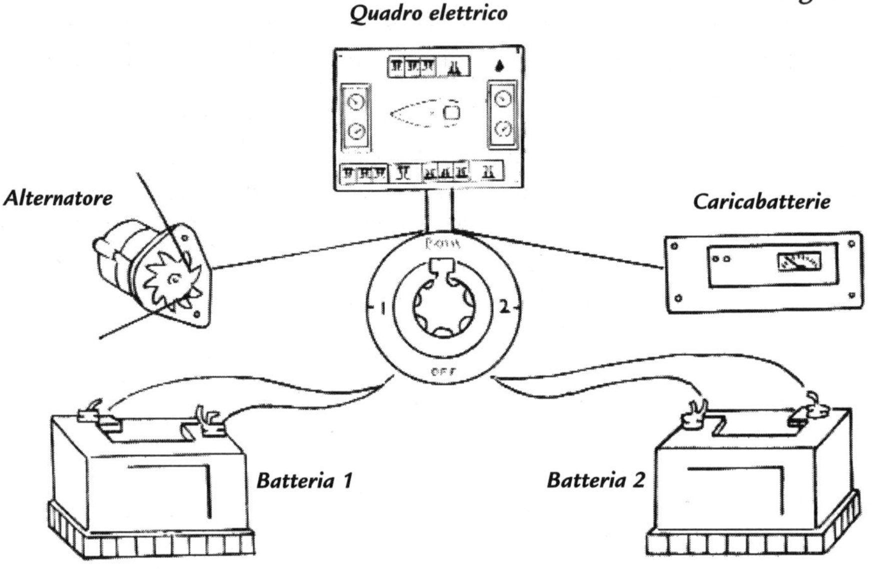

Misurare la dispersione dell'impianto elettrico

Il fenomeno della dispersione di corrente è uno tra i problemi che può capitare all'impianto elettrico: interruttori, connessioni e morsetti sono tutti potenziali fonti di dispersione che contribuiscono a diminuire lo stato di mantenimento di carica della batteria. Per mezzo di un multimetro con la possibilità di misurare gli ampere in corrente continua è possibile eseguire una prova per verificare se il nostro impianto ha dispersione o meno.

Al fine di scoprire se sussiste quest'inconveniente, è necessario staccare tutte le fonti di ricarica delle batterie (caricabatterie, pannelli solari, generatori eolici) e spegnere tutti gli interruttori del quadro elettrico. Provvediamo ad attaccare tutte le batterie di cui dispone l'imbarcazione, in modo da renderle tutte attive. A questo punto scolleghiamo il morsetto del polo negativo di una batteria e colleghiamo i due cavetti del multimetro in scala ampere al polo libero della batteria e al morsetto staccato. Se il valore è inferiore a 1 mA (millesima parte di ampere) la perdita è poco rilevante, mentre se il valore è compreso tra 10 mA e 1 A c'è una perdita consistente o è stato dimenticato un apparecchio sotto tensione.

In caso di dispersione elettrica è necessario cercare di individuare se c'è un filo scoperto, una connessione difettosa o un morsetto allentato nel quadro o nella linea elettrica. Se non riusciamo a individuare il problema e non siamo particolarmente esperti, è preferibile non avventurarsi in sperimentazioni, ma chiamare un elettricista e riferire le prove che abbiamo fatto e ciò che è stato toccato. Riportiamo nella *Tabella 9* i problemi che si possono verificare all'impianto elettrico, con relative cause e possibili soluzioni.

Tabella 9

Problema	Causa	Soluzione
Non arriva elettricità al quadro	Batterie staccate	Provvedere a inserire le batterie
	Batterie scariche o in corto	Ricaricare o sostituire le batterie
	Linea elettrica interrotta tra le batterie e il quadro	Verificare l'integrità e i collegamenti della linea elettrica
Il quadro ha elettricità, ma non funziona una singola utenza	Fusibile bruciato, interruttore magnetotermico disinserito	Sostituire fusibile o inserire di nuovo interruttore magnetotermico
	Problema all'interruttore	Sostituire o escludere provvisoriamente l'interruttore
	Linea interrotta tra il quadro e l'utenza	Verificare l'integrità e le connessioni della linea elettrica
	Guasto dell'apparecchio in oggetto	Riparare o sostituire l'apparecchio
Le batterie non si ricaricano	Problema alle batterie o alla linea elettrica	Verificare il buono stato delle batterie o della linea elettrica
	Alternatore o caricabatterie guasti	Provvedere alla riparazione o alla sostituzione

2.2 Gli strumenti elettronici di navigazione: l'anemometro-segnavento, l'ecoscandaglio, il log e il tachimetro

L'anemometro-segnavento misura l'intensità del vento reale e apparente, e l'angolo del vento rispetto alla prua, per mezzo di una stazione situata in testa d'albero. I valori registrati dalla stazione del vento vengono visualizzati su un apposito strumento.

L'ecoscandaglio misura la profondità dell'acqua al di sotto dello scafo. Un trasduttore inserito in un passascafo a prua, vicino a quello del log, lancia continuamente degli ultrasuoni sul fondo del mare che ritornano al mittente in tempi diversi, a causa di differenti profondità. Lo strumento è in grado di elaborare gli impulsi e visualizzare sul display la profondità in metri o in piedi. In porto o in rada è opportuno verificare, tramite uno scandaglio a mano, che sia tarato correttamente.

Il log è uno strumento che permette di conoscere le miglia che percorre l'imbarcazione in una o più giornate di navigazione, mentre il tachimetro misura la velocità della barca espressa in nodi. Entrambi gli strumenti, riuniti nel medesimo ripetitore, funzionano tramite una piccola rotella dentata che, inserita e bloccata nel suo apposito passascafo, ruota con l'abbrivio dell'imbarcazione. Il trasduttore invia un impulso al ripetitore dello strumento su cui vengono visualizzati i valori del tachimetro e del contamiglia. L'inconveniente che capita più spesso è che la rotella si blocchi a causa d'incrostazioni: in tal caso, per ripristinare il funzionamento, è necessario estrarre il trasduttore dal passascafo. Per fare questo dobbiamo rimuovere il perno di bloccaggio del trasduttore e collocare immediatamente il tappo di sicurezza per non allagare la barca. Potremmo pulire comodamente la rotella e introdurre di nuovo il trasduttore riposizionando il perno di sicurezza.

Il log interfacciato con l'anemometro-segnavento diviene in grado di calcolare il VMG (Velocity Made Good). Questo è un dato particolarmente importante quando si naviga di bolina o al lasco poiché permette di conoscere il miglior compromesso tra l'angolo con cui l'imbarcazione risale o scende il vento e la velocità della barca. Più sale il valore del VMG (espresso in nodi) e più l'imbarcazione si avvicina velocemente alla meta.

2.3 *L'impianto idrico*

Grazie all'impianto idrico anche in barca è possibile disporre di acqua dai rubinetti come a casa. Nelle imbarcazioni di medie dimensioni l'impianto è strutturato in questo modo: in coperta ci sono uno o più bocchettoni per il carico dell'acqua nei serbatoi, da questi l'acqua prosegue per mezzo di tubi verso un clarinetto da cui è possibile selezionare il serbatoio, che abbiamo deciso di utilizzare. Sempre tramite tubi e raccordi, l'acqua giunge all'interno di un filtro, per trattenere le impurità, e successivamente in un'apposita pompa elettrica. Da questa l'acqua poi si incanala in un piccolo serbatoio accumulatore e prosegue verso le utenze di bordo *(Figura 2.3)*.

Quando apriamo un rubinetto, l'acqua contenuta all'interno dell'accumulatore, o polmoncino, è la prima a essere prelevata: di conseguenza al diminuire della pressione nell'accumulatore il pressostato della pompa dell'acqua ne determina l'attivazione, al fine di riempire nuovamente il polmoncino. In questo modo l'acqua può erogare in modo continuo dal rubinetto. Al momento della chiusura del rubinetto il serbatoio accumulatore si riempie nuovamente e il pressostato di cui la pompa è dotata la disattiva, mantenendola sempre sotto tensione in stand-by.

Alcune tra le nuove pompe in commercio sono dotate di un sensore di pressione che permette di variare la velocità d'erogazione. In questo modo il serbatoio accumulatore non è più importante poiché il controllo della velocità d'erogazione è elettronico. In ogni caso non è corretto tenere aperti a lungo i rubinetti, poiché un prolungato funzionamento della pompa può generare un surriscaldamento che potrebbe danneggiarla.

Fig. 2.3

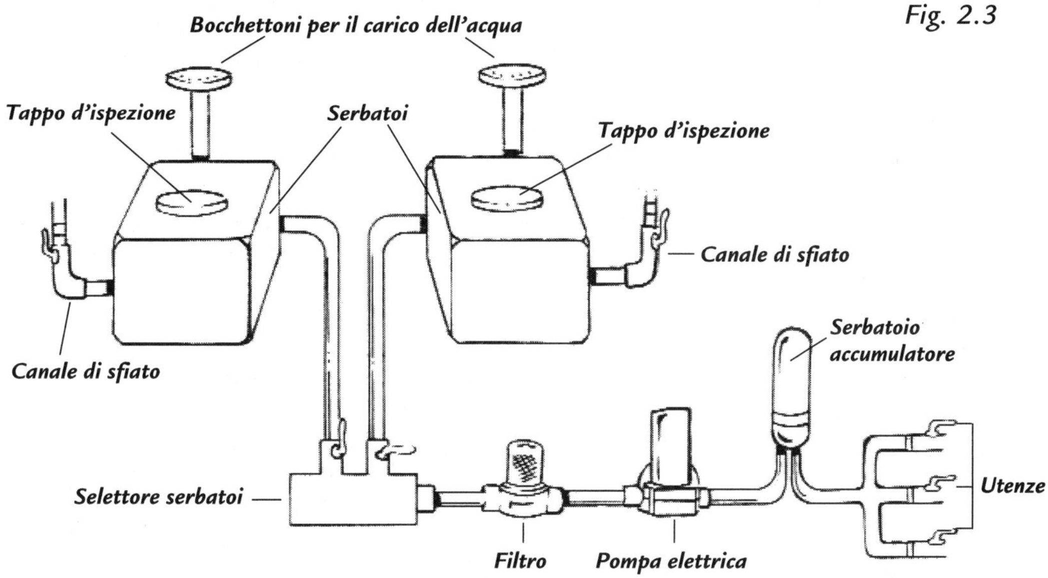

Nella *Tabella 10*, alla pagina seguente, riportiamo i problemi che possono verificarsi all'impianto idrico, con relative cause e possibili soluzioni.

Il corretto utilizzo dei serbatoi dell'acqua

Quando facciamo il carico dell'acqua, innanzi tutto accertiamo che sia potabile, poiché le colonnine di rifornimento dei porti spesso forniscono anche quella salmastra per lavare la barca. Secondariamente prestiamo attenzione a non dare troppa pressione al getto d'acqua nella manichetta, così da evitare la formazione d'aria all'interno del circuito e un'eventuale espansione dei serbatoi, in modo particolare se sono in materiale plastico. Assicuriamoci che lo sfiato dell'aria sia funzionante: in alcuni casi c'è un tubicino diretto dal serbatoio all'esterno, molto al di sopra della linea di galleggiamento; in altri c'è una piccola presa a mare che deve essere aperta durante il rifornimento, per permettere l'espulsione dell'aria, e chiusa dopo, per evitare che a barca sbandata l'acqua di mare possa raggiungere i serbatoi dai canali di sfiato. Saltuariamente è consigliabile introdurre una modica quantità di amuchina per disinfettare i serbatoi, in dosi indicate nelle modalità d'uso del prodotto.

Se abbiamo più serbatoi, è conveniente utilizzarne uno per volta escludendo gli altri, in questo modo potremo fare un calcolo approssimativo dell'autonomia di ciascuno. Avere a bordo una pompa a pedale permette di utilizzare l'acqua dei serbatoi, anche se la pompa elettrica non dovesse funzionare: è un ottima garanzia. Per chi ama navigare d'inverno il boiler è un buon alleato: l'acqua calda è pur sempre una grande comodità.

Tabella 10

Problema	Causa	Soluzione
L'acqua non arriva a nessuna utenza	Il serbatoio che stiamo utilizzando è vuoto	Accertarsi che il serbatoio che abbiamo selezionato sia pieno d'acqua
	L'interruttore della pompa dell'acqua è spento	Accendere l'interruttore della pompa dell'acqua sul quadro elettrico e verificare che la pompa faccia il suo rumore caratteristico che indica lo stato di funzionamento
La pompa dell'acqua non funziona	Non ha alimentazione elettrica	Verificare che alla pompa arrivi elettricità
	Si è guastata o bloccata	Provvedere a farla riparare o sostituirla
La pompa elettrica funziona, ma l'acqua stenta a uscire dai servizi	È entrata dell'aria all'interno del circuito	Chiudere i serbatoi esauriti, accendere la pompa e aprire i rubinetti di tutti i servizi
	Le batterie non forniscono energia sufficiente alla pompa per erogare l'acqua	Verificare lo stato di carica delle batterie ed eventualmente accendere il motore a un numero di giri tale che permetta all'alternatore di ricaricarle
	C'è una perdita d'aria nel circuito	Controllare le guarnizioni, l'innesto tra i tubi, un'eventuale perdita d'aria nei pressi della pompa dell'acqua. Eliminare la perdita eventuale con del teflon o altro materiale che abbiamo a disposizione
L'acqua non raggiunge una singola utenza	La leva sul tubo del servizio in oggetto è rimasta chiusa	Aprire la leva del servizio in questione
	Il tubo che va dalla pompa al rubinetto è strozzato (inconveniente che capita spesso con il tubo della doccia a poppa) o interrotto	Verificare che il tubo dell'utenza in questione non abbia strozzature o interruzioni
La pompa dell'acqua è costantemente in stato di funzionamento, anche se tutte le utenze sono chiuse	L'acqua del serbatoio utilizzato è terminata	Selezionare un altro serbatoio, ma se abbiamo terminato l'acqua di tutti gli altri dobbiamo spegnere la pompa dal quadro nell'attesa di riempire di nuovo i serbatoi
La pompa dell'acqua entra in funzione e si disattiva per pochi istanti senza che siano aperti i rubinetti	Nella membrana della pompa c'è sporco	Smontare la pompa e provvedere alla pulizia della membrana

L'impianto di svuotamento dell'acqua

Su tutte le imbarcazioni da diporto è installata una pompa di sentina elettrica che può essere autoinnescante e quindi automatica, o da attivare tramite un interruttore posizionato sul quadro elettrico. Quella autoinnescante è dotata di un galleggiante contenuto all'interno della pompa che in presenza di acqua si alza e ne determina l'attivazione. La pompa rimane in moto fino a quando il galleggiante non discende nuovamente. Il vantaggio di questo sistema è di poter mantenere la pompa sempre accesa poiché essa non entrerà in funzione fino a quando non ci sarà acqua in sentina; di contro, però, con mare formato la pompa può attivarsi e disattivarsi automaticamente a causa degli spostamenti del galleggiante dovuti all'urto dello scafo sulle onde. L'altro tipo di pompa elettrica si attiva dal quadro tramite un interruttore e deve essere spenta non appena abbiamo aspirato l'acqua.

L'impianto di svuotamento è costituito dalla pompa, di due tipi come abbiamo visto, che, collegata tramite un tubo a una succhiarola con un filtro interposto tra le parti, espelle l'acqua all'interno dell'imbarcazione *(Figura 2.4)*. Poiché la pompa assorbe molta energia, è consigliabile utilizzarla con il motore acceso. Prima di utilizzare quest'impianto occorre accertare che la presa a mare dello scarico dell'acqua sia stata aperta. Se, dopo aver acceso il relativo interruttore, la pompa elettrica non dovesse funzionare, dobbiamo controllare innanzi tutto che le arrivi elettricità, quindi che entri in funzione producendo il suo rumore caratteristico e che il filtro, la succhiarola o il tubo non siano intasati o sporchi. Le imbarcazioni sono dotate anche di un secondo impianto di svuotamento, costituito da una pompa meccanica a membrana, azionabile manualmente dal pozzetto tramite una leva. È opportuno verificare l'efficienza di entrambi gli impianti e tenere sempre la leva manuale a portata di mano.

Fig. 2.4

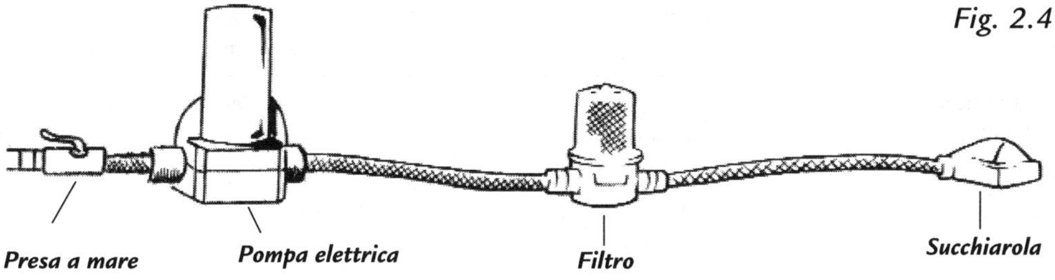

Il w.c. marino

Il w.c. marino funziona tramite l'acqua di mare che, per mezzo di una pompa manuale, espelle i rifiuti organici. Per utilizzare correttamente il w.c., dopo aver fatto i nostri bisogni, è necessario aprire le prese a mare: quando la leva è parallela al tubo la presa a mare è aperta, quando è perpendicolare al tubo è chiusa. Nelle immediate vicinanze della pompa manuale è situato un piccolo deviatore, che può essere orientato in due modi. Dobbiamo sistemarlo in modo che, pompando, l'acqua possa fluire nel w.c.: di solito questa posizione è contrassegnata dalla scritta «open flush», ed è raffigurato un water pieno d'acqua.

A questo punto cominciamo a pompare fino a espellere «ciò che ci appesantiva», almeno trenta volte, dato che il tubo di scarico è lungo e nella conduttura viene creato un sifone per motivi di sicurezza. Una volta fatto questo, metteremo il deviatore dall'altra parte (di solito c'è scritto «dry closed» ed è raffigurato un water senz'acqua) e continueremo a pompare l'acqua, fino a lasciarne una piccolissima quantità. Per completare l'operazione, chiudere le prese a mare sarà l'ultima cosa da fare, ma la più importante. Ovviamente il w.c. funziona correttamente solo quando le prese a mare sono immerse: se la barca è sbandata e le prese sono fuori dell'acqua, la pompa tira soltanto aria. Se dovesse capitare che nella posizione «open flush» la pompa tira aria e non acqua, è necessario gettare dell'acqua nel w.c. (un secchio di quella di mare), per innescare la pompa e ripristinare così il funzionamento *(Figura 2.5)*. Può capitare che la pompa sia dura e, nel suo utilizzo, emetta un fastidioso cigolio: buttare dell'olio di semi nel w.c. e pompare permette di lubrificare lo stantuffo e, spesso, di risolvere il malfunzionamento.

L'ultimo suggerimento riguarda l'utilizzo della carta igienica che è preferibile non gettare nel w.c., in quanto lo potrebbe intasare. In rada d'estate è alquanto sgradevole veder espellere la carta dove gli altri nuotano. Gettarla in un grande sacchetto dell'immondizia (da sostituire tutti i giorni) può essere noioso, ma in questi casi esprime un grande senso di rispetto nei confronti degli altri. La vasca per la raccolta delle acque nere è il sistema adatto per risolvere quest'inconveniente: le barche di nuova costruzione sono già predisposte all'utilizzo di questo sistema.

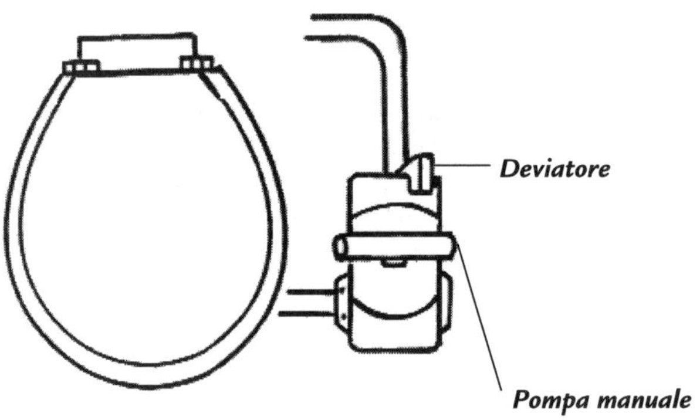

Fig. 2.5

2.4 *L'impianto del gas*

L'impianto è costituito da una bombola contenente gas e da un tubo che permette a questo di arrivare fino alla cucina. Il fornello deve essere dotato di una termocoppia che arresta l'erogazione del gas in caso di spegnimento accidentale della fiamma, mentre le bombole devono essere contenute in un compartimento isolato, accessibile solo dall'esterno e ventilato in modo che qualsiasi perdita sia convogliata fuoribordo.

È necessario ricordarsi di chiudere il rubinetto d'intercettazione sempre prima di andare a dormire, o quando ci allontaniamo dall'imbarcazione per molte ore, poiché spesso il gas che si trova all'interno delle bombole utilizzate nella nautica è butano e il suo peso specifico è maggiore di quello dell'aria. In pratica significa che, in caso di perdita accidentale, il gas non tende come nella maggior parte dei casi a salire verso l'alto, ma al contrario rimane in basso e si accumula con pericolo di scoppio o di asfissia.

Un ottimo metodo per vedere se un tubo ha una perdita consiste nel diluire sapone in acqua e cospargerne il tubo. In caso affermativo vedremo formarsi delle bolle nella zona in cui sussiste la perdita. L'importante è non avvicinarsi mai con un fiammifero acceso o con una fiamma libera.

Prima di salpare dobbiamo controllare che la bombola sia stata fissata correttamente nell'apposito vano e che il gas sia sufficiente: il modo migliore per non restarne senza è tenere sempre una bombola di rispetto *(Figura 2.6)*.

Fig. 2.6

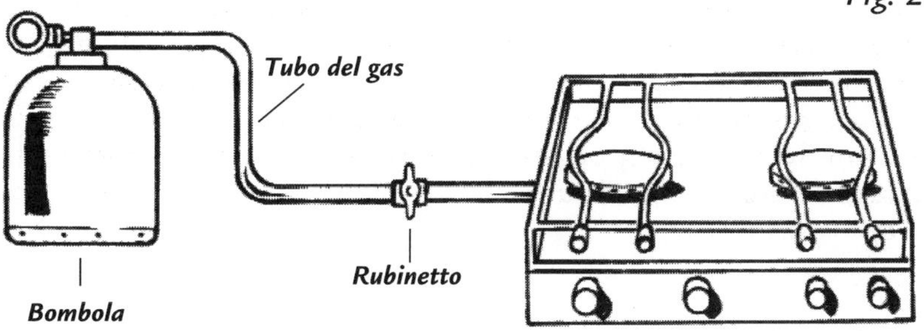

2.5 *Il motore Diesel*

Tutti i motori entrobordo devono trovarsi in un vano chiuso, ventilato e isolato; quindi, capace di ridurre al minimo il rischio di incendi o di pericoli derivati da fumi tossici, calore, rumore o vibrazioni. La comprensione di questa sezione, se il lettore non ha particolare dimestichezza con quest'argomento, potrà essere più semplice dopo aver letto il manuale d'istruzione e manutenzione del motore installato sulla propria imbarcazione, in cui sono fotografate e indicate le parti specifiche di cui parliamo.

Prima di accendere il motore è necessario fare alcuni controlli. Innanzi tutto il vano motore deve essere pulito a mestiere: in questo modo potremmo visualizzare immediatamente un'eventuale perdita. I contatti devono essere lubrificati con prodotti specifici al fine di prevenire corrosioni ed eventuali ossidazioni, così da garantire un buon funzionamento di tutti gli elementi. È necessario controllare che non ci siano dadi o bulloni lenti, che i tubi non siano in avanzato stato di usura e che le fascette siano ben strette. La cinghia dell'alternatore deve essere in tensione. I silent-blocks sono dei tacchetti di gomma che sostengono il motore all'interno del vano: questi devono essere ben fissati poiché, se anche uno solo dovesse cedere, la linea d'asse potrebbe spostarsi e causare una falla. È importante controllare lo stato e la stabilità di tutti gli anodi presenti, necessari per prevenire le correnti galvaniche dannose per il motore. Il fissaggio dell'anodo posto sulla linea d'asse è particolarmente importante, poiché uno spostamento di questo verso lo scafo potrebbe determinare una falla.

A questo punto controlliamo il livello del carburante, dell'olio del motore e dell'invertitore, del liquido del circuito di raffreddamento (se con scambiatore termico). Questi devono essere leggermente al di sotto della tacca che indica la quantità massima. I liquidi da rabboccare devono essere sempre quelli prescritti dal libretto del motore: gli olii in base alla viscosità si differenziano tra loro, il liquido di raffreddamento deve essere quello raccomandato dalla casa costruttrice, non l'acqua del rubinetto. Prima di salpare è buona norma informarsi sul consumo del carburante e sul tempo di autonomia.

I motori Diesel possono essere a iniezione diretta o indiretta. Nel primo caso, dato che gli iniettori sono tarati ad alta pressione e hanno una buona compressione, non sono necessarie le candelette di preriscaldamento per l'avviamento, poiché il getto del combustibile avviene nella parte alta del cilindro sulla sommità del pistone. Nel secondo caso, invece, il gasolio viene spruzzato nella parte superiore del cilindro in una camera di scoppio preriscaldata da un sistema di candelette.

L'avviamento del motore

Prima di accendere il motore è necessario controllare che la leva dell'invertitore sia in folle e che la presa a mare del circuito di raffreddamento sia stata aperta. Il quadro motore è collegato alla batteria, e per accenderlo è sufficiente ruotare la chiave di uno scatto. In questo modo si illuminano le spie luminose e si attivano i manometri di cui è dotato: livello dell'olio e del carburante, temperatura del liquido di raffreddamento, voltaggio delle batterie. Ruotando la chiave di un altro scatto, se il motore è a iniezione indiretta, si innescano le candelette di preriscaldamento: è necessario mantenere questa posizione da un minimo di dieci secondi a un massimo di quaranta con basse temperature. Alcuni impianti sono dotati di un relè temporizzatore che regola il tempo di accensione delle candelette e che è collegato a sua volta a una spia che si spegne quando il preriscaldamento è avvenuto. In ogni caso dopo il preriscaldamento, con un'ulteriore rotazione della chiave si attiva, tramite un elettromagnete, il motorino di avviamento, che provocando la rotazione del volano permette ai pistoni di muoversi e di determinare l'accensione del motore. Una volta che il motore è avviato, è necessario lasciare la chiave e accertarsi che ritorni automaticamente nella posizione del primo scatto. Sulle imbarcazioni a iniezione diretta, dato che non ci sono le candelette di preriscaldamento, si omette il secondo passaggio. Altre imbarcazioni, infine, non sono dotate di una chiave nel quadro motore, ma di una serie di pulsanti con cui è possibile eseguire le medesime operazioni *(Figura 2.7)*.

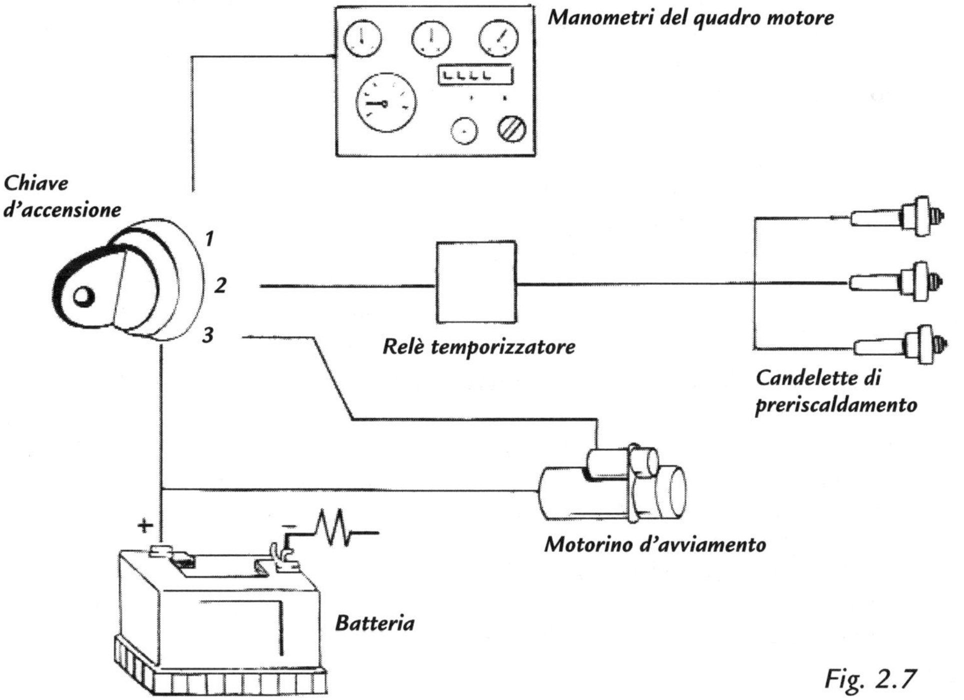

Fig. 2.7

Quando il motore è in moto dobbiamo accertare che dalla marmitta fuoriesca l'acqua. In caso contrario dobbiamo spegnere subito perché deve esserci un problema nel circuito del raffreddamento, di cui in seguito daremo spiegazione. Il colore del fumo emesso dalla marmitta deve essere bianco, dovuto alla vaporizzazione dell'acqua di raffreddamento, mentre la fuliggine, che si deposita nella parte terminale della marmitta, deve essere secca. In caso contrario ci deve essere un'imperfezione nella combustione del carburante.

Il funzionamento del motore

Per mezzo del motore è possibile trasformare il carburante in energia meccanica che, a sua volta trasmessa all'elica, determina l'avanzamento dell'imbarcazione. Cerchiamo di riassumere in modo essenziale come avviene questo processo. Il gasolio introdotto nel serbatoio dal bocchettone d'ingresso raggiunge un pre-filtro di decantazione (anche se non tutti i motori ne sono dotati), in cui vengono trattenute le impurità e l'eventuale presenza di acqua. Da qui prosegue nella pompa di alimentazione del combustibile la quale ha il compito di prelevare il carburante e di immetterlo in un altro filtro (comunemente chiamato filtro del gasolio), per poi finire nella pompa di iniezione. Quest'ultima spinge il carburante negli iniettori i quali lo spruzzano nei cilindri, dove avviene la combustione. Il gasolio in eccesso che arriva agli iniettori ritorna, tramite il tubo di ritorno del carburante, al serbatoio *(Figura 2.8)*.

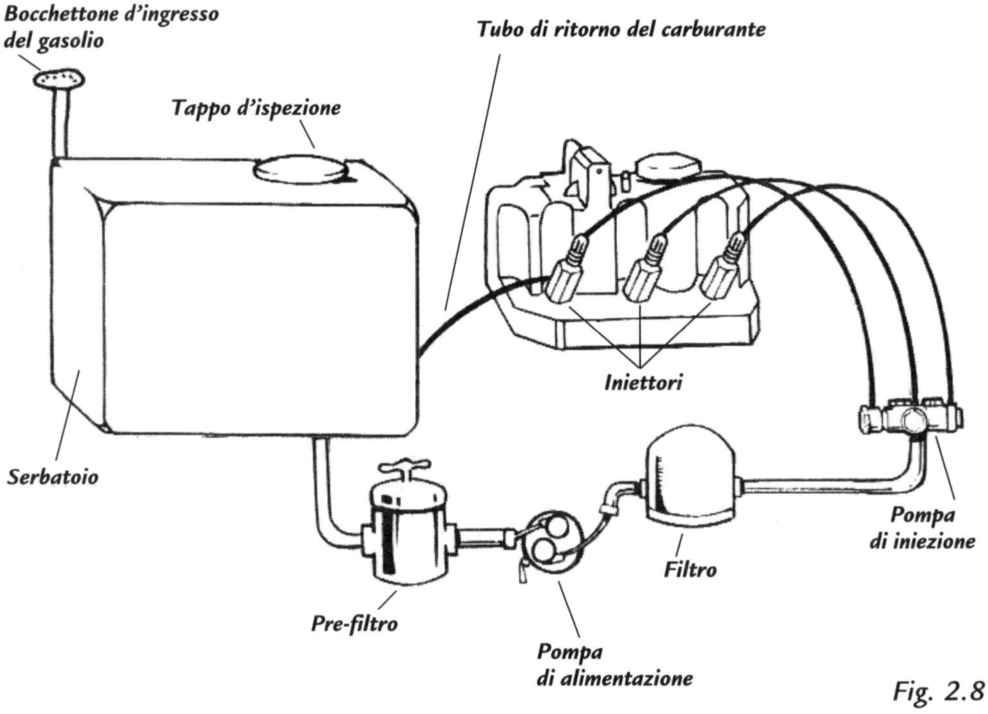

Fig. 2.8

La combustione, come dicevamo poco sopra, avviene nei cilindri e nel ciclo a quattro tempi si divide in quattro fasi distinte:

- Fase 1 (aspirazione): l'aria penetra nei cilindri dalla valvola di aspirazione risucchiata dal pistone in fase di discesa, mentre la valvola di scarico rimane chiusa.

- Fase 2 (compressione): entrambe le valvole sono chiuse e il pistone in salita spinge l'aria intrappolata nel cilindro, comprimendola e aumentando quindi la sua temperatura. Quando l'aria raggiunge il massimo della compressione, tra la sommità del pistone e la testata del cilindro si ha, per mezzo dell'iniettore, l'iniezione del combustibile che, a contatto con l'aria riscaldata, esplode.

- Fase 3 (espansione): sempre con le valvole chiuse il pistone inizia la discesa poiché spinto dalla pressione dell'esplosione.

- Fase 4 (scarico): in questa fase la valvola di scarico è aperta, mentre rimane chiusa quella di aspirazione, e il pistone che risale spinge nel circuito di scarico i gas combusti *(Figura 2.9)*.

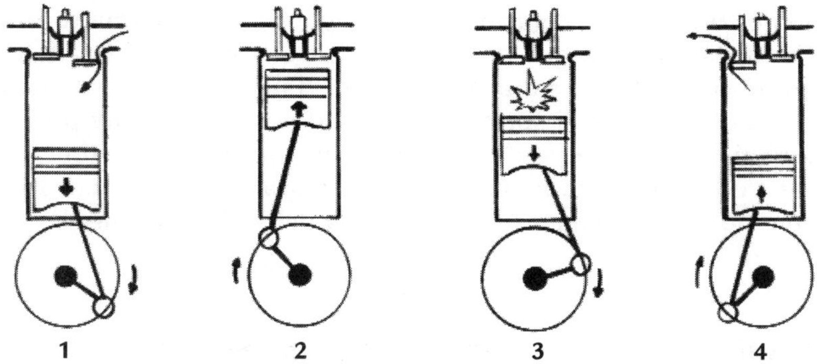

Fig. 2.9

Nel ciclo a due tempi, invece, il processo accade in due corse: aspirazione e compressione, ed espansione e scarico.

Il circuito del raffreddamento è molto importante poiché la temperatura che si sviluppa in un cilindro al momento della combustione è molto alta e, quindi, è necessario ridurre il calore per non fondere il motore. Da una presa a mare la pompa girante pesca l'acqua dopo che questa è passata all'interno di un filtro. A questo punto, se il raffreddamento è diretto, l'acqua passa in apposite intercapedini per poi essere espulsa dalla marmitta. Se il raffreddamento è indiretto, l'acqua di mare viene introdotta all'interno di uno scambiatore di calore affinché raffreddi il liquido del circuito chiuso che, tramite un'altra pompa, circola nelle parti del motore da raffreddare. L'acqua salata, anche in questo caso, sarà espulsa dalla marmitta *(Figura 2.10)*.

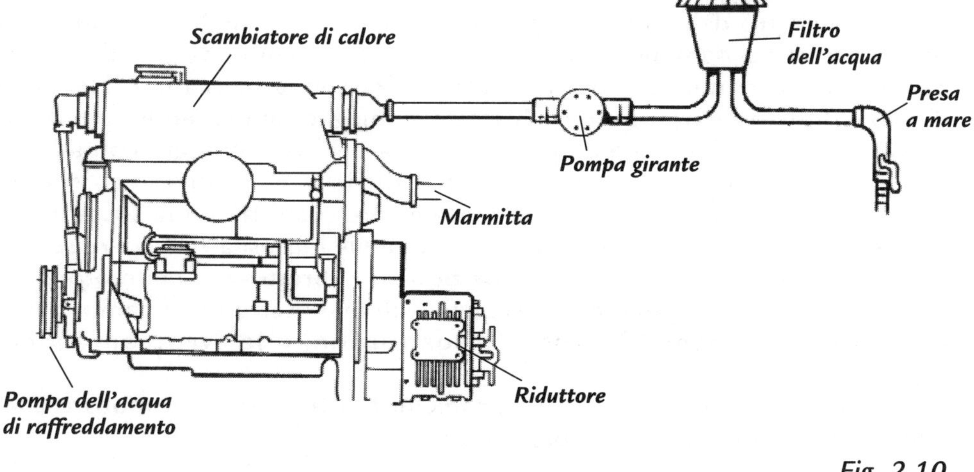

Fig. 2.10

I moderni motori Diesel sono capaci di compiere da 1.000 a oltre 4.000 giri al minuto dell'albero motore, una velocità troppo elevata per essere trasmessa direttamente all'asse dell'elica. Per questo vengono utilizzati i riduttori che, tramite meccanismi a ingranaggi dentati, permettono all'elica di ruotare a un numero di giri inferiore rispetto a quello dell'albero motore. L'inversione del moto è realizzata, invece, dallo spostamento assiale degli ingranaggi riduttori. Questi sono formati da due ruote dentate posizionate con inclinazioni differenti: una per la marcia avanti e una per la retromarcia, mentre tra le due c'è la posizione neutra (folle). L'ingranaggio del motore su una di queste due ruote determina il senso di marcia dell'imbarcazione.

Consigli sull'utilizzo e la manutenzione del motore

Quando navighiamo per lungo tempo a motore, è utile almeno ogni ora, se non ci sono altre cose impellenti da fare, controllare che nel vano sia tutto a posto. Il colore del fumo e il rumore del motore sono due elementi validi per intuire se «qualcosa sta per fermarsi». È necessario tenere sotto controllo le spie del quadro motore e rispettare il numero di giri indicato nel libretto dalla casa costruttrice. In caso di navigazioni a temperature sotto lo zero, è consigliabile l'additivo anti-congelamento per il gasolio.

Per spegnere correttamente il motore è necessario tirare la leva o l'interruttore apposito e, soltanto dopo lo spegnimento, girare la chiave del quadro. In caso contrario potremmo danneggiare la parte elettrica. Tutti i giorni, al termine della navigazione a motore freddo e prima di partire, è necessario ispezionare il vano motore con una fonte luminosa, per verificare che non ci siano state perdite e sia tutto a posto. Una volta all'anno è opportuno provvedere alla pulizia dei serbatoi, accedendovi dai tappi d'ispezione. In questo caso dobbiamo prelevare il gasolio residuo per mezzo di un'apposita pompa e, tramite uno straccio imbevuto di benzina, dobbiamo rimuovere tutte le impurità depositate all'interno.

Avere a bordo materiali di rispetto del motore, tubi di raccordo, una girante, un filtro dell'olio e del gasolio e almeno una cinghia dell'alternatore (come prescritto dalla normativa francese) rappresenta una grande sicurezza per coloro che hanno un po' di dimestichezza con la meccanica. Nel libretto di uso e di manutenzione sono illustrate e spiegate le procedure per operare queste sostituzioni: è bene darci un'occhiata per comprendere come fare. La maggior parte degli inconvenienti non è difficile da risolvere e, in questo modo, potremmo cavarcela da soli senza essere costretti a una sosta in porto per reperire un meccanico, o nella peggiore delle ipotesi a richiedere soccorso in mare aperto. È utile avere a disposizione un libretto-vita del motore in cui annotare quando vengono eseguiti i lavori di manutenzione, i cambi dell'olio e dei filtri e, in generale, tutte le sostituzioni e le eventuali anomalie registrate.

Riportiamo nella *Tabella 11* i problemi più frequenti del motore Diesel, con relative cause e possibili soluzioni.

Tabella 11

Problema	Causa	Soluzione
Azionando il meccanismo d'avviamento il motore non gira	Batteria scollegata o scarica	Verificare l'efficienza dei contatti della batteria o ricaricarla
	Interruttore quadro motore scollegato	Accendere l'interruttore d'avviamento
	Problema nel blocchetto della chiave, interruzione di una linea elettrica, relè di avviamento guasto, motorino di avviamento guasto	In questi casi è meglio rivolgersi a un meccanico a meno che non si possiedano conoscenze che ci permettano di intervenire nei componenti menzionati
All'avviamento il motore gira, ma non parte	Batteria scarica	Ricaricare la batteria
	La cinghia si è allentata o è da sostituire	Registrare o sostituire la cinghia
	Il gasolio è terminato	Inserire il gasolio nei serbatoi
	Rubinetto di intercettazione gasolio chiuso	Aprire il rubinetto
	Leva spegnimento motore alzata	Rispingere la leva verso l'interno
	Sfiato gasolio otturato	Rimuovere lo sporco dal tubo di sfiato
	Filtro aria sporco	Rimuovere e pulire il filtro
	Aria nel circuito	Eseguire l'operazione di spurgo
	Problema di altra natura	Richiedere l'assistenza di un meccanico
Non tiene il minimo o non prende il massimo	Sfiato ostruito	Rimuovere lo sporco dal tubo di sfiato
	Gasolio sporco o contenente acqua	In commercio ci sono degli additivi da aggiungere al gasolio in grado di permettere comunque il funzionamento, anche se sarà necessario in un secondo tempo pulire i serbatoi per rimuovere le impurità o l'acqua
	Filtro gasolio sporco	Rimuovere e sostituire il filtro
	Filtro aria sporco	Rimuovere e pulire il filtro
	Elica danneggiata	Sostituire l'elica
	Problema di altra natura	In questi casi è consigliabile richiedere l'intervento di un esperto
Il motore surriscalda eccessivamente	Presa a mare intasata	Rimuovere le impurità
	Filtro acqua di mare intasato	Smontare il filtro e rimuovere le impurità

Problema	Causa	Soluzione
Il motore surriscalda eccessivamente	La cinghia si è allentata e la pompa di circolazione dell'acqua non funziona	Provvedere a registrare la cinghia o a sostituirla se in avanzato stato di usura
	Pompa girante rotta	Sostituirla con una nuova
	Perdita di acqua da una fascetta	Provvedere a registrarla
	Rottura di un tubo del circuito di raffreddamento	Sostituire il tubo
	Mancanza di liquido (per i motori con scambiatore termico)	Aggiungere il liquido apposito di raffreddamento
	Scambiatore incrostato	Provvedere alla pulizia
	Anodi di zinco sfondati	Sostituirli con anodi nuovi
	Termostato difettoso	Richiedere l'assistenza di un meccanico
	Testa bruciata	Richiedere l'assistenza di un meccanico
Il motore batte in testa o vibra	I silent blocks si sono allentati	Provvedere a serrarli
	Problema nel circuito del gasolio	Richiedere l'assistenza di un meccanico
Azionare l'invertitore provoca rumori strani	L'invertitore non è regolato bene	Richiedere l'assistenza di un meccanico
Il motore gira, ma azionando l'invertitore la barca non avanza	Elica bloccata da un corpo estraneo	Spegnere il motore e immergersi per pulirla o liberarla
	Elica o asse dell'elica rotto	Alare la barca e provvedere alla sostituzione del pezzo
Il motore emette denso fumo bianco	Il liquido di raffreddamento non è sufficiente	Aggiungere il liquido di raffreddamento
	La pompa girante si è rotta	Sostituirla con una nuova
	C'è un problema di raffreddamento o di altra natura	Ispezionare il circuito di raffreddamento verificando che non ci siano perdite o chiamare un meccanico
Il motore emette fumo blu	È normale durante l'accensione per combustione di piccole quantità di zolfo contenute nel gasolio	
	Il motore brucia olio	Richiedere l'assistenza di un meccanico
	La viscosità dell'olio non è appropriata	Utilizzare il tipo di olio prescritto dalla casa costruttrice
Il motore emette fumo nero	Il filtro dell'aria è sporco	Rimuovere e pulire il filtro
	La distribuzione è fuori fase	Richiedere l'assistenza di un meccanico

Problema	Causa	Soluzione
Il motore emette fumo nero	Problema nel circuito del gasolio o di altra natura	Richiedere l'assistenza di un meccanico
Il motore si blocca	Surriscaldamento eccessivo	Verificare l'efficienza del raffreddamento
	Aria nel circuito del gasolio	Eseguire l'operazione di spurgo
	Filtro aria o combustibile sporchi	Provvedere alla pulizia o sostituzione dei filtri
	Gasolio terminato	Inserire il gasolio nei serbatoi
	L'elica si è bloccata	Immergersi armati di coltello per tagliare ciò che ne impedisce la rotazione

La rimozione delle impurità e lo spurgo dell'aria dal circuito del gasolio

Quest'operazione in genere viene descritta nel libretto di uso e di manutenzione del motore, poiché ogni motore ha le proprie specificità: in ogni caso questa procedura permette di eliminare le impurità e l'aria presente all'interno del circuito del gasolio.

1) Smontare e pulire il pre-filtro e il filtro dalle impurità sostituendo le cartucce o semplicemente pulendole accuratamente con benzina o gasolio.

2) Rimontare i filtri dopo averli riempiti di gasolio, provvedendo a ricollocare correttamente le guarnizioni di tenuta.

3) Individuare la leva della pompa di alimentazione del combustibile o un altro dispositivo adibito a questa funzione, e svitare la vite o il dado preposto sul filtro del gasolio, al fine di permettere all'aria di fuoriuscire azionando ripetutamente la leva della pompa di alimentazione.

4) Quando dalla vite uscirà soltanto gasolio privo di bollicine, l'operazione sarà terminata e potremo riprovare a mettere in moto, dopo naturalmente aver stretto ciò che era stato allentato durante l'operazione.

5) Se il motore non dovesse ripartire, è necessario accertare che i filtri del gasolio siano pieni, quindi allentare i dadi di uno o più iniettori e azionare con la leva dell'invertitore il motorino di avviamento a intervalli di 10-20 secondi (in modo da avere accelerazione senza l'elica ingranata), fino a quando dagli iniettori non uscirà soltanto gasolio privo di bollicine. Quando l'operazione è avvenuta con successo, è necessario serrare di nuovo i dadi e provvedere a una nuova messa in moto, accertando che non ci siano perdite nel vano motore.

Se abbiamo la certezza che nel circuito del gasolio non ci siano impurità ma soltanto aria, non sono più necessarie le prime due fasi. I motori marini, se vengono manutenuti correttamente, sono affidabili e raramente creano problemi. Per questa ragione è opportuno provvedere a rispettare i consigli della casa costruttrice, a cambiare i componenti, quando prescritto, o a delegare un tecnico specializzato, nel caso non abbiamo tempo o competenze adeguate per questo lavoro.

2.6 *L'albero e il sartiame*

L'albero di una barca a vela è una struttura molto importante che dobbiamo osservare regolarmente durante la navigazione per accertarci che sia sempre nella condizione di svolgere al meglio il suo lavoro. Gli alberi si distinguono per il tipo di materiale con cui sono costruiti (legno, alluminio, carbonio), se sono passanti e quindi fissati sullo scafo o appoggiati in coperta, e in base a come sono armati. In questo paragrafo, dedicato alle barche da crociera, ci occuperemo di alberi in alluminio con «armo in testa» e «armo frazionato». Nel primo caso lo strallo e le sartie sono fissate in testa d'albero, nel secondo, invece, si fermano più in basso, in genere a 3/4, 7/8 o 9/10 dell'altezza totale.

Il sartiame è l'insieme dei cavi di acciaio inox adibito a garantire il sostentamento e la centratura dell'albero, sia sull'asse longitudinale (prua-poppa), sia su quello trasversale (destra-sinistra).

L'albero di un'imbarcazione a vela lavora a compressione, mentre le sartie a trazione: soltanto per mezzo di una buona messa a punto delle manovre adibite alla sua regolazione, si ottiene un profilo che consente alle vele di esprimere un buon rendimento, conservando i parametri necessari per la stabilità *(Figura 2.11)*.

Fig. 2.11

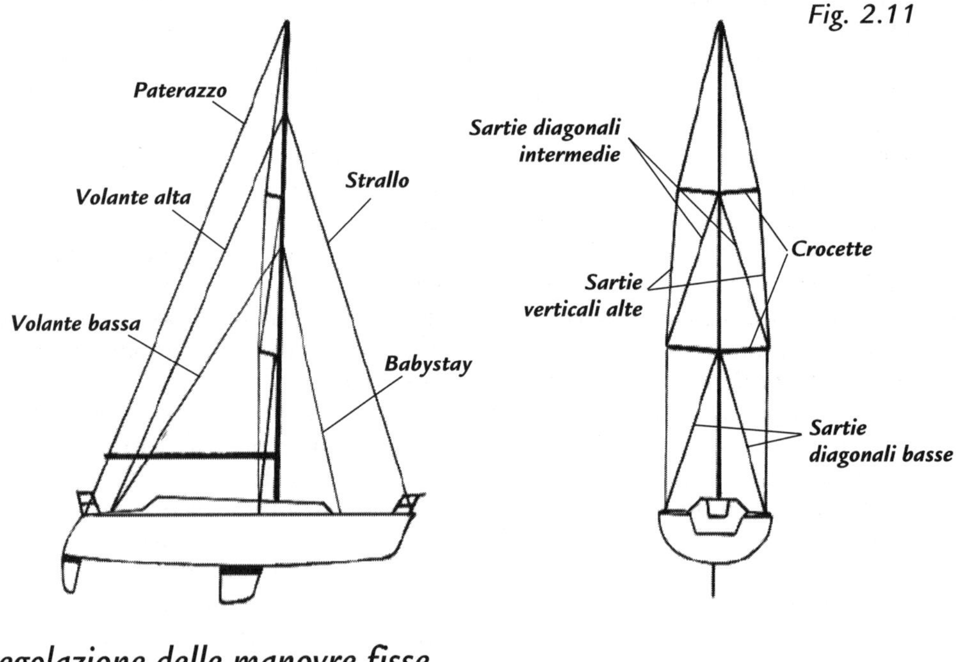

La regolazione delle manovre fisse, la distribuzione dei carichi, l'importanza delle crocette

Le sartie laterali, conosciute anche con il nome di manovre fisse, teoricamente non hanno mai una regolazione definitiva poiché la loro tensione dovrebbe essere stabilita in base all'intensità del vento, ma un buon compromesso in ogni caso è in grado di non sforzare o deformare l'albero e di determinare un valido sostentamento e una buona regolazione, per navigare in differenti condizioni meteo marine.

Generalmente un sartiame poco tesato può stressare l'albero in condizioni di onda formata o con vento forte, mentre troppo tesato può provocare permanenti deformazioni al profilo stabilito dal progettista. È consigliabile consultare chi ha progettato l'albero per conoscere i parametri necessari per una corretta messa a punto.

La regolazione dello strallo, del paterazzo, il posizionamento del piede e della mastra, per gli alberi passanti, determinano l'inclinazione dell'albero sull'asse longitudinale: questa varia generalmente tra 1 e 3 gradi verso poppa, e viene decisa dal progettista. Tale centratura è di notevole importanza in quanto determina la tendenza orziera o poggera della barca. Un albero molto appoppato causa un arretramento del centro velico rispetto al centro di deriva, e quindi la barca sarà tendenzialmente orziera. Accade invece l'opposto con un albero eccessivamente appruato.

In ogni caso è possibile accorciare o allungare lo strallo spostando il perno della landa, o variando i giri dell'arridatoio che lo congiunge in coperta.

Il paterazzo, invece, è più una manovra corrente che fissa. Grazie a un paranco (o a un altro dispositivo) può essere cazzato o lascato in navigazione: provoca una flessione dell'albero e sposta la testa all'indietro, ma gli effetti conseguenti sul piano velico sono differenti in base al tipo di armamento.

Su alcune barche è presente anche lo stralletto o babystay. Lo stralletto è un sostegno supplementare, per le imbarcazioni che ne sono dotate, del tratto inferiore dell'albero e ne impedisce un'eventuale flessione inversa. Il babystay determina stabilità sull'asse longitudinale a causa della sua azione in un punto intermedio e, quando viene tesato, favorisce la flessione dell'albero, dato che tira verso prua la parte bassa. Questo elemento è molto importante, specialmente in condizioni di onda formata, per diminuire il pompaggio dell'albero, cioè una sua continua flessione più o meno accentuata. Alcune imbarcazioni sono armate con quattro sartie basse (due anteriori e due posteriori). Le sartie basse anteriori, in questo caso, agiscono come il babystay oltre a essere determinanti per la centratura.

Anche le sartie volanti riducono il pompaggio oltre ad aumentare la stabilità dell'albero nelle andature portanti. Le volanti possono essere alte, intermedie e basse in base all'altezza dell'albero cui sono collegate, mentre gli effetti che la tensione di queste producono sono differenti in base al tipo di armamento.

Le sartie laterali si distinguono in alte (verticali) e basse e intermedie (diagonali). Servono a sostenere l'albero lateralmente (sull'asse trasversale) e quindi a mantenerlo dritto e permetterne la centratura. Affinché l'albero sia dritto rispetto al piano di coperta, è molto importante che le sartie siano regolate accuratamente. La tensione deve essere la stessa su entrambi i lati, in modo che la flessione sotto carico risulti la stessa da tutte e due le parti.

Le sartie alte partono dalla coperta e arrivano in testa (o più in basso nel caso dei frazionati) e devono essere regolate per prime e con grande accortezza.

Dato che l'angolo di lavoro tra la parte della coperta, da cui partono le sartie alte, e la testa d'albero risulterebbe troppo stretto e non permetterebbe alle alte di lavorare adeguatamente, vengono utilizzate le crocette.

Le crocette, inoltre, permettono di distribuire i carichi cui l'albero è sottoposto in modo equo, così da limitarne al massimo la flessione. Quando l'imbarcazione in bolina sbanda, la sartia verticale sopravvento garantisce la centratura laterale dell'albero, ma le crocette cui la sartia verticale è a contatto lavorano in compressione e scaricano il carico sull'albero. Per impedire che quest'ultimo fletta sottovento, dove la crocetta scarica il suo sforzo, interviene la sartia diagonale sottostante che va dalla radice della crocetta all'estremità di quella inferiore. Le sartie diagonali sono l'elemento preposto a compensare questa flessione e a garantire una buona stabilità e centratura *(Figura 2.12)*. Le intermedie possono variare di numero in base agli ordini di crocette che sono stati previsti in funzione dell'altezza dell'albero. Le crocette possono essere montate sia in linea *(Figura 2.13 A)*, vale a dire perpendicolari all'asse verticale della barca, sia acquartierate, cioè orientate verso poppa *(Figura 2.13 B)*.

Fig. 2.12

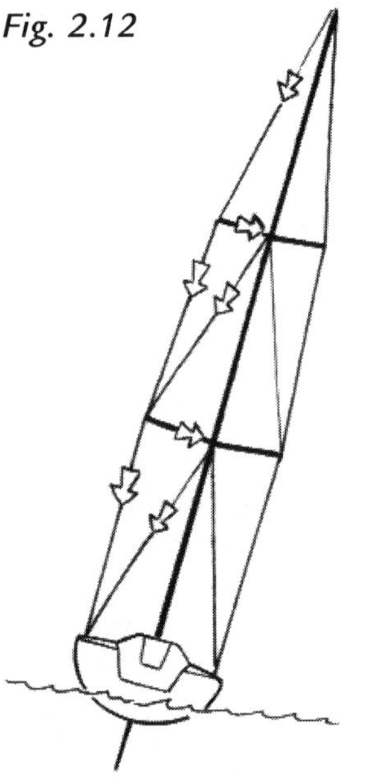

Fig. 2.13 A

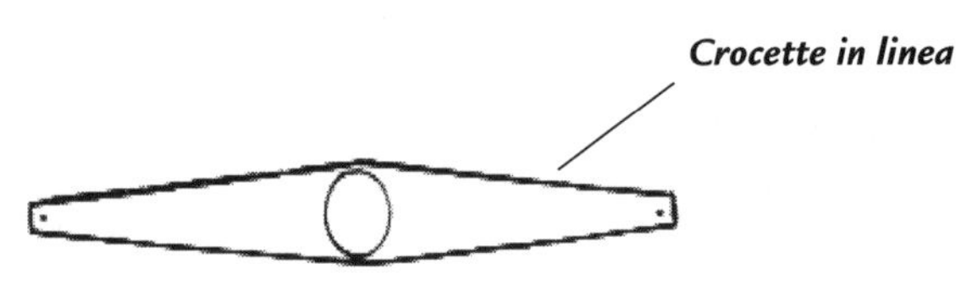

Fig. 2.13 B

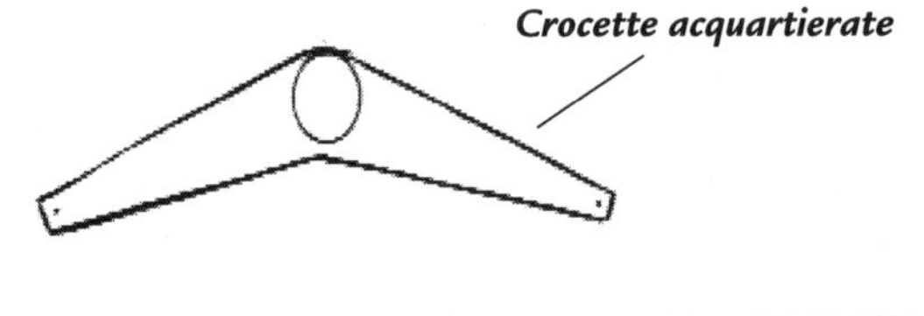

La verifica della centratura dell'albero e le correzioni della tensione del sartiame

È importante verificare in porto che l'albero sia dritto rispetto al piano di coperta e centrato, ossia non abbia in tutta la sua lunghezza curvature particolari a «S», sia sull'asse orizzontale sia su quello verticale, in modo che offra le stesse prestazioni in navigazione su entrambe le murate. Per verificare questo è possibile eseguire alcune misurazioni utilizzando una rotella metrica che verrà fatta salire in testa d'albero tramite la drizza della randa. Quest'operazione, affinché sia corretta, deve svolgersi in assenza di vento: dobbiamo accertare che la distanza da testa d'albero alla base delle lande delle sartie alte fissate in coperta sia la medesima, misurando in modo accurato. Un resoconto visivo è un altro dato molto importante, da utilizzare in questa fase. Osserviamo la canaletta della randa con molta attenzione e guardiamo verso testa d'albero: potremo così rilevare con più accuratezza se vi sono delle curvature *(Figura 2.14)*.

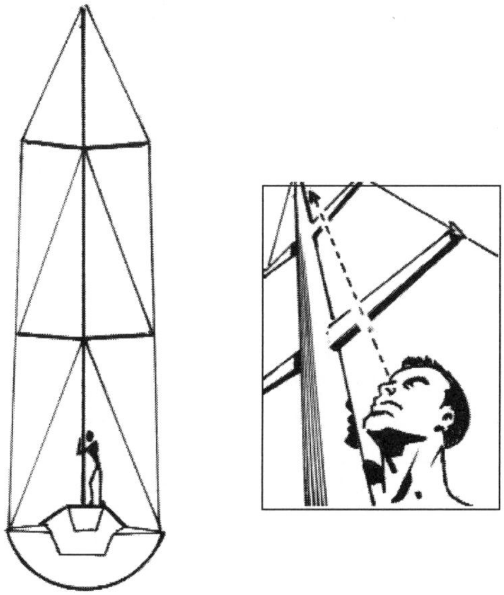

Fig. 2.14

Ricordiamo che l'albero deve essere regolato al meglio per la navigazione, perciò è consigliabile aspettare a fare delle correzioni e annotare le nostre impressioni su un pezzo di carta.

Una volta fuori dal porto mettiamo a segno le vele e navighiamo in bolina, poiché questa è l'andatura in cui i carichi sono più considerevoli. Sempre appoggiando l'occhio al centro della canaletta, accertiamo che l'albero sia dritto e non ci siano strane curvature da entrambe le parti. Al fine di ottenere un resoconto più certo, è necessario compiere diverse virate e controllare ripetutamente l'assetto del rig.

La sartia verticale sottovento con circa 10 nodi di vento non deve avere imbando: questo è un buon termine di riferimento per stabilire la tensione corretta. In testa è possibile che l'albero «spenni» leggermente sottovento, specialmente se l'armo è frazionato. Se tutti questi elementi sono in accordo, il nostro albero è regolato bene, altrimenti abbiamo bisogno di operare delle correzioni modificando la tensione del sartiame.

Le sartie vengono regolate tramite gli arridatoi, i quali sono bloccati da copiglie, dadi o piccoli perni. Per determinare correttamente la tensione delle sartie dobbiamo ricordarci di eseguire le operazioni con il paterazzo lascato, rimuovere il sistema di bloccaggio degli arridatoi e, quindi, lubrificarli a mestiere almeno un'ora prima dell'intervento. È opportuno utilizzare attrezzi adeguati come una chiave inglese regolabile e una normale aperta. In questo modo con una chiave potremo bloccare la parte finale della sartia da regolare, mentre con l'altra o eventualmente anche con un cacciavite potremo far ruotare l'arridatoio *(Figura 2.15)*.

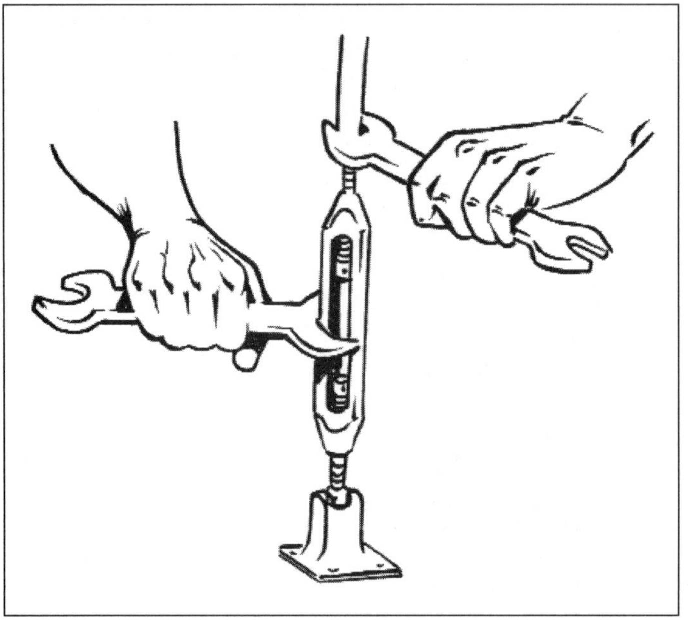

Fig. 2.15

Ricordiamoci di procedere sempre per mezzi giri e verificare immediatamente gli effetti. Una volta terminata l'operazione dobbiamo bloccare nuovamente le sartie e nastrare le copiglie o i perni sporgenti per evitare infortuni o strappi alle vele di prua.

Le correzioni sul sartiame si eseguono soltanto sulle sartie sottovento, ovvero su quelle che in navigazione non sono in fase di lavoro. È molto importante provare l'imbarcazione e guardare ripetutamente la canaletta, effettuando molte virate e verificando attentamente gli effetti che si producono per la variazione della tensione del sartiame. Armati di pazienza e di una buona capacità di osservazione potremo regolare l'albero in modo corretto.

La messa a punto di un albero con armo in testa

Nell'armo in testa con crocette in linea il sartiame deve essere regolato in modo da mantenere l'albero dritto in navigazione: le alte modificano la centratura della testa, mentre le basse lo centrano all'altezza del primo ordine di crocette. Tramite le intermedie è possibile correggere eventuali flessioni che si notano più facilmente in navigazione. Nel complesso le sartie non devono essere molto tesate per questo tipo di armo: in modo particolare le diagonali devono essere soltanto puntate, così da mantenere in navigazione il profilo dell'albero dritto.

L'armo con crocette acquartierate, invece, consente di caricare maggiormente la tensione sulle sartie, così da generare una compressione e, quindi, una flessione sull'albero, e aumentare la sua rigidezza e stabilità. In questo modo nelle barche da crociera di medie dimensioni non sono più necessarie le sartie volanti, indispensabili invece nelle imbarcazioni che montano crocette in linea per diminuire il pompaggio. Più le crocette sono acquartierate e più aumenta, tesando maggiormente le alte, la capacità di flettere l'albero, che modifica così il suo profilo. Le crocette acquartierate hanno il grande vantaggio di permettere all'albero di mantenere costantemente un profilo aerodinamico con un numero di sartie ridotto al minimo. Le diagonali in questo caso hanno la capacità, come le alte, di cambiare la posizione dell'albero sull'asse trasversale, ma contemporaneamente sono capaci di orientarlo verso poppa quanto più le crocette sono acquartierate.

Nelle imbarcazioni con armo in testa, tesando il paterazzo, si determina una flessione dell'albero e conseguentemente un accorciamento dell'imbando dello strallo, in questo caso in gergo si dice che «riduciamo la catenaria». Questa regolazione è fondamentale quando navighiamo in bolina, poiché lo strallo è particolarmente sollecitato sottovento: la catenaria non deve essere eccessiva ma neanche nulla, dato che è fondamentale per ottenere un piano velico adeguato e adatto per risalire il vento.

Con la tensione del paterazzo, inoltre, si ottiene lo spanciamento dell'albero in avanti che, a sua volta, determina la diminuzione della profondità della randa. La portanza della vela in questo caso è minore poiché la randa diviene magra quel tanto che è necessario per l'intensità del vento in quel momento. Con l'aumentare del vento il grasso della randa tende a spostarsi naturalmente indietro: tesando il paterazzo, è possibile spostarlo in avanti e migliorare, quindi, la portanza della vela. Un altro risultato che si ottiene con la tensione del paterazzo è l'apertura della balumina della randa, ma nello stesso tempo, esasperando la tensione, si determina l'allentamento del sartiame, poiché la testa d'albero viene abbassata: è opportuno utilizzare questa manovra con grande accortezza.

Le sartie volanti in questo tipo di armo, come anche lo stralletto, sono molto importanti per ridurre il pompaggio: la volante alta determina una flessione dell'albero e quindi riduce la catenaria, mentre la volante bassa lo sostiene e lo raddrizza nella porzione inferiore.

La messa a punto di un albero con armo frazionato

L'armo frazionato, utilizzato inizialmente su barche da regata, dato che permette all'albero di essere più «modellabile» e alle vele di esprimere il massimo rendimento, è stato successivamente introdotto anche per le barche da crociera, al fine di avere vele di prua di dimensioni più piccole e quindi più maneggevoli.

Le barche da crociera non utilizzano armo frazionato con crocette in linea poiché, oltre a essere meno stabile e più complicato da mettere a punto, necessita delle sartie volanti. L'armo frazionato con crocette acquartierate è, invece, diventato il più diffuso tra le imbarcazioni da crociera. I principi di messa a punto sono i medesimi di quelli citati in precedenza, con la differenza che la regolazione della catenaria dipende in modo particolare dalla tensione delle sartie e non dal paterazzo come nel caso precedente. Infatti, il paterazzo non è in corrispondenza dell'attacco dello strallo sull'albero, conseguentemente la sua regolazione influisce parzialmente sulla catenaria, sempre in proporzione alla classe di frazionamento. La reale funzione del paterazzo in questo tipo di armo è quella di regolare la forma della randa nella parte alta, aprendo e chiudendo maggiormente la balumina e spostando il grasso della vela in avanti come per l'armo in testa. Le volanti in questo caso, se sono presenti, in modo particolare le alte, diminuiscono il pompaggio e modificano la catenaria oltre a produrre gli altri effetti di cui abbiamo parlato in precedenza per l'armo in testa.

In ogni caso il vantaggio dell'armo frazionato con crocette acquartierate è quello di garantire una buona stabilità senza le sartie volanti e, poiché l'armamento si è rivelato efficace, è attualmente la soluzione più utilizzata tra le comuni imbarcazioni da diporto.

Salire in testa e verificare lo stato di manutenzione dell'albero

Prima di prendere il largo è opportuno salire in testa e controllare che tutti i componenti dell'albero siano in stato di efficienza. Per fare questo è necessario utilizzare sempre due drizze che arrivano sino in cima. Una sarà legata al bansigo tramite una gassa: i nodi sono sempre più sicuri dei moschettoni e, se eseguiti correttamente, non si aprono mai. Avremo cura, inoltre, di legarci sotto le braccia, tramite un'altra drizza, con una gassa di dimensioni adeguate, in modo da avere anche una cima di sicurezza.

A questo punto è necessario arrampicarsi fino in testa, mentre dal pozzetto qualcuno provvederà a cazzare le drizze a cui siamo legati. Una volta arrivati troveremo una posizione comoda e cominceremo la nostra ispezione accertando che, in pozzetto, le drizze che ci sostengono siano assicurate sia dagli stopper sia da un nodo supplementare di sicurezza sul winch.

A questo punto controlliamo i perni che reggono lo strallo e il paterazzo, le pulegge da cui escono le drizze, la giunzione delle sartie all'albero, i martelletti e le impiombature. Verifichiamo l'efficienza della stazione del vento, il fanale in testa d'albero e l'antenna del VHF. Cominciamo a farci calare lentamente e controlliamo le crocette (l'integrità e l'attacco all'albero), lo stato dei trefoli delle sartie e i suoi componenti appena menzionati, fino in coperta. Se l'albero è passante, controlliamo la mastra e la scassa, con cui questo è fissato sullo scafo. Proseguiamo a questo punto nella verifica del sartiame in coperta: gli arridatoi con relativo sistema di bloccaggio (copiglie o quant'altro) e le lande.

La canaletta dello strallo, per le imbarcazioni armate con strallo cavo, va sempre mantenuta pulita e lubrificata, per evitare che la vela possa rimanere bloccata. Gli estrusi, che costituiscono il profilo della canaletta per tutta la sua lunghezza, devono essere collegati insieme in modo appropriato, in modo da permettere al gratile della vela di scorrere agevolmente nelle operazioni di issata e di ammainata. Lo strallo durante la navigazione può subire grandi sollecitazioni che possono causare spostamenti tra gli estrusi: quest'inconveniente è in grado di determinare strappi sulla vela.

La presenza di ruggine, ossidazioni e crepe sono i principali nemici del rig: prestiamo un'attenzione particolare a questi fenomeni. Così potremo prevenire quell'inconveniente che può verificarsi ogni tanto: il disalberamento.

2.7 *L'attrezzatura di coperta*

Dopo tutti i controlli che abbiamo effettuato all'interno dell'imbarcazione e sull'albero, possiamo completare la nostra ispezione verificando altri particolari dell'attrezzatura di coperta.

Accertiamo la tenuta dei pulpiti, controlliamo singolarmente la stabilità dei candelieri e assicuriamoci che le draglie siano integre e abbiano gli arridatoi bloccati da copiglie non troppo consunte. Controlliamo il boma, il corno di trozza, lo stato della trozza del boma e, in particolare, il punto di giunzione all'albero.

Prestiamo molta attenzione alla tenuta e all'integrità di golfari, bozzelli e pastecche: i carichi su di essi spesso sono notevoli, specialmente per quanto concerne le sartie volanti e le manovre dello spinnaker. Pertanto è necessario accertarne puntualmente l'integrità, il fissaggio e lo stato di usura e provvedere a sostituirli quando necessario.

Controlliamo la campana a cui si collega il tangone sull'albero e la rotaia su cui scorre, prestiamo attenzione all'integrità del tangone e al corretto funzionamento dei meccanismi di apertura e di chiusura delle varee. Se l'imbarcazione è munita di un bompresso, controlliamo anche in questo caso lo stato dei bozzelli e il sistema predisposto per controventarlo.

Accertiamo che i vari moschettoni delle manovre siano efficienti, senza il rischio di aperture accidentali. Ispezioniamo puntualmente le lande a cui sono collegati gli arridatoi del sartiame, controlliamone il fissaggio e accertiamo che non ci siano corrosioni.

Verifichiamo che l'ancora sia stata ben fissata sul musone di prua. Riconosciamo tutte le manovre correnti (drizze, scotte eccetera) e accertiamo che tutte le cime che fuoriescono dagli stopper abbiano il nodo d'arresto. Se la randa è dotata di borose, prestiamo attenzione che siano armate correttamente. Proviamo a far girare i verricelli e controlliamo lo stato dei carrelli passascotte. Tutto ciò che è imbarcato deve essere riposto in modo da non muoversi al primo sbandamento dell'imbarcazione: un'ancora mal stivata all'interno di un gavone è in grado di provocare grossi danni. Il controllo dell'attrezzatura di coperta è molto importante per prevenire incidenti che possono insorgere durante la navigazione. Ogni imbarcazione ha le proprie peculiarità, è nostro dovere ispezionare tutto.

Al termine di questa fase siamo giunti finalmente al momento di poter accogliere il nostro equipaggio.

ACCOGLIENZA DELL'EQUIPAGGIO E ISTRUZIONI FONDAMENTALI

CAPITOLO 3

Conoscere e istruire i nostri compagni di viaggio è fondamentale per creare un forte spirito di fiducia e di collaborazione. Cerchiamo di educare il nostro equipaggio alla filosofia del mare e spieghiamo i motivi per cui non possiamo stabilire fin dal primo giorno il programma della crociera.

A questo punto, dopo aver controllato l'imbarcazione, le dotazioni e gli accessori, è il momento di far salire a bordo i membri del nostro equipaggio.

Gestire quest'operazione con amici che vengono in barca frequentemente non è una cosa particolarmente difficile, ma per coloro che ospitano abitualmente persone inesperte o lavorano su imbarcazioni che svolgono attività di charter, l'organizzazione è l'elemento che fa la differenza, specialmente se gli imbarcati sono numerosi.

Sempre in anticipo, l'equipaggio che partecipa alla crociera raggiunge la banchina del porto con bagagli ingombranti e consistenti buste di provviste alimentari, anche se a volte quest'ultima è una vana speranza dello skipper. Per evitare di trovare il quadrato completamente invaso da cose d'ogni tipo, è preferibile imbarcare le borse un po' alla volta, in modo da lasciare tempo a chi è all'interno di sistemarle. È, quindi, opportuno illustrare pazientemente ad alcune persone sottocoperta quali sono gli spazi adibiti allo stivaggio della cambusa e dei bagagli e creare un passamano per trasferire dalla banchina all'interno dell'imbarcazione tutto ciò che deve essere portato a bordo.

La scelta delle cabine potrà essere decisa dall'equipaggio stesso, se tutti i membri sono soddisfatti della propria sistemazione, altrimenti un'estrazione a sorte può eliminare qualsiasi genere di controversia. In questo modo i bagagli possono essere direttamente collocati nelle cabine. Lo stivaggio delle provviste ha una logica ben precisa e sarà trattato nel capitolo riguardante la cambusa.

Una volta che tutto è stato sistemato, può avere inizio una chiacchierata con l'equipaggio riguardante la crociera che cominceremo insieme. La prima domanda che generalmente viene rivolta all'unisono da tutti riguarda l'itinerario che sarà possibile effettuare durante il tempo a disposizione. Lo skipper deve cercare fin dall'inizio di educare le persone imbarcate alla filosofia del mare: i programmi prendono forma minuto per minuto, in accordo con le condizioni meteo marine. A terra è possibile stabilire il giro da effettuare per un mese consecutivo, in mare non è così: forzare una tappa per raggiungere a tutti i costi un porto prescelto è una scelta sbagliata, da cui spesso nascono problemi. Per questa ragione è consigliabile lasciare sempre un carattere aleatorio agli appuntamenti che prendiamo con chi ci aspetta in porto: ritardare in mare di qualche ora è molto più semplice di quanto immaginiamo.

Condurre un'imbarcazione al meglio significa fare in modo che le scelte si determinino da sole, in simbiosi con i mutamenti meteorologici di cui dobbiamo necessariamente prendere atto. Navighiamo grazie al vento, un elemento imprevedibile, ma capace di permettere alla nostra imbarcazione di muoversi: lasciamo che sia lui a trasportarci nella direzione più sicura. Andare a cercare il bel tempo è uno degli elementi più importanti per la riuscita di una crociera.

Questo è il miglior tipo di viaggio organizzato che è possibile fare in mare: conosciamo l'ora e il porto di partenza, non conosciamo la destinazione finale e l'orario di arrivo. Ciò non significa navigare senza cognizione, ma fare in modo che la nostra meta non sia una scelta irremovibile, bensì sempre pronta ad essere rimessa in discussione in funzione delle condizioni meteo marine.

L'acqua di una sorgente che cade da un monte avanza seguendo il percorso più semplice: nello stesso modo la nostra imbarcazione deve tracciare la sua rotta sul mare.

Dopo questa digressione di taglio taoista, che dovrebbe essere preventivamente chiara a tutti coloro che scelgono una vacanza in barca, possiamo continuare con le questioni pratiche. Dato che in aereo si spende del tempo a parlare di procedure di emergenza per un volo di poche ore, non si capisce perché ciò non debba essere fatto per una crociera in barca.

Chiedere all'equipaggio se tutti sanno nuotare è la prima domanda che a uno skipper deve sorgere spontanea: munire fin dall'inizio di cintura di salvataggio chi risponde in modo inquietante «Un po' galleggio» è imbarazzante quanto necessario.

Lo skipper è un essere mortale come gli altri. È opportuno, quindi, illustrare a tutti i membri dell'equipaggio il funzionamento delle dotazioni e delle procedure che, in caso di emergenza, dovranno essere prontamente effettuate. Ciò permetterà non solo a queste persone di essere in grado di chiamare soccorsi in caso di bisogno, ma determinerà una sicurezza maggiore anche per lo stesso skipper.

Procediamo quindi a mostrare come funzionano la zattera, l'anulare, i segnali di soccorso, l'ancora, gli estintori, la pompa di sentina e dove è collocata la cassetta del pronto soccorso. Indichiamo il commutatore staccabatterie, illustrando il funzionamento del quadro elettrico con le rispettive utenze. Una particolare attenzione deve essere rivolta al GPS e al VHF e ovviamente all'EPIRB, se ne disponiamo. Simuliamo una chiamata di soccorso e spieghiamo la differenza tra MAY DAY e PAN.

Consegniamo immediatamente le cinture di salvataggio e le cinture di sicurezza con i rispettivi pendagli, che non dobbiamo dimenticare di avere a bordo anche se non sono dotazioni obbligatorie nella nostra normativa. Su queste dotazioni, come dicevamo precedentemente, è consigliabile porre a pennarello dei piccoli disegni o lettere: ciò permetterà di riconoscerle prontamente al momento del bisogno. È opportuno che ogni membro dell'equipaggio adatti subito queste cinture alla propria corporatura e non quando divengono indispensabili: con la barca sbandata l'operazione diviene più difficile e stancante per tutti.

Se ci sono dei bambini, è necessario trovare le dotazioni su misura per loro. Un buon metodo è considerarli, con tono affettuoso e amichevole, veri e propri membri dell'equipaggio. Un adulto dovrà prendersi cura di stare loro vicino durante la navigazione e, se saranno troppo vivaci, è meglio cercare di placare fin dall'inizio gli istinti d'arrembaggio.

Non prendere alla leggera l'uso del bagno: i rischi che possono capitare, perché una presa a mare è stata mal chiusa, sono piuttosto seri. Spendere due parole a questo proposito potrà forse chiarire le idee.

Ci sono altre regole che i membri dell'equipaggio dovranno preoccuparsi di osservare, considerando che la barca a vela in navigazione è soggetta allo sbandamento: tutto ciò che non viene sistemato razionalmente e in modo stabile vola letteralmente dal proprio posto. Per questa ragione dobbiamo ricordarci di chiudere tutti gli sportelli dopo aver preso ciò di cui avevano bisogno, di non lasciare vasetti di marmellata sul tavolo e di imparare a pensare prima di collocare qualsiasi cosa.

Il tavolo da carteggio non è una scrivania su cui appoggiare sigarette, telefonini, occhiali o quant'altro: devono starci sopra esclusivamente le carte e gli strumenti da carteggio. Dovremo trascrivere i bollettini, gli avvisi ai naviganti e, se un'imbarcazione dovesse emettere una richiesta di soccorso, dobbiamo avere la possibilità di annotare prontamente le coordinate e individuare il punto sulla carta, senza trovare una moltitudine di oggetti di intralcio.

Un'altra raccomandazione da fare all'equipaggio è indossare le scarpe: sbattere i piedi durante la navigazione è una cosa molto facile, farsi male lo è ancora di più.

Le risorse energetiche e idriche in barca sono limitate. Dobbiamo cercare di abituare le persone a un nuovo stile di vita: ciò non significa che la sera è vietato leggere un libro, ma imparare a utilizzare la luce solo quando è necessaria e, soprattutto, a non dimenticarla accesa quando siamo da un'altra parte. L'acqua deve essere utilizzata con parsimonia: dobbiamo cercare di non esagerare quando si lavano le stoviglie, non prolungare eccessivamente il tempo delle docce e, soprattutto, non lavarsi i denti con il rubinetto aperto, come accade spesso a casa.

La procedura per accendere il motore sarà un'altra delle informazioni che è opportuno far conoscere al nostro equipaggio, soprattutto per la nostra sicurezza. Anche uno skipper può cadere in mare e dover essere recuperato: mostriamo, quindi, il funzionamento dell'invertitore e la sequenza corretta delle operazioni per l'avviamento del motore. Appena fuori del porto, dopo aver issato le vele, illustreremo le manovre per recuperare un uomo in mare.

Se a bordo sono tutti alla prima esperienza, potrà essere utile, soprattutto per noi, spendere due parole sulle modalità di ormeggio, in particolare su come deve essere recuperata e messa a segno la trappa. Questo ci sarà di aiuto per il primo rientro in porto: visualizzare la procedura per la prima volta a barca ferma, per una persona inesperta, è molto più semplice di una spiegazione affrettata dopo una giornata stancante di navigazione. Se all'ormeggio incontreremo vento sostenuto, quest'accortezza permetterà alle persone imbarcate di darci una mano, sapendo che cosa fare in un momento così delicato della navigazione.

Ricordare, infine, in tono amichevole, che in barca non si possono trasportare armi o droga potrà sembrare bizzarro, ma, dopo aver dato un'occhiata al Codice della Navigazione e alle responsabilità del comandante, sarà meglio incominciare a tutelare noi stessi da inconvenienti come questi che disgraziatamente potrebbero tirarci in causa più di quanto immaginiamo. Domandare all'equipaggio se qualcuno ha particolari allergie alimentari o di altra natura è un'informazione necessaria prima di cominciare una crociera. Le cose da ricordare a volte sono veramente tante, un comportamento accorto dello skipper stimolerà l'equipaggio a cercare di essere attento a tutto ciò che riguarda questo piccolo pianeta e a chiedere informazioni in caso di dubbi.

Il rispetto del mare, anche se è menzionato per ultimo, è la prima cosa. Senza annoiare nessuno con la classica predica, in mare è vietato gettare qualsiasi cosa che non sia organica e possa decomporsi in tempi brevi. Guai a chi getta i filtri di sigaretta in mare: metteteli in una bottiglia, bruciatevi le tasche, ma non gettateli.

Nei parchi sono in vigore dei regolamenti precisi, che devono essere conosciuti prima di recarvisi: informare l'equipaggio e accertarsi che il loro comportamento sia idoneo è nostro dovere. Le aree marine protette, istituite ai sensi delle leggi n. 979 del 31/12/1982 e n. 394 del 6/12/1991, attualmente sono 16, anche se altre 6 sono di imminente istituzione: prima di accedervi è necessario conoscere le ordinanze delle autorità marittime locali.

In questo modo è stata completata l'accoglienza dell'equipaggio e l'istruzione fondamentale relativa alla sicurezza. Adesso possiamo cominciare a preparare la barca per la partenza.

PREPARAZIONE DELL'IMBARCAZIONE ALLA PARTENZA E ALL'USCITA DAL PORTO

CAPITOLO 4

Una buona partenza si realizza quando abbiamo eseguito correttamente le procedure di cui abbiamo parlato in precedenza. Adesso, però, è necessario valutare anche le condizioni meteo marine, il grado di preparazione del nostro equipaggio e studiare accuratamente le carte e i portolani.

Finalmente, dopo tutte queste spiegazioni e questo lavoro, è arrivato il momento tanto atteso dal nostro equipaggio: la partenza.

Parlare di come si mollano le cime senza aver speso due parole sulla meteorologia, sarebbe un errore cronologico. Come abbiamo detto precedentemente, sulla base dei mutamenti atmosferici decidiamo la nostra rotta, per questo è indispensabile raccogliere più informazioni possibili sulla situazione meteorologica attuale e sulla tendenza prevista dai centri d'elaborazione. Internet è uno strumento molto valido per raccogliere informazioni. Attualmente presso la maggior parte dei porti turistici sono visibili carte sinottiche che raffigurano la situazione nel bacino del Mediterraneo. Da alcuni anni, inoltre, è disponibile un servizio sul canale 68 del VHF, in cui è trasmesso continuamente il bollettino meteo dell'Aeronautica Militare, in lingua italiana e inglese. Il Cross Med, se avete la fortuna di conoscere il francese, trasmette più volte sul canale 79 (la chiamata riguardo all'orario di trasmissione è effettuata sul 16), il bollettino elaborato da Meteo France spesso molto più attendibile di quello italiano.

Gli strumenti di bordo e le osservazioni locali sono un altro aspetto molto importante della navigazione: bisogna controllare costantemente il barometro, annotare le sue variazioni, imparare a osservare i segni del cielo.

È importante ricordare che ogni imbarcazione, secondo la nuova normativa, è abilitata ad affrontare stabilite condizioni di vento e di mare. Lo skipper prima di partire, specialmente in caso di lunghe navigazioni, deve perciò avere le idee chiare sulle possibili condizioni del tempo che potrà incontrare durante la rotta, avvalendosi sia delle proprie conoscenze sia della tendenza prevista dai centri d'elaborazione meteo.

Per trattare la meteorologia in modo appropriato è necessario scrivere un libro esclusivamente dedicato all'argomento: per questa ragione preferisco non dilungarmi ancora e invitare i lettori a consultare testi specifici.

Gli avvisi ai naviganti sono un'altra informazione molto importante da conoscere prima di salpare. Questi sono disponibili su Internet nel sito www.guardiacostiera.it o su Televideo RAI, attualmente a pagina 718. Sono trasmessi regolarmente sul VHF, ma per ovvi motivi è preferibile conoscerli prima e ascoltare gli aggiornamenti in seguito. Ci sono dei tratti della costa in cui a volte si eseguono esercitazioni militari: evitare di passare all'interno può risparmiarci una brutta figura nella migliore delle ipotesi.

Prima di procedere al disormeggio è necessario preparare la barca per la partenza. Tracceremo la rotta relativa al nostro progetto di navigazione e avremo cura di eseguire i calcoli di marea e consultare le tavole delle correnti, soprattutto se dobbiamo attraversare stretti o canali. Sottocoperta dobbiamo controllare che tutto sia stato riposto con criterio e non rischi di rotolare, le leve delle prese a mare devono essere chiuse, il VHF, il GPS e gli strumenti accesi, gli oblò e gli osteriggi chiusi, e le porte delle cabine devono essere fissate in modo da rimanere aperte e da consentirci così un controllo visivo immediato. Tutto ciò che è situato all'interno dei gavoni deve avere la massima stabilità. Buona norma, anche se poco osservata, è comunicare al porto via radio la nostra decisione di mollare gli ormeggi e la destinazione ipotizzata. È preferibile sempre partire con il pieno del gasolio e dell'acqua, o comunque lasciare un ampio margine d'autonomia in base alla navigazione che abbiamo ipotizzato d'intraprendere.

La decisione di partire spetta soltanto a noi e la sicurezza della navigazione che stiamo per effettuare deve essere nella nostra mente.

Controlliamo di non aver dimenticato niente a terra e ricordiamoci di staccare, prima di accendere il motore, il cavo del 220 V, e di imbarcare e fissare adeguatamente la passerella e il tender. Alcune imbarcazioni preferiscono trainare quest'ultimo, ma, oltre a compromettere la velocità in caso d'aumento del moto ondoso, dovranno in ogni caso tirarlo a bordo per evitare che si riempia d'acqua o si capovolga, svolgendo così in difficoltà un lavoro che potrebbe essere effettuato facilmente.

Per quanto riguarda la coperta dobbiamo assicurarci che non ci siano cime pendenti in acqua che potrebbero, di conseguenza, finire nell'elica.

Il pozzetto con le rispettive scotte e drizze che fuoriescono dagli stopper deve essere ordinato e tutte le cime devono essere in chiaro: in modo particolare le scotte del fiocco devono essere ben addugliate sui rispettivi winch, come la cima del rollafiocco. Se l'imbarcazione non dispone di rollafiocco, preoccupiamoci comunque di armare il fiocco a prua, in modo da renderlo disponibile per un'issata provvidenziale in caso di necessità.

È opportuno armare la drizza della randa sul punto di penna della vela, verificando che sia in chiaro. In questo modo, se il motore dovesse spengersi per un malfunzionamento durante l'uscita dal porto, saremmo comunque organizzati per un'apertura delle vele d'emergenza. Per evitare che la drizza possa incattivirsi tra le crocette è possibile, una volta che è stata fissata alla vela, passarla sotto il corno di trozza e metterla in tensione: in questo modo resterà in chiaro e, per issare la vela, sarà sufficiente aprire lo stopper e recuperare velocemente l'imbando in eccedenza *(Figura 4.1)*.

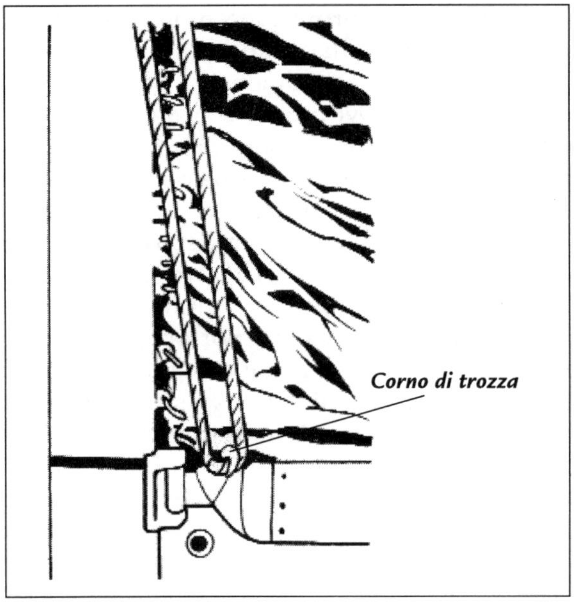

Fig. 4.1

Anche l'ancora deve essere presente nella nostra mente in caso di avaria al motore: in condizioni d'intenso traffico portuale, quando aprire le vele potrebbe rivelarsi rischioso, potremo evitare problematiche gettandola immediatamente in acqua. In questo modo saremo in grado di fermare l'imbarcazione senza che possa scarrocciare addosso ad altre unità o, nella peggiore delle ipotesi, contro la diga del porto.

Anche se a un primo impatto tutto ciò potrà sembrare ossessivo, in barca dobbiamo sforzarci di perdere l'abitudine di pensare che tutto funzioni sempre e immaginare, invece, che quando usciamo dal porto molti inconvenienti potrebbero accadere contemporaneamente. In questo modo, se tutto andrà sempre liscio, sarà tanto di guadagnato per noi, ma, se una volta qualcosa non dovesse funzionare, ecco che l'aver preso tutte le necessarie precauzioni ci consentirà di acquisire sicurezza e capacità di reazione verso gli imprevisti, anziché farci restare imbambolati di fronte a un motore che si spegne o a un'elica che va perduta durante la navigazione.

Al fine di ottenere una buona partenza con un equipaggio poco esperto, è opportuno ridurre al minimo le operazioni necessarie, in modo da minimizzare le possibilità d'errore. Semplificare le modalità di disormeggio sarà un'ottima idea per garantire un'uscita corretta. Armare una cima a doppino sulla parte sopravvento della banchina ci permette di eliminare la cima d'ormeggio sottovento ed essere, quindi, pronti a partire senza che nessuno debba restare a terra. Se eravamo ancorati su due trappe (o corpi morti che dir si voglia), possiamo provvedere a mollarne una: in questo modo le cose da fare saranno minori e più semplici e, se le sapremo spiegare pazientemente, il nostro equipaggio di neofiti potrà eseguirle senza intoppi. Non appena allontanati dal posto barca, spesso vengono tolti immediatamente i parabordi, ma quest'operazione non è corretta: un'accostata d'emergenza necessita che questi siano al proprio posto e che l'equipaggio sia pronto a eseguire le nostre istruzioni, anziché dover riposizionare ciò che era stato tolto pochi attimi prima.

Grazie a tutte queste piccole accortezze nelle situazioni critiche, in cui è obbligatorio pensare in fretta, abbiamo la possibilità di utilizzare due attimi in più per riflettere e per organizzare al meglio e senza agitazione le cose da fare.

Fuori del porto è il momento giusto per togliere i parabordi, ma la loro collocazione più idonea non è per tutti il gavone: lasciarne alcuni legati sul pulpito di poppa assicura una riserva di galleggiamento a portata di mano, che potrà essere utilizzata velocemente in aggiunta all'anulare in caso di uomo in mare. I parabordi, legati al pulpito di poppa e lasciati cadere all'interno, sono molto comodi anche per appoggiarsi e riposare la schiena.

Una volta mollate le cime, se non conosciamo la barca, è consigliabile prendere confidenza con la sua manovrabilità a motore, valutare il raggio d'accostata e le altre peculiarità di manovra. Fare delle prove a retromarcia per familiarizzare con l'effetto evolutivo dell'elica ci sarà d'aiuto per eseguire le manovre d'ormeggio.

Ricordiamo al nuovo equipaggio che camminare su una barca non è come farlo per strada. Dobbiamo cercare di tenere le ginocchia flesse per attutire il moto ondoso, il baricentro basso per essere più stabili e sapere quali sono i punti precisi a cui sorreggersi durante gli spostamenti: i pulpiti, le draglie, il tientibene, il sartiame. Il boma o la scotta della randa, spesso a portata di mano, al contrario sono punti molto pericolosi cui aggrapparsi: se la scotta della randa si dovesse lascare improvvisamente per una disattenzione di un membro dell'equipaggio, colui che si sosteneva al boma potrebbe finire in mare. Permanere a bordo restando sempre più bassi del boma è un'altra regola che i nostri ospiti dovranno ricordare costantemente.

Dopo queste informazioni, patrimonio della nostra sicurezza, possiamo finalmente iniziare la procedura per spiegare le vele.

CAPITOLO 5

LA RANDA E IL FIOCCO: ISSATA E AMMAINATA

CAPITOLO 5

Una volta fuori dal porto è il momento di aprire le vele. Impariamo la corretta procedura per issare e ammainare la randa con il metodo tradizionale o tramite il rollaranda. Il fiocco può essere armato su strallo con armo tradizionale, su strallo cavo, oppure tramite un meccanismo chiamato rollafiocco.

L'issata, o apertura delle vele, è un momento emozionante della navigazione, specialmente per un equipaggio alle prime armi. Lo skipper durante la manovra deve mantenere un'ampia visuale per controllare che le operazioni siano eseguite in modo corretto e nessuno si faccia male. Tutte le manovre in barca hanno una fase di preparazione che deve essere osservata regolarmente al fine di snellire i tempi e di prevenire i problemi.

Una volta usciti a motore dal porto è consigliabile dirigersi in uno spazio di mare libero da ostacoli e non molto trafficato, in modo da prendere un buon margine sopravvento da utilizzare in seguito per spiegare le vele. Mentre l'imbarcazione procede verso il punto prescelto, l'equipaggio può preparare le vele, sotto la sorveglianza del capobarca, per essere issate o aperte. Una volta raggiunta la posizione stabilita di solito si issa prima la randa e successivamente il fiocco.

Una volta spiegate le tele a riva possiamo mettere in folle e spegnere il motore, dopodiché dovremo ingranare la retromarcia per bloccare l'elica e impedire al motore di girare a vuoto.

Cominciamo a navigare verso la nostra meta ipotizzata e perseveriamo nell'ispezionare l'imbarcazione. Su una barca che non conosciamo, proprio nelle prime ore di navigazione, è necessario controllare a fondo l'attrezzatura e, se ci saranno dei problemi, questi verranno alla luce rapidamente: tutto ciò non soltanto accrescerà la nostra cultura nautica, ma determinerà una maggiore padronanza e conoscenza del mezzo che abbiamo a disposizione.

Un'ultima raccomandazione: al termine di ogni manovra che sarà descritta, ricordate di mettere in chiaro tutte le cime che avete utilizzato.

Termini marinareschi più comuni riferiti alle cime	
Cazzare	tendere o recuperare una cima; è un termine normalmente riferito alle scotte, alle drizze, alle manovre correnti e, per esteso, anche alle vele.
Lascare	allentare la tensione su una cima; è il contrario di cazzare e si riferisce alle scotte, alle drizze, alle manovre correnti e, per esteso, anche alle vele.
Mollare	sciogliere e rilasciare una cima lasciandola completamente libera di scorrere.
Filare	lasciare scorrere una cima così da controllarne lo scorrimento e fare in modo che sia costante.
Recuperare	tendere una cima con una velocità costante e controllata; è il contrario di filare.
Tesare	è un sinonimo di cazzare, in genere utilizzato per manovre fisse o per alcune manovre correnti.
Appuntare	tesare una cima quanto basta per metterla in tensione e, quindi, bloccarla dando volta su una bitta o tramite uno stopper.
Addugliare	raccogliere una cima a spire in modo che sia ordinata, raccolta e quindi utilizzabile rapidamente senza che si incattivisca durante lo svolgimento.
Mettere in chiaro	predisporre una manovra corrente per svolgere la propria funzione in modo corretto, verificando che il circuito di passaggio sia esatto; il termine può essere utilizzato anche come sinonimo d'addugliare.

5.1 *Issata e ammainata di randa con metodo tradizionale*

Preparazione

1) Il trasto della scotta della randa deve essere posizionato al centro del carrello.

2) Il vang deve essere mollato, in modo da non trattenere il boma durante l'issata.

3) Le borose devono essere mollate, in modo da permettere alla balumina di distendersi senza essere trattenuta.

4) Provvediamo a slegare i gerli (stroppi o fettucce che tengono la randa piegata sul boma quando è ammainata).

5) Per il momento è preferibile lasciare la scotta della randa sufficientemente cazzata: eviteremo così che il boma possa oscillare pericolosamente.

6) Regoliamo l'amantiglio (se l'imbarcazione non è dotata di vang rigido), in modo che il boma sia perpendicolare all'albero e, quindi, alleggerisca il peso dalla randa durante l'issata.

7) Liberiamo la drizza della randa, che avevamo armato prima di uscire dal porto, e verifichiamo che sia rimasta in chiaro.

A motore: indirizziamo la prua dell'imbarcazione al vento, mantenendo un minimo di velocità che ci permetta di manovrare.

In assenza di propulsione meccanica: se il motore dovesse arrestarsi prima ancora di aver tirato su le vele, è opportuno innanzi tutto issare o aprire il fiocco, poiché quest'operazione può essere svolta in qualsiasi andatura; dopodiché, navigando in bolina e lascando la scotta della randa, potremo procedere, come verrà descritto, all'issata o all'apertura della randa.

Issata

1) Cazzare manualmente la drizza dal pozzetto con un solo collo (giro della cima) sul winch, mentre un membro dell'equipaggio potrà cazzarla direttamente dall'albero per agevolare la manovra e quindi velocizzare l'issata: è opportuno in questa fase procedere con la sola forza delle braccia e non con i verricelli, o rischieremo, se un garroccio o una parte dell'inferitura dovesse bloccarsi, di esercitare uno sforzo incontrollato che potrebbe determinare una rottura. È importante durante la manovra guardare sempre in alto per seguire il percorso della vela e accertare che tutto si svolga correttamente.

2) Quando l'angolo di penna della randa è giunto quasi in testa d'albero e la forza delle braccia non è più sufficiente per completare l'issata, è il momento di lascare la scotta della randa. In questa fase dobbiamo far tenere a maggior ragione le teste basse, a causa delle pronunciate oscillazioni del boma, e procedere a cazzare tramite la manovella sul winch. Adesso è necessario avere almeno tre colli sul verricello per evitare che la scotta scivoli: in questo modo è possibile tendere correttamente l'inferitura della randa. Questa fase deve essere eseguita celermente, al fine di evitare che la randa sbatta eccessivamente al vento e possa strapparsi.

3) Lascare l'amantiglio quanto basta per evitare che il boma non scenda quando sarà cazzata la scotta della randa.

4) Cazzare la scotta della randa e poggiare per far prendere vento alla vela e navigare nell'andatura prescelta.

5) Appuntare il vang.

6) Regolare le borose alla giusta altezza: l'issata è completata.

Ammainata

1) Appuntare l'amatiglio per impedire al boma di scendere in modo eccessivo quando la vela sarà ammainata.

2) Se decidiamo di utilizzare il motore è necessario navigare prua a vento, cazzare la scotta della randa per impedire al boma di oscillare e lascare la drizza della randa per consentire a un membro dell'equipaggio all'albero di ammainare tutta la tela.

3) Se decidiamo di eseguire la procedura a vela è indispensabile navigare in bolina, lascare la scotta della randa per fare in modo che la vela sia sventata e, quindi, lascare la drizza come nel caso precedente.

4) In entrambe le procedure, una volta ammainata la vela, è necessario piegarla a fisarmonica sul boma e legarla tramite dei gerli.

5.2 Apertura e chiusura della randa tramite rollaranda

Il rollaranda è un dispositivo che funziona col medesimo principio del rollafiocco. L'interno dell'albero, per tutta la sua lunghezza, è predisposto per contenere un profilato a sezione cilindrica su cui sono collegati il punto di penna e quello di mura della randa. La parte del profilato sottostante all'angolo di mura della vela è dotata di una filettatura spiroidale in grado di accogliere una cima, la cima del rollaranda, che sullo stesso meccanismo del rollafiocco permette alla vela di avvolgersi, scomparendo completamente all'interno dell'albero *(Figura 5.1)*. La randa viene issata tramite la propria drizza la prima volta che viene armata e successivamente potrà essere aperta e chiusa tramite il meccanismo che abbiamo descritto.

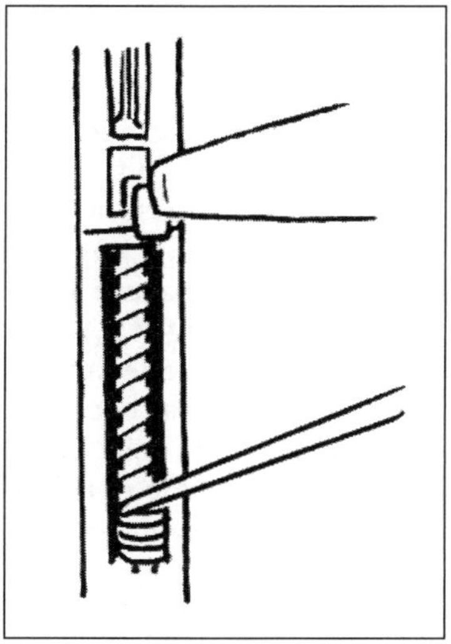

Fig. 5.1

Preparazione

1) Per aprire la vela è necessario che sia sventata e quindi, come per l'altra procedura, se a motore, dovremo indirizzare la prua al vento; in assenza di propulsione meccanica sarà opportuno, invece, navigare in bolina di solo fiocco con la scotta della randa lascata in modo da sventare la vela al momento dell'apertura.

2) Regolare l'amantiglio, se l'imbarcazione ne è dotata, in modo che il boma sia perpendicolare all'albero, e mettere in chiaro la cima del rollaranda che dovrà avvolgersi all'interno dell'albero.

Apertura

1) Recuperare il tesabase della randa e contemporaneamente filare la cima del rollaranda: in questo modo la vela riuscirà a srotolarsi e, di conseguenza, ad aprirsi.

2) Prestiamo attenzione a come si avvolge la cima del rollaranda nella sua

sede: un collo di questa nel punto sbagliato può provocare grossi problemi. Per questo motivo l'operazione deve svolgersi attentamente, controllando minuziosamente che tutti i colli procedano regolarmente.

Chiusura

1) La procedura di chiusura si esegue in un'andatura tale da far portare leggermente la vela, per evitare che il tessuto possa piegarsi durante l'avvolgimento all'interno dell'albero. Quindi recuperare la cima del rollaranda e filare il tesabase: così è possibile avvolgere la vela dal pozzetto in modo corretto.

2) Una particolare attenzione deve essere posta nel regolare la tensione dell'amantiglio al fine di permettere alla vela di avvolgersi all'interno dell'albero ben stesa e priva di pieghe.

5.3 *Il fiocco*

Generalmente è abitudine chiamare fiocco la vela di prua, anche se quest'ultima prende una denominazione diversa in base alle sue dimensioni: il genoa è la più grande, il fiocco è la media, la tormentina è la più piccola. In questo modo le barche che non sono dotate di rollafiocco possono scegliere la vela più idonea in base alle condizioni meteo marine in corso e alla tendenza prevista. Quando si è indecisi è buona regola utilizzare la vela di dimensioni minori: a meno che non si tratti di una regata, è meglio risparmiare i materiali e preservare l'imbarcazione da forti sollecitazioni. Le barche a vela possono essere armate con strallo tradizionale o con strallo cavo, su cui in entrambi i casi viene issata e ammainata la vela. Inoltre, è possibile utilizzare un meccanismo articolato che prende il nome di rollafiocco con cui viene aperta e chiusa.

5.4 *Issata e ammainata del fiocco su strallo con armo tradizionale*

Preparazione

1) Leghiamo le scotte della vela con un nodo piano davanti all'albero, passandole all'interno dei passascotta che saranno posizionati adeguatamente per le dimensioni della vela che abbiamo deciso di utilizzare, considerando un angolo di lavoro della scotta di circa 45°. Le scotte passano dentro o fuori delle sartie, in base al tipo di vela e all'armo dell'imbarcazione, e si mettono in chiaro in pozzetto sui rispettivi winch con nodi savoia alle estremità.

2) Adesso dobbiamo posizionare il fiocco sulla prua e fissare immediatamente il suo punto di mura, in modo che anche se dovesse finire in mare non vada perso.

3) Provvediamo a fissare i garrocci lungo lo strallo (ingarrocciare) e ad

armare la drizza sul punto di penna, prestando attenzione che sia in chiaro e quindi non attorcigliata lungo lo strallo o su un'altra manovra.

4) Fissiamo le scotte che avevamo lasciato provvisoriamente davanti all'albero sul punto di scotta della vela.

5) A questo punto il fiocco è pronto per essere issato da qualsiasi andatura, preferibilmente evitando che la balumina sbatta sull'albero e mantenendo le scotte sufficientemente lascate per impedire alla vela di portare.

Issata

1) Procediamo nello stesso modo della randa: prima cazzando manualmente la drizza e poi tramite i verricelli, se sarà necessario.

2) Quando la vela è issata completamente, provvediamo a cazzare la scotta sottovento.

Ammainata

1) Il fiocco può essere ammainato da qualsiasi andatura semplicemente lascando la rispettiva drizza. In bolina la barca è sbandata e lavorare a prua è più difficile, ma al momento di lascare la drizza la vela cade facilmente all'interno dell'imbarcazione. Al lasco è più semplice lavorare a prua, ma durante l'ammainata è più dispendioso raccogliere la vela.

2) È opportuno vagliare, secondo le circostanze, quale andatura utilizzare e subito dopo aver ammainato la vela è utile legarla vicino alla battagliola tramite dei gerli o metterla sottocoperta per evitare che finisca in mare.

5.5 *Issata e ammainata del fiocco su strallo cavo*

Questo tipo di armo è utilizzato prevalentemente su imbarcazioni da regata. Lo strallo cavo è composto da un cavo d'acciaio che va da prua a testa d'albero contenuto all'interno di un unico profilato o all'interno di una serie di profilati cilindrici, congiunti uno all'altro e denominati singolarmente «estrusi». In entrambi i casi all'esterno del profilato ci sono due canalette destinate ad accogliere non più i garrocci, ma il gratile della vela.

Preparazione

Questa fase si svolge esattamente come la precedente con la differenza che, anziché ingarrocciare la vela, la dobbiamo inferire lungo lo strallo. Per fare questo dobbiamo avviare il gratile nella canaletta utilizzando il feeder o avviatore, se l'imbarcazione ne è dotata. È preferibile usare inizialmente la canaletta di sinistra: più avanti vedremo perché.

Issata

La manovra si svolge come nel caso precedente, magari con un membro dell'equipaggio a prua per controllare che il gratile scorra agevolmente lungo la canaletta.

Ammainata
Questa manovra si esegue nello stesso modo di quella descritta riguardo allo strallo con armo tradizionale.

5.6 *Apertura e chiusura del fiocco tramite rollafiocco*

Il rollafiocco è un dispositivo che permette di aprire e chiudere la vela dal pozzetto molto rapidamente. Questo congegno è costituito da un profilato simile a quello dello strallo cavo alla cui estremità inferiore (ma al di sopra dell'attacco dello strallo sulla prua) è fissato un tamburo simile a una grande bobina di una grande lenza. Intorno al tamburo viene avvolta una cima che prende il nome di «cima del rollafiocco», prima che la vela sia issata lungo lo strallo *(Figura 5.2)*.

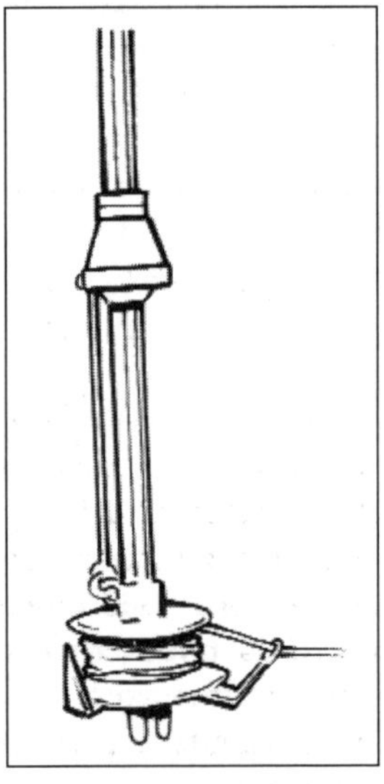

Fig. 5.2

Grazie al rollafiocco non è più necessario ammainare la vela, poiché, recuperando la cima del rollafiocco che era stata caricata sul tamburo in precedenza, permetteremo a quest'ultimo di ruotare insieme allo strallo, il quale a sua volta consentirà alla vela di avvolgersi attorno a sé per tutta la sua dimensione.

Una navetta (o girella) agganciata all'estremità della drizza le impedirà di attorcigliarsi attorno allo strallo durante l'avvolgimento. In questo caso il fiocco viene issato tramite la drizza una volta soltanto, poiché per utilizzarlo sarà sufficiente svolgerlo dal profilato su cui è avvolto.

Preparazione
Per aprire la vela è adatta qualsiasi andatura, ma è opportuno ricordarsi di

mettere in chiaro le scotte del fiocco e la cima del rollafiocco che dovrà avvolgersi attorno al tamburo.

Apertura

Dobbiamo recuperare la scotta del fiocco sottovento e filare contemporaneamente la cima del rollafiocco. È fondamentale che l'operazione di avvolgimento della cima attorno al tamburo si svolga in modo controllato, così che le spire che si generano sul tamburo siano uniformi e non creino tra loro strozzature o, nella peggiore delle ipotesi, che la cima scavalli il tamburo. Se la vela dovesse essere ridotta o chiusa completamente e la cima fosse incattivata sul tamburo, il fiocco potrebbe non arrotolarsi completamente.

Chiusura

Dobbiamo filare la scotta del fiocco e recuperare la cima del rollafiocco: in questo modo la vela si arrotolerà uniformemente attorno allo strallo. È importante procedere sempre manualmente durante l'apertura o la chiusura della vela e senza l'ausilio dei verricelli, poiché se il meccanismo dovesse incepparsi sarà semplice accorgersi che qualcosa si è bloccato, anziché provocare uno sforzo notevole che potrebbe determinare una rottura.

I malfunzionamenti principali di un rollafiocco sono i seguenti:

- La cima del rollafiocco si incattivisce o scavalla il tamburo: in questo caso è necessario andare a prua armati di pazienza e ripristinare l'avvolgimento corretto della cima.

- Uno degli estrusi del profilato dello strallo è andato fuori della sua sede: è opportuno ripristinare la sua corretta posizione per evitare danni alla vela o allo stesso estruso.

- La navetta della drizza non gira correttamente e la vela sforza ad avvolgersi: il problema può essere causato da un'eccessiva tensione della drizza o da un'abbondante lunghezza dell'inferitura della vela rispetto alla lunghezza dello strallo. In entrambi i casi può capitare che la navetta s'incastri contro l'albero e non riesca a ruotare. Può succedere anche che le sfere della navetta si rompano e impediscano l'avvolgimento della vela, poiché la navetta non può ruotare. In questo caso è preferibile ammainare la vela e sostituire le sfere. A volte, per risolvere gli inconvenienti che riguardano la navetta, può essere indispensabile salire sull'albero: armatevi di bansigo e pazienza.

5.7 *Il lazy jack*

Il lazy jack è un sistema costituito da un circuito di sagole rinviate tramite dei bozzelli, strutturato in modo da generare un sostegno alla randa nell'operazione di ammainata, per evitare che questa possa cadere in coperta disordinatamente. Attraverso il lazy jack la tela rimare appoggiata sul boma e in questo modo dovrebbe essere più facile piegarla e legarla. Alcune imbarcazioni hanno un lazy bag, che è dotato di una specie di sacca/copriranda, provvista di una cerniera in cui è possibile tenere la randa piegata e coperta. In entrambi i casi è opportuno fare in modo che la tensione del lazy non sia tale da impedire al boma di abbassarsi quando viene cazzata la scotta della randa, per questo la sua tensione deve essere regolata al punto giusto. Durante l'issata di randa è preferibile togliere il lazy e portarlo all'albero, in modo da impedire che una stecca o la balumina della vela possano rimanere incastrate nel corso della manovra.

CAPITOLO 6

LA RIDUZIONE DELLA VELATURA

CAPITOLO 6

La riduzione della velatura è una manovra che deve essere eseguita nel momento giusto, rapidamente, e con la massima concentrazione. Ogni navigante, ben saldo alla barca, deve conoscere i propri compiti ed eseguirli in perfetta sincronia con il resto dell'equipaggio. Scopriamo i pregi e i difetti dei vari metodi di riduzione della velatura.

La riduzione della superficie velica è una manovra fondamentale della navigazione, su cui a volte si odono strane leggende in banchina.

Il momento più idoneo alla riduzione della velatura non è sicuramente la decima straorzata che ci fa supporre che il vento non si attenuerà. Accorgersi che le condizioni non sono più identiche a quando abbiamo spiegato tutta la tela a riva e che lo sbandamento dell'imbarcazione è divenuto maggiore sono elementi che annunciano che qualcosa lentamente è cambiato o sta cambiando. Il fatto stesso che cominciamo a domandarci: «Forse sarà il caso di ridurre?», significa che è giunto il momento per compiere questa manovra.

Ogni membro dell'equipaggio dovrà essere opportunamente assicurato tramite la cintura di sicurezza e dovrà conoscere le proprie mansioni da compiere durante la manovra. Come per tutte le procedure, a maggior ragione in questa poiché si utilizzano molte cime, è necessario metterle in chiaro in modo che siano sempre pronte per essere utilizzate.

6.1 La riduzione delle vele di prua

La vela di prua può essere ridotta seguendo due procedure principali: la prima consiste nel sostituire la vela che stiamo utilizzando con una di dimensioni più piccole adottata su barche con strallo tradizionale o con strallo cavo, mentre la seconda, più diffusa per la crociera, si avvale del rollafiocco.

Procedura con strallo tradizionale

In questo caso il fiocco può essere ammainato da qualsiasi andatura, com'è stato descritto nel capitolo precedente. Una volta ammainata la vela è necessario portarla sottocoperta e prendere quella di dimensioni più piccole che verrà issata con la procedura descritta precedentemente per questo tipo di armo. Per lasciare l'imbarcazione il minor tempo possibile senza fiocco, è possibile murare e ingarrocciare il «nuovo fiocco» lungo lo strallo, in modo da avere metà dell'opera già compiuta *(Figura 6.1)*.

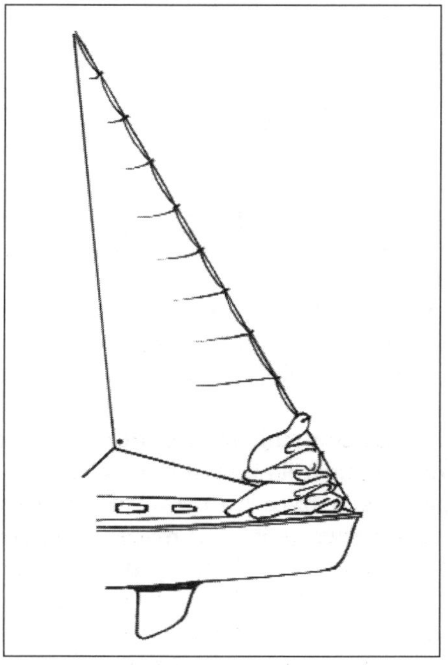

Fig. 6.1

Procedura con strallo cavo

1) Per eseguire questa manovra è necessario navigare in bolina per permettere alla vela che deve essere issata di salire correttamente, mentre a quella da sostituire di cadere all'interno dell'imbarcazione quando sarà ammainata.

2) Al fine di riuscire nella manovra è necessario navigare con la canaletta sopravvento libera. Il motivo per cui è consigliabile lasciare non occupata quella di destra è che in questo modo potremo eseguire il cambio di vela mura a dritta e quindi, avere precedenza sulle altre unità.

3) Dobbiamo approntarci per un cambio di vela: la prima cosa da fare è

portare fisicamente la nuova vela a prua e assicurarla quanto più velocemente, in modo da non rischiare di perderla. A questo proposito è raccomandabile fissare immediatamente il suo punto di mura.

4) Verifichiamo che durante il trasporto l'inferitura della tela sia rimasta ben piegata e in chiaro, quindi pronta per essere issata.

5) Andiamo a prendere l'altra drizza del fiocco, assicurandoci sempre che sia in chiaro e non abbia giri attorno allo strallo. Dopo aver introdotto manualmente il punto di penna della vela nell'altra canaletta, passando per il feeder, colleghiamo la drizza. Abbiamo così sistemato due angoli della vela, resta soltanto quello di scotta.

6) Dato che la scotta sopravvento del fiocco da sostituire sarà in bando, potremo scioglierla e collegarla a quello che vogliamo issare. Spostare il punto di scotta a misura per il «nuovo fiocco» è tempo guadagnato. A questo punto si è pronti per il cambio.

7) Si comincia a cazzare la drizza del «nuovo fiocco» (sempre manualmente ci serviremo dei winch, se necessario, soltanto per recuperare gli ultimi centimetri, a tela sostanzialmente già issata), assicurandoci che la scotta che abbiamo collegato sia lascata.

8) Quando la vela sarà drizzata al punto giusto, saremo pronti per virare cazzando la scotta che abbiamo armato sul «nuovo fiocco» e lascando quella del fiocco da sostituire.

9) Il «vecchio fiocco» si troverà adesso sopra a quello di dimensioni più piccole: per ammainarlo sarà sufficiente lascare la drizza che inizialmente lo aveva portato su e tirarlo giù manualmente.

10) In ultimo, non dobbiamo dimenticare di collegare anche l'altra scotta al «nuovo fiocco» e spostare il punto di scotta nella posizione ottimale. Riportiamo all'albero e in chiaro la drizza del vecchio, così da essere pronti per un altro cambio di vela.

Questa manovra può essere compiuta anche sulle stesse mura, ma poiché un cambio di genoa esterno dà problemi di scorrimento tra la base della vela a riva e la coperta e dato che è quasi impossibile armare la nuova vela senza alzare il punto di mura di quella da ammainare, questo genere di manovra non viene effettuato.

Procedura con rollafiocco

1) Ridurre la vela è possibile filando la scotta del fiocco e recuperando contemporaneamente la cima del rollafiocco, fino a raggiungere le dimensioni desiderate per la nostra «nuova vela», in base all'intensità del vento.

2) In caso di venti forti è consigliabile non eseguire questa manovra dalla bolina, ma dal lasco. In bolina per ridurre il fiocco dovremo lascare la scotta sottoponendo la vela a duri colpi. Navigando per qualche istante al lasco, con il fiocco più lascato del dovuto, potremo cazzare la cima preposta e ridurre senza far sbattere la tela.

3) Anche in questo caso dovremo ricordarci di spostare più avanti i punti di scotta per ottimizzare il rendimento della superficie velica rimasta.

6.2 La riduzione della randa

La riduzione della randa è una manovra che può essere eseguita nei tre modi che saranno elencati, ma è opportuno che il sistema adottato permetta alla tela di essere ridotta in dimensioni adeguate all'intensità del vento e allo stato del mare.

A questo proposito, nel caso della presa di terzaroli classica, è consigliabile avere tre mani armate di terzaroli, in modo da poter utilizzare una limitata superficie velica con vento forte.

La presa di terzaroli

1) Prima di intraprendere la manovra dobbiamo verificare che il tratto di mare innanzi a noi e quello sottovento siano liberi da ostacoli, poiché la barca in quest'operazione perde velocità e scarroccia.

2) L'andatura da tenere per compiere la presa di terzaroli è la bolina. Nel caso ci si trovi in mezzo a onde di dimensioni molto elevate, tali da determinare un impatto forte sul mascone della barca, si può allargare l'andatura verso la bolina larga per evitare grossi salti dello scafo. Prendere i terzaroli da un'andatura portante significa compiere fisicamente uno sforzo notevole, oltre a rischiare di rovinare la tela, che in piena portanza ha un grande attrito sull'albero, e il sartiame. Ridurre la randa con la prua al vento significa non solo perdere l'abbrivio e il controllo del mezzo, ma lasciare il boma libero di oscillare a centro barca in modo rischioso per l'equipaggio.

3) Appuntare l'amantiglio (se l'imbarcazione non è dotata di vang rigido). Quando lascheremo la drizza della randa per la riduzione, questo impedirà che il boma scenda eccessivamente.

4) Mollare il vang. Esso tiene il boma verso il basso e quando dovremmo rimettere a segno la drizza della randa o cazzare la borosa, potrà danneggiarsi o impedire l'esecuzione corretta della manovra.

5) Lascare la scotta della randa quanto basta per permettere alla vela di essere sventata. Non lascare a sufficienza la scotta della randa determina attrito dell'inferitura lungo la canaletta dell'albero, e in questo modo è più difficile ammainare la tela. È raccomandabile bloccare la scotta dopo che la vela è sufficientemente sventata, in quanto il boma resta in grado di sostenere il peso di una persona, se fosse necessario intervenire in varea o se qualcuno si aggrappasse per non cadere in mare.

6) Lascare la drizza della randa. Questo è un passaggio necessario, ovviamente, per ridurre la vela.

7) Incocciare la brancarella di mura sopravvento della mano di terzaroli che abbiamo deciso di prendere nel corno di trozza (*Figura 6.2* a pag. 104). In questa fase dobbiamo mantenere la brancarella ben inserita nel corno in modo che non fuoriesca mentre si è impegnati a cazzare nuovamente la drizza. È opportuno prestare attenzione che la tela non sia a contatto del corno, poiché potrebbe strapparsi nel momento in cui la drizza viene messa in tensione.

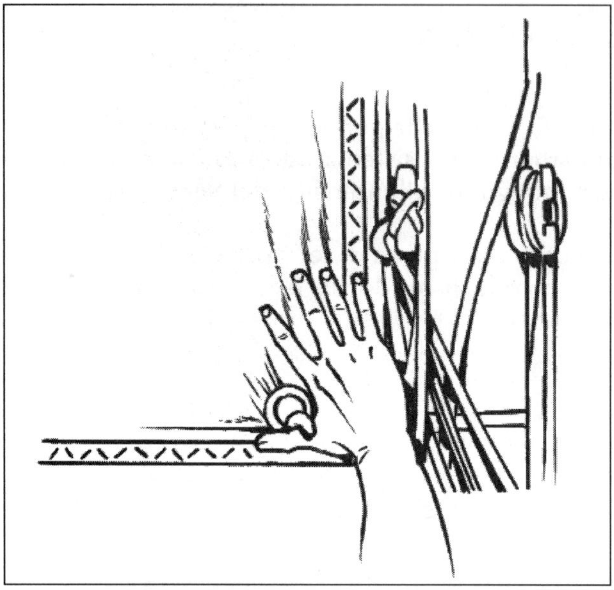

Fig. 6.2

8) Cazzare nuovamente la drizza della randa. Permette all'inferitura della randa di essere nuovamente a segno, ma con un nuovo punto di mura dovuto all'incoccio della brancarella.

9) Tesare la borosa corrispondente alla brancarella che abbiamo incocciato nel corno di trozza. Permette anche alla balumina di accorciarsi proporzionalmente all'inferitura. A questo punto la riduzione della vela è completata.

10) Lascare l'amantiglio, se necessario, poiché potrebbe trattenere il boma senza permetterci di cazzare la scotta della randa e, quindi, di smagrire la vela come desideriamo.

11) Cazzare la scotta della randa. La manovra è terminata e siamo in condizioni di riprendere propulsione.

12) Appuntare il vang. Impedisce che il boma si alzi, se navigheremo in andature portanti.

13) Legare i matafioni. Questo è un passaggio facoltativo: di solito si esegue quando la quantità di tela ridotta è abbondante e sbatte sul boma a causa del vento.

14) Mettere a segno le altre borose per la nuova dimensione della vela.

15) Regolare paterazzo e stralletto (dove presente) per ottimizzare la stabilità dell'albero.

► *Sciogliere i terzaroli*

La manovra per sciogliere i terzaroli adotta alcune procedure di preparazione identiche alla presa di terzaroli, invertendo l'esecuzione di altre.

1) Verificare, come in precedenza, di avere un ampio margine di spazio libero sottovento.

2) Navigare in bolina.

3) Appuntare l'amantiglio.

4) Mollare il vang.

5) Sciogliere i matafioni.

6) Lascare la scotta della randa.

7) Mollare tutte le borose.

8) Lascare la drizza della randa per permettere alla brancarella di uscire dal corno di trozza.

9) Liberare la brancarella utilizzata.

10) Cazzare la drizza della randa totalmente se vogliamo tutta tela a riva, altrimenti possiamo armare la mano inferiore ripetendo i passaggi descritti precedentemente dall'incoccio della brancarella.

11) Accertarsi che le borose non siano incattivate o sforzino sulla balumina durante l'issata.

12) Lascare l'amantiglio.

13) Cazzare la scotta della randa.

14) Appuntare il vang.

15) Regolare il paterazzo (e stralletto dove presente) per ottimizzare la stabilità dell'albero.

La riduzione tramite rollaranda

Per ridurre la randa in questo caso è necessario:

1) Navigare in bolina come per la presa di terzaroli.

2) Regolare l'amantiglio affinché la vela si avvolga correttamente stesa all'interno dell'albero.

3) Lascare la scotta della randa per sventare leggermente la vela.

4) Filare il tesabase e contemporaneamente recuperare la cima del rollaranda, accertando che le spire procedano regolarmente all'interno del meccanismo.

Presa di terzaroli tramite borosa passante fissata alla mura

Questo dispositivo consiste in un circuito di borose armate sino al punto di mura (*Figura 6.3* a pag. 106).

Per ridurre la velatura è necessario compiere i passaggi come nel caso della presa di terzaroli fino al punto 6 (lascare la drizza della randa), dopodiché:

1) Cazzare la borosa della mano di terzaroli (1ª, 2ª, 3ª) che abbiamo deciso di prendere che, passando anche dalla brancarella di mura, provvederà a ridurre la velatura.

2) A questo punto abbiamo ridotto i due lati della vela (inferitura e balumina) e possiamo continuare come nel caso classico della presa di terzaroli descritto, dal punto 10 (lascare l'amantiglio) e la manovra è completata.

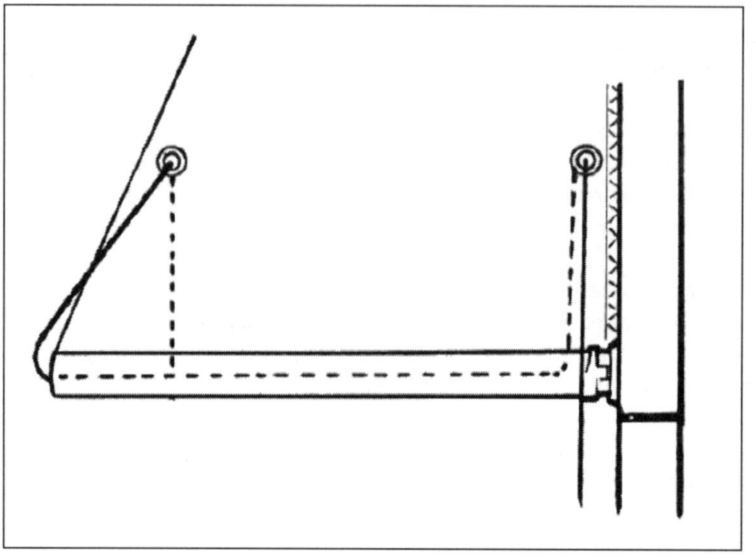

Fig. 6.3

Sciogliere i terzaroli tramite borosa passante fissata alla mura

1) In questo caso per sciogliere i terzaroli è necessario procedere come nel metodo classico fino al punto 6 (lascare la scotta della randa), dopodiché è necessario mollare la borosa della mano che vogliamo sciogliere e cazzare la drizza di randa facendo attenzione che il circuito della borosa non trattenga la vela.

2) Una volta che abbiamo sciolto la mano di terzaroli è possibile continuare con le ultime operazioni descritte per il metodo tradizionale dal punto 12 in poi.

6.3 *Quale vela deve essere ridotta per prima e quando è necessario ridurre una vela più di un'altra*

La riduzione delle vele generalmente deve essere svolta in modo equilibrato, al fine di permettere all'imbarcazione un assetto possibilmente neutro (né orziero né poggiero), che permetta di navigare al meglio senza dover correggere spesso la rotta tramite il timone.

La prima vela da ridurre è quella più potente. Tutte le imbarcazioni, a causa di scelte di armo differenti, hanno una vela che spinge più di un'altra, e conseguentemente dovrà essere ridotta per prima. Per esempio, di solito le imbarcazioni armate in testa hanno la vela di prua più potente della randa, mentre sui frazionati vale il contrario.

Può essere utile ridurre la randa in anticipo se dobbiamo effettuare di notte lunghe navigazioni al lasco, in modo particolare con una tendenza del vento in aumento. Anche un genoa può essere sostituito in anticipo, specie se non disponiamo del rollafiocco.

Ricordiamo che la randa è una vela orziera e meglio delle altre ci permette di risalire il vento, mentre il fiocco è poggiero, quindi più potente e capace di generare accelerazione. Un fiocco potente è molto utile quando dobbiamo navigare tra le onde, e la barca tende ad essere frenata dall'impatto sulla cresta.

Insomma, sulla base di questi presupposti e delle nostre osservazioni è possibile fare variazioni per costituire il piano velico più adatto alle circostanze.

6.4 *Pregi e difetti del metodo tradizionale e del rollafiocco*

Il grande pregio del rollafiocco è consentire una riduzione della tela dal pozzetto senza andare a prua. Inoltre, questo dispositivo permette di ridurre la vela in tantissime dimensioni differenti, da qualsiasi andatura. In questo modo una vela soltanto è in grado di soddisfare al meglio le nostre esigenze.

Per contro, un fiocco rollato non possiede le stesse prestazioni di una vela normale delle medesime dimensioni. Ciò comporta un compromesso nella velocità, soprattutto per le andature montanti.

È consigliabile, se possediamo un rollafiocco, avere un'altra vela di rispetto, poiché, se quella che abbiamo dovesse strapparsi, non potremmo disporre di altro. Con il metodo tradizionale dobbiamo possedere più vele ed effettuare almeno due viaggi a prua ogni qual volta diviene necessario operare una riduzione.

6.5 *Pregi e difetti dei metodi di riduzione della randa*

Il rollaranda possiede il pregio di evitare di andare all'albero per l'esecuzione delle manovre e, dato che chi arma questo dispositivo possiede anche il rollafiocco, è in grado di gestire tutto dal pozzetto. Una randa rollabile spesso è una vela che non può essere steccata, ma poiché si avvolge nell'albero nello stesso tempo non necessita di essere piegata. Una vela che entra nell'albero, oltre a generare una propulsione minore a causa del taglio poco performante e la mancanza di stecche, può generare una sorta di malessere mentale a coloro che sono consapevoli dei rischi che potrebbero capitare se il meccanismo di avvolgimento si dovesse inceppare. Potremmo ritrovarci con vento forte senza la possibilità di ridurre: per questo è opportuno fare attenzione e manutenere correttamente il meccanismo.

La presa di terzaroli classica per quanto necessiti un viaggio all'albero rimane sempre un sistema sicuro, consente una randa steccata e difficilmente crea problemi se la procedura è effettuata correttamente.

Un buon compromesso è rappresentato dal sistema con borosa passante fissata alla mura, il quale permette di controllare il punto di mura e di scotta dal pozzetto, tramite un circuito esterno più sicuro e molto semplice.

DURANTE
LA NAVIGAZIONE

CAPITOLO 7

Durante la navigazione è necessario stabilire una successione logica dei controlli da effettuare per accertare che tutto proceda regolarmente. Cerchiamo di focalizzare la nostra attenzione sugli aspetti importanti da tenere in considerazione, in modo da prevenire gli inconvenienti.

In navigazione, come accennavamo nella prefazione, lo skipper deve tenere sotto controllo tutto ciò che accade nel proprio piccolo pianeta e nel suo spazio circostante. Ora cerchiamo di tradurre in termini pratici questa affermazione.

Durante la navigazione è necessario prestare continua attenzione alle persone che navigano con noi e cercare di dare loro consigli senza essere troppo asfissianti o invadenti.

Anche l'imbarcazione ha bisogno di cure: la regolazione delle vele, navigare seguendo una rotta tracciata, ascoltare le informazioni che vengono trasmesse al VHF, stabilire la nostra posizione; sono un'infinitesima parte di tutte le cose che dobbiamo fare. In ultimo, ma non per questo meno importante, dobbiamo considerare tutto ciò che interagisce con noi: i mutamenti meteorologici, le altre imbarcazioni in transito, la flora e la fauna marina.

Per cercare di eseguire tutte le operazioni al meglio delle nostre possibilità è opportuno creare una prospettiva nella nostra mente, capace di intuire e catturare gli eventi sul nascere, proprio come una rete di maglia sottilissima. Un buon esercizio nel lancio di questa rete, le permetterà di infilarsi anche nei punti più nascosti in modo da prendere atto di tutto ciò che accade a bordo.

Per riuscire a concretizzare quest'affermazione è utile stabilire quali sono gli aspetti su cui dobbiamo porre la nostra attenzione, creare tra questi una sequenza logica che li colleghi e stabilire di percorrere una «passeggiata mentale» su tutto ciò, ogni ora.

L'equipaggio potrebbe essere il primo tema di quest'esercizio, l'imbarcazione il secondo: ma per comprendere tutto ciò che riguarda quest'ultima voce abbiamo bisogno di fare dei sottoinsiemi. Mi spiego meglio. Considerando un concetto vasto come l'imbarcazione nella sua totalità, è quasi impossibile ricordarsi tutto senza proseguire tramite un filo guida: abbiamo bisogno di costruire un filo con dei nodi che potrebbero essere paragonati alle cose da ricordare, per cercare di non omettere niente nella nostra ricognizione. La meteorologia e le altre unità in transito, infine, sono il terzo aspetto che interagisce con il nostro piccolo pianeta.

Facciamo un esempio. In navigazione chiediamoci se è tutto a posto.

1) Cominciamo a valutare il comportamento di tutte le persone, osserviamo se hanno capito come muoversi a bordo, come tenersi, come utilizzare le scotte e i verricelli. Cerchiamo di capire dallo sguardo il loro stato di salute, se si divertono o se si annoiano. Anche noi siamo parte dell'equipaggio e non siamo superuomini: un giorno potremmo avvertire di non essere al pieno delle nostre energie e decidere per una navigazione più rilassante, proprio perché siamo stati in grado di fare «ascolto di noi stessi».

2) Riflettere sulla propulsione: prestiamo attenzione alla regolazione delle vele per ottenere una buona velocità di crociera, controlliamo che la direzione del vento non sia cambiata e la nostra barca navighi comodamente. Accertiamo che l'albero stia lavorando in modo corretto e che nel piano di coperta tutto sia regolare. Se stiamo navigando a motore, è utile cercare per un attimo di prestare più attenzione al suo rumore, verificare che nel vano tutto proceda al meglio e che non ci siano perdite.

3) Individuare la nostra posizione sulla carta dove abbiamo tracciato la rotta, fare il cosiddetto «punto nave», stabilire quante miglia abbiamo percorso e quante ancora ne restano da percorrere. Tenere sempre in considerazione qual è l'approdo più vicino: in caso di necessità conosceremo immediatamente dove dirigere la prua della nostra barca. Accertare che la radio sia accesa sul canale 16 e sia possibile ascoltarne i messaggi dal pozzetto; poiché a volte capita di cambiare canale per ascoltare un bollettino meteorologico o gli avvisi ai naviganti e ci dimentichiamo di ripristinare il canale 16. Dal momento che ci troviamo nei pressi del quadro elettrico, controlliamo che non siano rimaste accese inutili utenze. Le batterie devono essere commutate in modo adeguato, in base al tipo di navigazione che stiamo effettuando. Controllare lo stato della sentina e verificare che non ci sia dell'acqua. Ricordare di mantenere aperte le porte delle cabine.

4) Fare delle analisi meteorologiche consultando il barometro, osservando le nubi per comprendere il passaggio dei fronti e ascoltando i bollettini meteo. Controllare visivamente che non ci siano ostacoli lungo la rotta, o altre unità che transitano pericolosamente verso di noi.

Il resto dei sottoinsiemi è ricavabile dal corpo del testo e potrebbe essere circoscritto all'interno di quattro riferimenti cardinali:

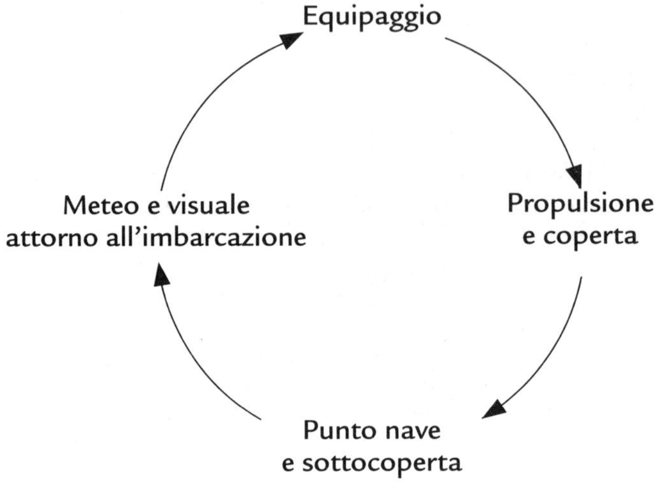

Tutte queste cose che andiamo dicendo sono scontate e automatiche per un navigatore esperto, ma la nostra attenzione si rivolge a coloro che hanno bisogno di costituire un ordine, per cercare di trarre il massimo profitto dalle proprie esperienze o dalle proprie conoscenze.

Per quanto riguarda il resto, ecco alcuni consigli, sempre nell'ordine dei suddetti riferimenti cardinali, da considerare come dei nodi del filo di cui parlavamo prima, al fine di rendere la crociera più sicura possibile.

- L'equipaggio durante le crociere può appassionarsi alle manovre: a questo proposito dovremmo spiegare loro il corretto utilizzo dei verricelli e della scotta della randa, dato che sono attrezzi con cui è semplice farsi male. Nelle illustrazioni che seguono viene indicata la procedura per lascare la scotta della randa nel caso sia dotata di paranco tradizionale *(Figura 7.1)*. Anche con i verricelli è necessario prestare attenzione: assumere una posizione di lavoro

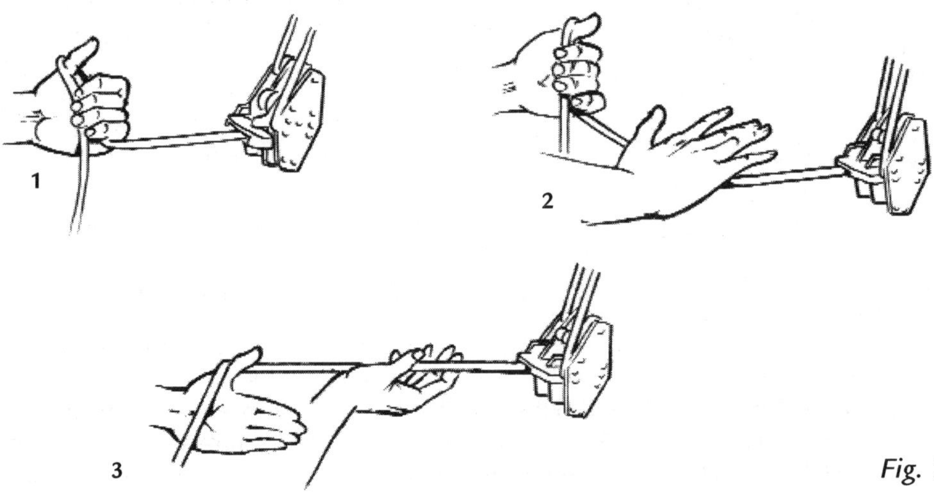

Fig. 7.1

adeguata ed essere accorti nel posizionare le dita nei pressi dei winch è di importanza fondamentale *(Figura 7.2)*.

Fig. 7.2

• L'usura delle vele e delle cime deve essere controllata attentamente durante la navigazione. A questo proposito ricordiamoci di fare sempre una ricognizione attorno all'imbarcazione e verifichiamo l'efficienza di questi elementi, poiché in navigazione abbiamo una prospettiva differente da quella in banchina.

• Con il motore acceso in navigazione a vela, per far ricaricare le batterie, accertiamo se l'imbarcazione ha uno sbandamento pronunciato che dalla marmitta fuoriesca costantemente l'acqua di raffreddamento e che, quindi, la pompa girante non aspiri aria. Se il gasolio nel serbatoio sarà poco, la pompa di prelievo del carburante potrà aspirare aria e il motore potrebbe fermarsi.

• Doppiare i capi e i pericoli isolati con un ampio margine di spazio. In questo modo, se capiterà un'avaria improvvisa, avremo sempre un buon margine di spazio e di tempo a disposizione per l'organizzazione delle manovre da effettuare.

• Navigare a vela sottovento a un'isola o a un capo può determinare che si rimanga in assenza di vento e che, quindi, si è costretti ad accendere il motore per ritornare nel vento.

• Evitiamo sempre i passaggi pericolosi: uno fra questi, nel Mar Mediterraneo, è il passaggio della Piantarella nelle Bocche di Bonifacio. Qualsiasi avaria si dovesse verificare durante il transito, non avremo vita facile e accumuleremo stress per risparmiare alcune miglia.

• Prestiamo attenzione, quando navighiamo in acque ristrette (passaggi come quelli nell'Arcipelago della Maddalena), alle altre unità in transito. I traghetti in quelle zone hanno precedenza assoluta su tutte le unità: manteniamoci sempre discosti da loro.

• Rispettiamo le indicazioni stabilite dal Codice Internazionale dei Segnali (boe, mede, dromi eccetera).

• Non addormentiamoci sul GPS: tracciamo le rotte, prestiamo attenzione al riconoscimento dei capi e dei punti cospicui, utilizziamo la bussola da rilevamento e riportiamo i dati sulla carta, consultiamo le tavole della corrente: tutto ciò permetterà di mantenere vive le nostre conoscenze di carteggio e, se i satelliti avranno degli offuscamenti, ciò non influenzerà il nostro ecosistema.

- Prestiamo attenzione agli atterraggi, in modo particolare quando navighiamo in tratti di mare di cui non abbiamo avuto precedenti esperienze, ed eseguiamo con accuratezza i calcoli di marea specialmente quando siamo fuori dal Mediterraneo.
- Esponiamo il cono con il vertice verso il basso, se la nostra imbarcazione a vela sta navigando a motore in orario diurno.
- Rispettiamo le precedenze: tra due imbarcazioni a vela che navigano su mura opposte ha precedenza quella che naviga mura a dritta, mentre quando sono su le stesse mura ha precedenza chi si trova sottovento. Le barche a vela hanno precedenza su quelle a motore, ma se vediamo qualcuno che forza gli ingressi, manteniamo la distanza e manovriamo in anticipo.
- Verifichiamo lo stato di carica delle batterie: in questo modo potremo valutare quando eseguire la ricarica senza rimanere a corto di energia.
- Osserviamo frequentemente il barometro: una rapida variazione del valore della pressione, sia in aumento sia in diminuzione, spesso è indice di vento forte in arrivo.
- Valutiamo, in base alla categoria di navigazione per cui è abilitata la nostra imbarcazione, la tendenza prevista delle condizioni meteo. Se cambiassero in modo sfavorevole, è opportuno avere valutato preventivamente una rotta in cui sia possibile trovare un riparo in tempi brevi.
- Accertiamo che non ci siano elementi galleggianti nel tratto di mare innanzi alla nostra prua, tali da urtare contro la nostra imbarcazione. In tal caso segnalare l'eventuale presenza, la posizione e l'entità alla stazione radio dell'autorità marittima più vicina, la quale è suddivisa nel seguente modo: Direziomare (Direzione marittima), Compamare (Capitaneria di porto), Circomare (Ufficio circondariale marittimo), Locamare (Ufficio locale marittimo), Delemare (Delegazione di spiaggia).
- Avere cura di redigere il giornale di bordo. Se qualcuno vuole raccontare gli aneddoti della navigazione è liberissimo di farlo, ma la funzione del giornale di bordo è un'altra. In questo documento dovremmo annotare la lista dell'equipaggio, il progetto di navigazione, gli eventuali calcoli di marea e un quadro generale della situazione meteo. È utile trascrivere i turni che sono stati stabiliti, il numero di ore in cui navighiamo a motore e il regime dei giri/minuto: quest'ultime sono tutte informazioni utili per calcolare l'autonomia del carburante. È consigliabile scrivere le date in cui eseguiamo i controlli in testa d'albero, le eventuali variazioni espresse in giri eseguite sul sartiame e tutto ciò che è degno di nota. Indicare lo stato di usura di alcuni elementi o il giorno in cui qualcosa è stato sostituito: un esempio può essere il libretto sanitario di un bambino nei primi anni di vita, ma la differenza è che la barca a vela è una bambina a vita! Scrivere eventuali anomalie che si sono verificate e che poi non hanno più «bussato alla porta» è un'ottima precauzione, forse prima o poi torneranno a farci visita. In caso di evento straordinario il giornale di bordo può essere un riferimento utile per dimostrare all'autorità marittima la pianificazione del nostro progetto di navigazione.

AFFRONTARE LUNGHE NAVIGAZIONI

CAPITOLO 8

Affrontare lunghe navigazioni è un'attività impegnativa che richiede una precisa organizzazione, soprattutto per la navigazione notturna. È necessario dare istruzioni precise sulla collocazione di tutto ciò che è presente a bordo, e concordare i turni in modo da poter disporre sempre di membri dell'equipaggio freschi e riposati.

Affrontare lunghe navigazioni richiede una grande organizzazione a causa dei tanti parametri che devono essere valutati: scegliere il momento adatto per partire, gestire le energie dell'equipaggio e il morale a bordo, valutare quando una sosta è diventata una tappa indispensabile per la navigazione e i controlli che dobbiamo effettuare sull'imbarcazione.

Prima di salpare è necessario comprendere che possiamo arrivare fino a dove le risorse che abbiamo a disposizione possono condurci, non dove vorremmo arrivare. La preparazione, come sempre, è l'elemento essenziale per trarre il massimo profitto dalle nostre risorse.

Riguardo all'interno dell'imbarcazione è opportuno riporre qualsiasi genere di cose in modo che la stabilità non possa essere discussa. È preferibile farsi uno schema su un piccolo foglio di carta dei contenuti di ogni singolo gavone: in questo modo, quando cercheremo qualcosa, non perderemo un secondo di tempo. Senza considerare le energie che si risparmiano: cercare oggetti sottocoperta con mare formato non è una delle attività più rilassanti.

Anche l'organizzazione delle manovre nel piano di coperta deve essere concordata preventivamente: ad ogni cima deve essere assegnata una collocazione precisa in modo che tutti sappiano dove trovarla. Questo è un dato molto importante soprattutto quando si naviga di notte.

L'ancora a prua è un peso piuttosto rilevante che in alto mare non è necessario tenere nella sua sede: potremmo collocarla, a questo proposito, in una cassetta appropriata da riporre con cura e con criterio in un gavone o a centro barca, ma sarà importante ricordarsi di ripristinarla prima dell'atterraggio.

Dovremo avere cura di riporre le carte nautiche nell'ordine in cui esse ci serviranno: così potremmo risparmiare tempo a non rovistare sotto il tavolo, magari a barca sbandata, nella ricerca della carta smarrita del nuovo settore di mare in cui stiamo navigando.

Al momento di tracciare la rotta vaglieremo i possibili ridossi da prendere in considerazione in caso di imprevisti e, se la zona in cui dobbiamo navigare è disseminata di pericoli, potremo appuntare sulla medesima carta quali sono e con quale successione si presenteranno. Tutto ciò potrà sembrare superfluo, ma dopo molte ore che siamo svegli anche la nostra memoria, che mai ci ha traditi, potrebbe fare cilecca.

In una lunga navigazione le condizioni meteo marine potrebbero diventare dure, obbligandoci a cambiare programma. Proprio in questo caso si vede l'organizzazione: nuove scelte che nessuno pensava di dover prendere erano in realtà già da noi preventivate. La scelta di un porto più sicuro di un altro o di una rada anziché di un'altra, diventa proprio nei momenti difficili la nostra salvezza o comunque una soluzione capace di determinare minor dispendio di energie dell'equipaggio. In questo caso, infatti, imprecare sul cambiamento delle condizioni e conseguentemente dei programmi non è la soluzione migliore per mantenere una tranquilla atmosfera a bordo. Se ciò sarà utile allo skipper per scaricare il proprio stress, questo sarà assorbito dall'equipaggio creando inutili preoccupazioni.

Quando navighiamo dobbiamo essere sempre consapevoli che la nostra volontà deve accordarsi necessariamente con un sistema: il mare, che possiede già delle regole. Dato che i due non sempre sono in simbiosi non vale la pena forzare le situazioni: cambiare il programma non è un segno di debolezza, ma di cauta saggezza del responsabile. Leggere i portolani delle zone in cui potremmo transitare per cause di forza maggiore significa organizzazione e snellimento di valutazioni da prendere in momenti difficili.

Di fronte al peggioramento delle condizioni non è poi così molto vasto il ventaglio delle possibili cose da fare: le scelte divengono spesso obbligate e la più sicura raramente potrà essere discutibile.

8.1 *I turni*

Poiché durante una navigazione d'altura a volte si procede ininterrottamente per molti giorni, prima di salpare è opportuno concordare dei turni per avere sempre a disposizione persone riposate, in modo che ognuno possa eseguire il proprio compito nel migliore dei modi.

La comandata deve salvaguardare le energie dell'equipaggio, piuttosto che regolarle in modo coercitivo. A questo proposito è necessario considerare le possibilità individuali e il grado d'esperienza di ciascuno. È importante suddividere i turni al timone, in cucina e quant'altro su questi presupposti, quindi trascriverli sul giornale di bordo in modo che siano consultabili da tutti.

Quando tra l'equipaggio non ci sono esperti, è preferibile, se c'è gente sufficiente per la formazione dei gruppi, che lo skipper sia lasciato fuori della turnazione: in questo modo potrà seguire l'aspetto organizzativo e, soprattutto, sarà fresco per intervenire se qualcuno avrà difficoltà a eseguire i propri compiti. È fondamentale che il capobarca educhi l'equipaggio alla prudenza e stabilisca le circostanze per cui dovrà essere avvisato: concordare un limite sul vento per evitare di essere svegliati da una straorzata nel cuore della notte, eventuali luci che si avvicinano in modo dubbio all'imbarcazione, le condizioni meteo marine che cambiano, un particolare segnale acustico o luminoso, un'insolita chiamata alla radio o qualsiasi altra cosa poco ordinaria sono motivi concreti per allertare lo skipper.

Se le condizioni meteo marine sono buone e la zona non è molto trafficata, sono sufficienti due persone in pozzetto, una al timone e una di guardia per 360°. I turni in coperta di solito hanno una durata dalle 2 alle 4 ore, anche se in caso di basse temperature è preferibile ridurre il tempo di permanenza e alternarsi più frequentemente per riscaldarsi: in ogni caso l'ora precedente l'alba è la più dura. Al momento del cambio è opportuno riferire al gruppo montante se c'è stata qualche anomalia, mentre il gruppo smontante prima di andare a riposare avrà cura di redigere il giornale di bordo relativo ai fatti accaduti durante il proprio turno.

Nella *Tabella 12* è stato riportato un esempio di turnazione di tre gruppi di persone che si alternano per svolgere i vari compiti durante una giornata di navigazione. In questo modo l'imbarcazione è organizzata per funzionare 24 ore su 24, garantendo sia una veglia continua in pozzetto sia la suddivisione delle varie attività di bordo. Per evitare di svolgere il turno sempre con le stesse persone è possibile variare la composizione dei gruppi, in questo modo tutti avranno modo di compiere le diverse mansioni con tutti i componenti dell'equipaggio.

Tabella 12

Servizio	Lunedì	Martedì	Mercoledì	Giovedì	Venerdì	Sabato	Domenica
Colazione e lavaggio stoviglie	A	B	C	A	B	C	A
Pranzo e lavaggio stoviglie	B	C	A	B	C	A	B
Cena e lavaggio stoviglie	C	A	B	C	A	B	C
Pulizie generali	A	B	C	A	B	C	A
Manutenzione giornaliera	B	C	A	B	C	A	B
Controllo attrezzatura	C	A	B	C	A	B	C
Turno in pozzetto 0-4	C	A	B	C	A	B	C
Turno in pozzetto 4-8	A	B	C	A	B	C	A
Turno in pozzetto 8-12	B	C	A	B	C	A	B
Turno in pozzetto 12-16	C	A	B	C	A	B	C
Turno in pozzetto 16-20	A	B	C	A	B	C	A
Turno in pozzetto 20-24	B	C	A	B	C	A	B

8.2 *La navigazione notturna*

La navigazione notturna è sicuramente una tra le esperienze più belle e suggestive che possono essere vissute in barca a vela.

La differenza è che durante la notte la capacità visiva dell'imbarcazione, della superficie del mare e delle altre unità è compromessa, per il resto tutto è uguale. Questa è una ragione sufficiente per comprendere che, se fino a ora abbiamo svolto tutto in massima sicurezza, adesso è necessario affinare le nostre percezioni. Dato che di notte la vista è insufficiente, l'udito potrà essere un ottimo alleato. Tutti i rumori in barca hanno una propria caratteristica: imparare a riconoscerli permette di sopperire, in parte, alla limitata visibilità.

Prima di intraprendere la navigazione è necessario preparare internamente la barca e fare in modo che tutti i membri dell'equipaggio conoscano la collocazione delle cose che potranno essere utili. Accendere la luce sottocoperta durante la navigazione disturba la visuale di coloro che sono fuori in pozzetto, sapere preventivamente dove sono le cose permette di non perdere tempo. Avere un pasto già preparato e un termos di tè o di caffè pronto da bere non soltanto è un grande piacere, ma un aiuto notevole se il freddo dovesse farci disperdere calore o il sonno cominciasse ad essere un bisogno che non possiamo immediatamente soddisfare.

Il VHF deve essere costantemente acceso sul canale 16, il GPS, gli strumenti e la bussola illuminati: il funzionamento delle luci di via è parte fondamentale e integrante della nostra preparazione.

In coperta deve essere armata una life-line, e le cinture di sicurezza, che avevamo misurato al momento dell'imbarco, diventano adesso indispensabili per la permanenza in coperta, di qualsiasi durata essa sia.

Essere chiari su i punti salienti della vita di bordo, per quanto possa comportare il borbottio di qualcuno, è un dovere che lo skipper non deve mai sottovalutare e su cui non deve essere elastico: ci sono delle regole che devono essere integralmente rispettate. Per ottenere questo non importa essere duri o scontrosi, a volte un sorriso e la determinazione sono il mezzo migliore per fare in modo che le persone ci diano ascolto e facciano ciò che noi riteniamo opportuno.

La scelta dell'abbigliamento dovrà essere adeguata in base al tipo di stagione e alla propria sensibilità: sopra di questo dovrà essere comunque indossata la cintura di sicurezza, collegata al pendaglio. Quando i membri dell'equipaggio decideranno di entrare o uscire dal passauomo, provvederanno a far sganciare o agganciare il proprio pendaglio da un compagno già assicurato in pozzetto, mentre loro aspetteranno pazientemente sui gradini della discesa. Il pozzetto durante la navigazione deve rimanere costantemente pulito e le cime devono essere in chiaro. I faretti da alpinista da tenere in testa o torce pronte all'uso sono adesso indispensabili, ma dobbiamo prestare attenzione a non puntare mai un fascio luminoso negli occhi di qualcuno poiché abbaglia notevolmente la vista. Tutto deve avere una precisa collocazione per non intralciare il passaggio a nessuno, o comportare la rottura degli stessi oggetti. Una luce strobo stagna da tenere in tasca, un bastoncino luminoso fluorescente e un fischietto sono oggetti molto utili per coloro che stanno effettuando il turno in pozzetto, se disgraziatamente qualcuno finisse in mare.

Le cime in disordine non soltanto rallentano l'esecuzione delle manovre poiché sono destinate a incattivarsi, ma rappresentano un'opportunità per scivolare e farsi del male.

È opportuno ripassare la presa di terzaroli e visualizzare bene le cime che devono essere impiegate: di notte non è semplice riconoscere i colori delle cime. Queste precauzioni non faranno altro che snellire i tempi di manovra in caso di necessità.

Anche in questo caso la pianificazione della navigazione è molto importante, come già detto in precedenza, ma con particolare riguardo è consigliabile annotare la sequenza dei fari che incontreremo lungo la rotta, distinguibili dalle differenti caratteristiche.

Durante la navigazione è necessario rispettare le consegne impartite dallo skipper riguardo alla rotta e cercare di guardare il tratto di mare innanzi alla nostra prua per controllare il passaggio di altre unità, o la presenza di pericoli affioranti o galleggianti.

Manovrare, anche se abbiamo diritto di rotta, non è poi così grave e ci risparmia di rimanere per tutto il tempo dell'incrocio con i muscoli della faccia in contrazione, pensando: Ma che cosa aspetta ad accostare?

I fanali di rispetto, come dicevamo, sono molto importanti: teniamoli a portata di mano e verifichiamone l'efficienza. Essi sono come delle piccole torce con il vetro colorato resistenti all'acqua e alimentate a pila, che, ad esempio, possono essere fissate provvisoriamente ai candelieri con nastro adesivo, permettendo così di navigare in sicurezza con luci ausiliarie. Pensate che cosa comporterebbe attraversare un tratto di mare come lo Stretto di Messina con le luci in avaria: dovremmo preoccuparci di avvertire, tramite il VHF, tutte le unità della nostra situazione.

Se non ricordiamo a memoria tutti i fanali è meglio tenere a portata di mano le tabelle per il riconoscimento notturno delle navi. In ogni caso, se non siamo certi del buon esito dell'incrocio, meglio manovrare in anticipo che rischiare stupidamente di collidere.

8.3 *Il riconoscimento dei segnalamenti luminosi*

I segnalamenti luminosi si differenziano in base alle diverse caratteristiche della luce che da essi viene emessa, in modo che in un tratto di costa non vi siano fari con le stesse peculiarità. Il riconoscimento di fari, fanali, mede e boe è possibile prestando attenzione a tre aspetti principali: il tipo, il periodo e il colore della luce. Il tipo della luce consiste nel rapporto fisso o variabile tra la durata della luce e quella dell'eclisse. Il periodo della luce è espresso dall'intervallo di tempo entro cui si sviluppa l'intero ciclo delle caratteristiche di un segnalamento luminoso, mentre il colore della luce in alcuni fari può essere diverso, secondo il rilevamento con cui questo viene visto.

Gli intervalli di luce e di oscurità sono chiamati fasi, mentre il tempo necessario per emettere una particolare sequenza di fasi è chiamato periodo. I periodi si susseguono senza interruzioni e le fasi non sono soggette a cambiamenti.

Il mutare delle condizioni atmosferiche può determinare una forte riduzione della visibilità, che a volte può ingannare l'osservatore nel riconoscimento del colore della luce di un segnalamento, ciò succede quando a causa di sbalzi di temperatura si forma sui vetri dei fari o fanali uno strato di ghiaccio o di brina. A volte invece a causa di precipitazioni intense o nebbia la distanza dalla quale i segnalamenti sono avvistabili si riduce notevolmente. Può accadere che fari situati a grandi altezze siano oscurati dalle nuvole e che, conseguentemente, il riconoscimento in questo caso sia più difficile.

Il tipo della luce è il fattore principale che differenzia i segnalamenti luminosi, il differente rapporto tra luce e oscurità distingue le emissioni luminose che sono classificate in modi diversi. Nell'*Appendice 3* a pag. 216 è riportata la tabella riassuntiva delle caratteristiche della luce dei segnalamenti luminosi.

L'ANCORAGGIO

CAPITOLO 9

L'ancoraggio può essere effettuato a motore o a vela, in ogni caso deve essere una scelta sicura. Scopriamo quali sono le precauzioni da adottare in rada per dormire sonni tranquilli e per comprendere quando è il momento di salpare o spostarsi da un'altra parte.

L'ancoraggio è una manovra che richiede molta attenzione, sia di notte in una rada piena di barche, sia all'interno di una baia deserta per una breve sosta nel mezzo della navigazione. Come tutte le manovre di cui abbiamo già fatto menzione, anche questa necessariamente dovrà essere pianificata in anticipo, ed è opportuno che ogni membro dell'equipaggio abbia ben chiaro il compito che dovrà svolgere. Mentre stiamo raggiungendo il luogo d'ancoraggio, potremmo spiegare dettagliatamente le cose da fare e assegnare a ognuno precise istruzioni.

L'ancora e il salpa ancora elettrico, di cui molte barche ormai sono dotate, richiedono accortezza: concentriamoci su che cosa stiamo facendo, accertiamo che la spina del cervello sia ben inserita e lasciamo perdere le bellezze delle barche accanto, quelle vengono dopo la manovra.

Il verricello è dotato di una frizione che, secondo quanto viene allentata (manualmente, tramite una leva), permette alla catena di scorrere più o meno velocemente *(Figura 9.1)*.

Per recuperare la catena è possibile utilizzare il motorino elettrico che, azionato da un telecomando dopo aver stretto la frizione dell'argano, è in grado di recuperare la catena e, quindi, di salpare l'ancora. Se questo non funziona, si può procedere anche manualmente, ma in questo caso è meglio utilizzare dei guanti e prestare attenzione a non sforzare troppo la schiena. È di fondamentale importanza essere molto attenti quando lavoriamo al verricello. È opportuno calzare scarpe e non mettere le mani troppo vicino al barbotin: potete immaginare che cosa potrebbe succedere, se una mano dovesse trovarsi tra il verricello e la catena.

Fig. 9.1

Prima di avvicinarsi a una rada è necessario leggere attentamente i portolani e consultare carte più dettagliate se ne siamo in possesso, anche più volte se necessario, al fine di essere sicuri della rotta da mantenere e di quali allineamenti rispettare per evitare scogli affioranti (un esempio può essere l'ingresso nelle cale dell'isola di Lavezzi, nelle Bocche di Bonifacio). In questa fase è opportuno, in modo particolare se non si è pratici della zona, avanzare con una persona di vedetta a prua, mantenendo il minimo della velocità. Occorre tenere costantemente d'occhio l'ecoscandaglio ed essere pronti a fermare l'imbarcazione, se colui che è a prua avesse qualche perplessità sulla profondità.

Una volta giunti all'interno di una baia, per lo skipper è il momento di valutare quale tratto di mare può essere più indicato per la sosta programmata. Se questa non è la nostra rada abituale, è consigliabile compiere un breve giro di ricognizione attorno alle barche, in modo da conoscere le caratteristiche del fondale e le profondità, e se la trasparenza dell'acqua lo consente è buona norma dare un'occhiata al calumo filato da chi ha già provveduto ad ancorarsi. A meno che la rada non sia colma e, quindi, manovrare fosse particolarmente difficile, è consigliabile cedere il timone a un membro dell'equipaggio che, a velocità moderata, procederà sotto le nostre direttive. Noi potremo così fare un giro attorno alla barca e controllare che tutto sia stato predisposto correttamente e che le operazioni da compiere siano ben chiare a tutti coloro che parteciperanno alla manovra, specie se l'attività del marinaio non è la loro professione abituale. Prima di ancorarsi, in modo particolare se ci troviamo al di fuori del Mediterraneo, è opportuno fare i calcoli di marea del punto prescelto per evitare di trovarsi inaspettatamente in secco.

Un buon punto di fonda deve essere ridossato dal vento che in quel momento spira in quella zona, ma nello stesso tempo deve garantirci un sicuro margine di fuga nel caso le condizioni meteo dovessero cambiare. Il brandeggio è il moto oscillatorio dell'imbarcazione dovuto al vento e alla corrente rispetto al punto di fonda: deve essere calcolato in modo da escludere la possibilità di urto con altre imbarcazioni, scogli o bassi fondali. La zona circostante al nostro campo di giro non deve in alcun modo intralciare la rotta di altre unità, in modo particolare i traghetti hanno bisogno di un ampio margine di manovra. Quando ancoriamo di fronte all'ingresso di un porto, è necessario riflettere se la nostra posizione sia corretta o se diamo fastidio ad altre unità (un esempio di quest'inconveniente, fra tanti, è la rada davanti al porto di Panarea).

In base alle nostre valutazioni dobbiamo aver cura di scegliere il punto di fonda più idoneo, il quale per l'equipaggio è sempre troppo distante dalla costa, ma sappiamo benissimo che dobbiamo accordare il piacere con la sicurezza e con le ordinanze marittime, anche se spesso ci sono imbarcazioni che si ancorano molto vicine a spiagge frequentate da bagnanti, violando le norme prescritte. Il limite è 200-300 m dalle spiagge e 100 m dalle coste a picco, salvo altre prescrizioni particolari che possono essere conosciute prendendo contatto con la sede più vicina dell'autorità marittima.

Termini marinareschi relativi all'ancoraggio

Dare fondo all'ancora	calare l'ancora tramite una catena o un cavo con la finalità di ormeggiare nel luogo prescelto.
L'ancora agguanta o fa presa	in questo caso le marre dell'ancora riescono a penetrare il fondale e, quindi, a trattenere l'imbarcazione.
L'ancora ara	significa che le marre scivolano sul fondo senza che l'ancora faccia presa, e di conseguenza l'imbarcazione è sospinta dalla forza del vento e della corrente.
L'ancora è a picco	significa che l'imbarcazione è perpendicolare al punto in cui è situata l'ancora sul fondo.
L'ancora speda	significa che l'ancora si è disincagliata dal fondo sia volontariamente poiché stiamo salpando, sia involontariamente poiché non è più in grado di fare presa, e quindi prima speda e poi ara.
Il campo di giro	è la zona di rotazione dell'imbarcazione ancorata per effetto del cambio di direzione del vento, il cui raggio è determinato dalla quantità di calumo che è stato filato.
Il calumo	è la lunghezza di catena o cavo filato fuoribordo per l'ancoraggio.

9.1 *Ancore e fondali*

Tra le ancore in commercio la Delta è una delle più vendute, sicuramente a causa della sua forma raccolta, abbinata a un'ottima capacità di agguantare. La C.Q.R. è molto buona, ma soltanto il modello originale: alcune tra queste ancore in commercio sono imitazioni che hanno il difetto di essere bilanciate male e, al momento di fare presa, arano sul fondo distese di lato. La Danforth e la Bruce sono anch'esse ottime, ma quest'ultima è inutilizzabile in presenza di alghe. La Hall, anche se poco diffusa, è una discreta ancora su tutti i fondali. L'ammiragliato è sicuramente ottima, ma a causa della sua scarsa maneggevolezza non viene più utilizzata, tranne che in barche di grandi dimensioni *(Figura 9.2)*.

Fig. 9.2

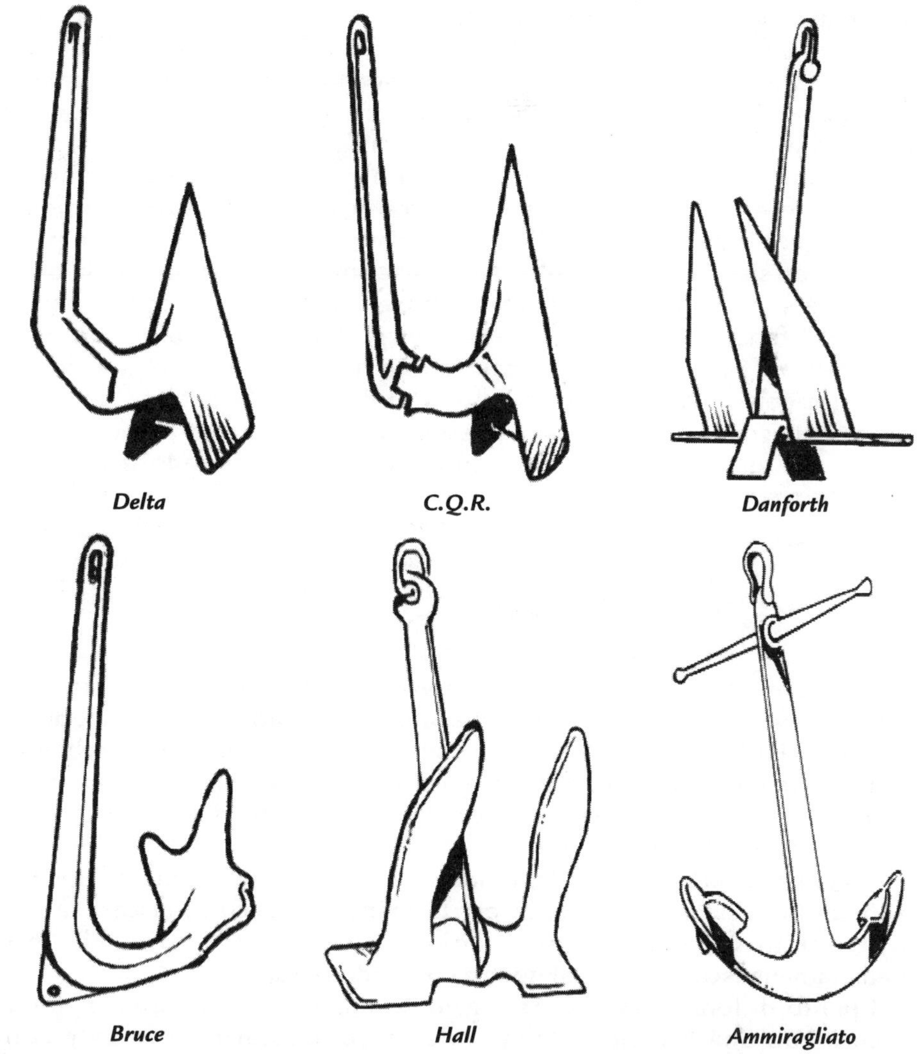

In ogni caso ogni ancora possiede un proprio rapporto peso/forma che varia in base al modello e al materiale di costruzione utilizzato. Per questa ragione, una volta che abbiamo scelto un tipo di ancora, dobbiamo informarci sul peso raccomandato dalla casa costruttrice e sullo spessore della catena da utilizzare in funzione del dislocamento della nostra imbarcazione.

L'ancora deve essere congiunta alla catena per mezzo di un maniglione, ed è consigliabile porre dei segnali sulla catena ogni 10 m, in modo da poter valutare più facilmente la lunghezza di calumo di cui vogliamo disporre. La parte terminale della catena o del cavo deve essere bloccata a un punto fisso dell'imbarcazione tramite una cima che possa resistere a un eventuale strappo, ma nello stesso tempo che possa essere tagliata facilmente, se per cause di forza maggiore fossimo costretti ad abbandonare l'ancora in mare. Poiché il calumo è in grado di ammortizzare le sollecitazioni sull'ancora, è opportuno avere a bordo, su imbarcazioni oltre i 9 m, almeno 50 m di catena e 30 m di cavo collegato al termine della lunghezza della catena.

In linea generale è sempre buona norma ancorarsi su un fondale di sabbia, a causa della buona tenuta e della facilità di spedare l'ancora al momento della partenza. Anche il fango è un buon tenitore, ma non sempre per la sua consistenza è facile che permetta all'ancora di fare presa, in modo particolare quando è molto duro. La ghiaia e i ciottoli non consentono all'ancora di agguantare in modo sicuro, per questo è consigliabile non attribuire fiducia a fondali di questo genere. Sulle alghe nessun'ancora è in grado di fare presa, a meno che non siano basse e rade, e nella parte sottostante vi sia sabbia o fango. Se le alghe sono folte e molto voluminose, l'ancora non agguanterà mai realmente. I fondali rocciosi non sono consigliabili per l'ancoraggio poiché le ancore o non fanno presa o s'incastrano, e possono deformarsi. In modo particolare con vento sostenuto salpare un'ancora incastrata diviene una manovra impegnativa. Se proprio è nostra volontà ancorare in fondali rocciosi, è utile servirsi di un grippiale, soprattutto se non si è in grado di scendere in apnea a disincastrare l'ancora.

9.2 *L'ancoraggio a motore*

Prima di cominciare la manovra è necessario che tutta l'attrezzatura sia sistemata correttamente: le vele ben piegate, le cime addugliate in modo che il pozzetto sia libero e nessuno spezzone sia in acqua in quanto potrebbe finire nell'elica. Il tender, che a volte viene rimorchiato, deve essere issato a bordo o assicurato con una cima a centro barca, così da non prendere la cima di traino nell'elica durante la retromarcia.

Al comando «Prepararsi alla fonda» è necessario posizionare l'ancora sul musone di prua perché sia pronta per la manovra. Occorre lascare la catena fino a portare il fuso perpendicolare al mare, in modo che possa immediatamente scendere giù al nostro comando *(Figura 9.3)*.

Il punto di fonda deve essere raggiunto mantenendo la prua in direzione del vento con una velocità minima tale da contrastarne la forza e con un

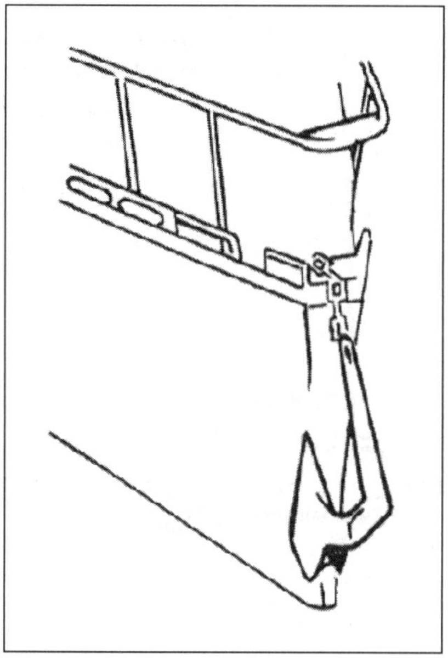

Fig. 9.3

abbrivio che dovrebbe cessare nel punto esatto in cui abbiamo deciso di ancorarsi. Il momento propizio per dare fondo è proprio qualche secondo prima che l'abbrivio vada a morire: quello è l'attimo fuggente per annunciare «Fondo» *(Figura 9.4)*.

Fig. 9.4

Al comando colui che si trova al verricello dovrà allentare bruscamente la frizione e accertarsi che l'ancora cominci la sua corsa verso il blu (meglio l'azzurro, poiché la profondità è minore!). Chi si trova al timone inizia a procedere a retromarcia, mentre colui che si trova a prua si accerta che la catena si distenda liberamente dietro l'ancora. Filare troppa catena causa un grumo, anche se grazie alle catene calibrate questo è un problema superato *(Figura 9.5 A)*.

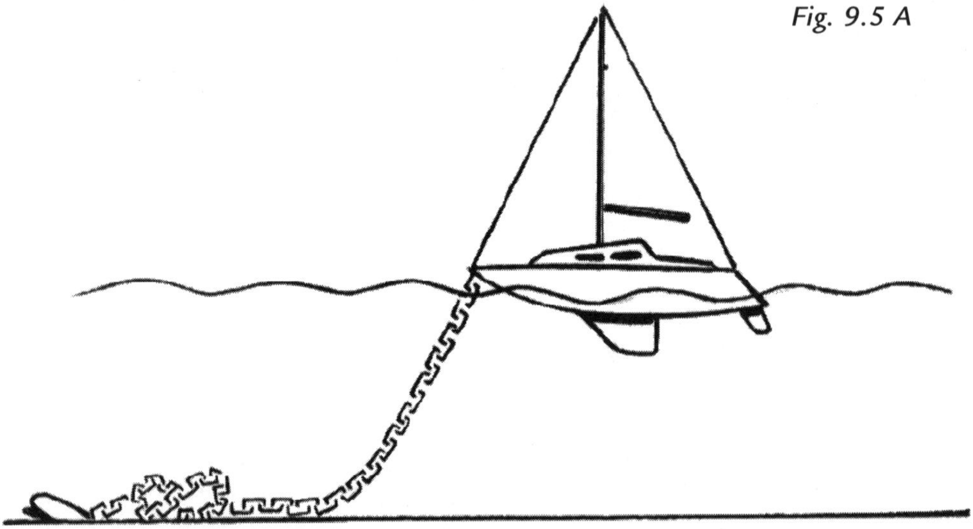

Fig. 9.5 A

Viceversa filare poca catena può determinare che l'angolo con cui l'ancora si distende sul fondo sia eccessivamente ampio e, di conseguenza, questa ari *(Figura 9.5 B)*.

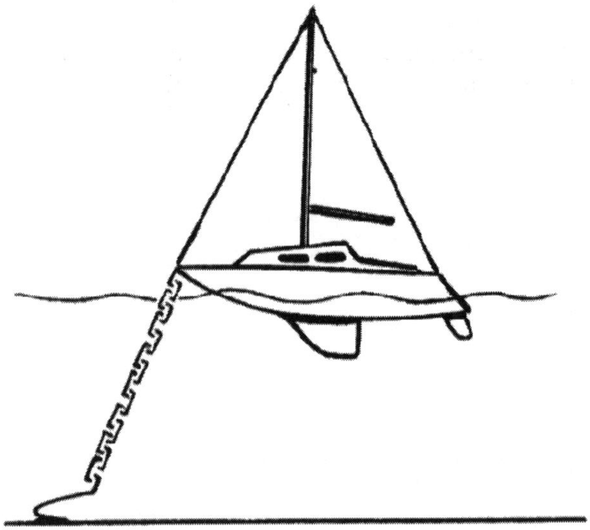

Fig. 9.5 B

Dopo aver filato una discreta quantità di calumo rispetto al fondale, siamo pronti per verificare se la nostra ancora ha fatto presa. È necessario serrare la frizione e procedere a velocità moderata in retromarcia, sino a tendere la catena per verificare che l'ancora abbia agguantato sul fondale. È consigliabile eseguire quest'ultima parte della manovra in folle con l'abbrivio accumulato, per evitare di esercitare un violento strattone sul musone di prua, da cui fila la catena, che potrebbe danneggiarlo. È importante ricordare che più calumo abbiamo filato prima di eseguire la prova, più ci sono probabilità che la manovra abbia successo. Minore sarà l'angolo tra la catena e il fondale e maggiore sarà la possibilità che il vomere dell'ancora sia in posizione favorevole per fare presa *(Figura 9.6)*.

Fig. 9.6

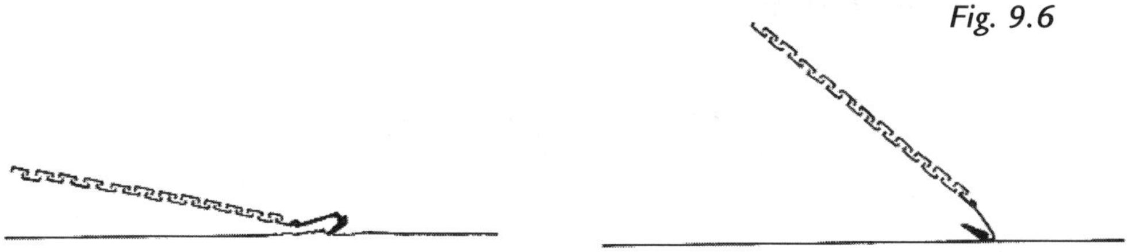

Dopo la prova avremo l'accortezza di recuperare il calumo eventuale filato in eccesso.

Quando l'ancora agguanta, la catena entra rapidamente in tensione e sale verso la superficie: la barca si arresta improvvisamente e comincia lentamente ad avanzare a causa della catena che si ridistende sul fondo e che richiama di conseguenza l'imbarcazione.

Il calumo deve essere filato in modo da garantire una buona tenuta dell'ancora, ma nello stesso tempo deve mantenere discosta la nostra imbarcazione dalle altre. Per fare questo è opportuno considerare bene una volta che abbiamo gettato l'ancora, dove la nostra imbarcazione si troverà, in base alla quantità di calumo che abbiamo deciso di filare. Il nostro campo di giro deve escludere collisioni con ostacoli o altre unità *(Figura 9.7)*.

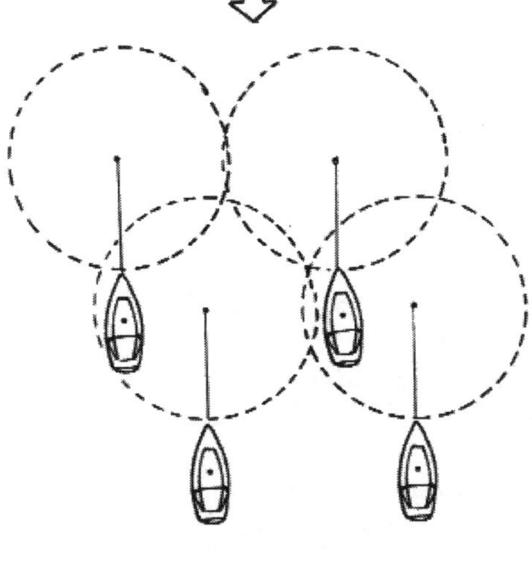

Fig. 9.7

Una volta che abbiamo terminato la manovra è opportuno serrare bene la frizione del verricello per evitare che uno strattone possa far finire in acqua la catena più di quanto avevamo stabilito.

Se siamo in estate, poter fare un bagno per controllare come l'ancora si è posizionata sul fondo è un'ottima precauzione che ci manterrà tranquilli, se il vento dovesse rinforzare.

È opportuno assicurare una maglia della catena con una cima a un punto fisso dell'imbarcazione come le bitte d'ormeggio, in modo che le sollecitazioni non siano assorbite dal verricello *(Figura 9.8)*. Un buon metodo è predisporre una cima con un moschettone da collegare alla catena *(Figura 9.9)*.

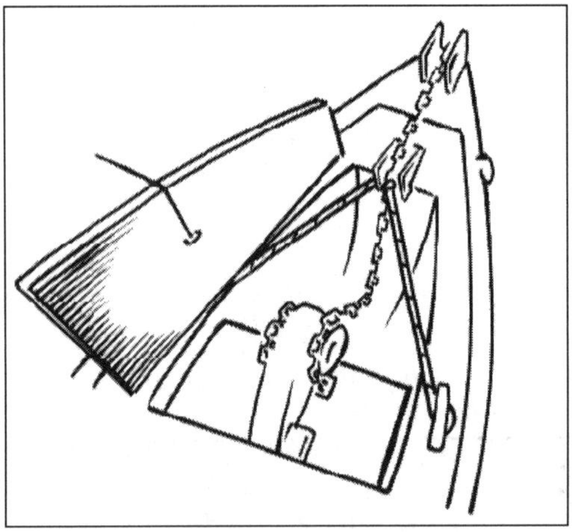

Fig. 9.8

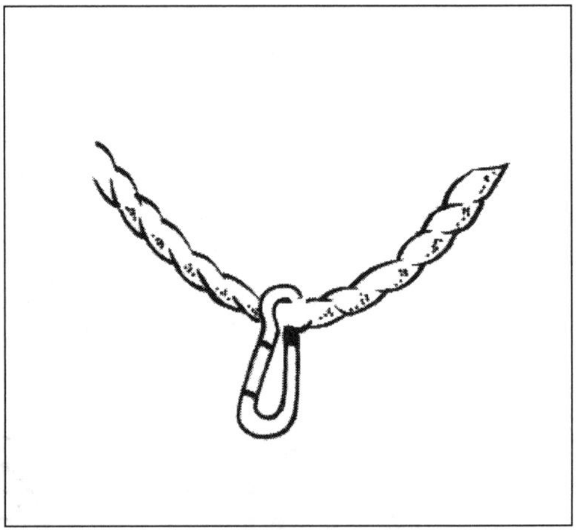

Fig. 9.9

È necessario, inoltre, provvedere a disinserire, se era stato acceso, l'interruttore che trasmette elettricità al comando del salpa ancora. In questo modo, a causa di un falso contatto, non rischieremo di vedere che la nostra ancora si salpa da sola.

Di giorno un'imbarcazione a vela alla fonda deve mostrare il segnale diurno a forma sferica, mentre di notte un fanale a luce bianca in testa d'albero per 360°.

9.3 *Salpare a motore*

Prima di salpare è necessario effettuare alcuni controlli: aver imbarcato la scaletta, aver sistemato il tender, non devono esserci cime in acqua, le vele devono essere pronte per essere issate, verificare lo stato di funzionamento del GPS, del VHF e la chiusura delle prese a mare.

Adesso è necessario accendere l'interruttore del salpa ancora e togliere la cima di sicurezza che teneva la maglia della catena assicurata a un punto fisso della barca.

Chi si trova a prua deve indicare a colui che è al timone la direzione in cui la catena è distesa sul fondo, fino all'ancora. Il timoniere comincerà ad accelerare nella direzione indicata, mentre colui che si trova a prua provvederà a tirare su la catena per mezzo del verricello, quando questa sarà perpendicolare al fondo a causa dell'avanzamento dell'imbarcazione.

Poiché spesso, a causa dei rumori provocati dal motore o dal vento, non è semplice comprendere ciò che viene detto dal pozzetto a chi si trova a prua o viceversa, sono stati istituiti dei gesti convenzionali che corrispondono a determinati comandi, per evitare fraintendimenti durante il recupero dell'ancora a bordo. È opportuno ripassare questi gesti prima di cominciare la manovra e nell'eventualità personalizzarli sulla base delle nostre specifiche procedure di bordo *(Figura 9.10)*.

Fig. 9.10

Vai a sinistra

Avanti così

Vai a dritta

Metti in folle

Ferma e indietro adagio

Ancora spedata

Da prua è necessario comunicare attentamente la direzione e la velocità con cui devono essere effettuate le manovre di avanzamento, dato che il timoniere non è in grado di avere una buona visuale dalla sua postazione, al fine di arrivare progressivamente a picco dell'ancora. Mentre la catena viene salpata, chi si trova a prua dovrà preoccuparsi di distendere gli ammassi di catena che si creano nel gavone dell'ancora, in modo che questa si distribuisca uniformemente all'interno e permetta al verricello di recuperare il calumo senza bloccarsi, a causa della catena sottostante ammucchiata.

Una volta a picco dell'ancora si continua ad avanzare lentamente così da rovesciarla, determinando quindi che le marre si disincaglino dal fondo.

Se abbiamo ancorato su un fondale roccioso, è necessario accertare che il verricello non sforzi nell'operazione di recupero, dato che, se l'ancora fosse incastrata, potremmo rischiare di danneggiarla. In caso d'incertezza è meglio fare un bagno per controllare, o provare a recuperare l'ancora con il grippiale se era stato armato.

Quando l'ancora sarà nuovamente a bordo, è opportuno assicurarla immediatamente con una sagola, per evitare che possa muoversi dal musone.

A questo punto possiamo riporre il telecomando del salpa ancora e staccare l'interruttore relativo che potrebbe generare falsi contatti in navigazione. Abbiamo così completato la manovra e siamo nuovamente pronti a prendere il largo.

9.4 *L'ancoraggio a vela*

In questo caso è necessario prepararsi alla fonda come nella procedura per ancorare a motore che abbiamo appena descritto. È opportuno arrivare sul punto di fonda con la prua al vento e il fiocco già ammainato o chiuso, per permettere a chi si trova a prua di lavorare comodamente *(Figura 9.11)*.

Quando la barca ha terminato l'abbrivio, come nel caso precedente, è il momento giusto per dare fondo: chi si trova a prua deve cercare di filare la catena in base alla velocità con la quale l'imbarcazione, per mezzo di una manovra che adesso descriveremo, potrà indietreggiare come nel caso della retromarcia.

Una volta gettata l'ancora, un membro dell'equipaggio avrà cura di «scontrare» la randa, in altre parole spingere manualmente il boma e quindi la randa verso la direzione del vento *(Figura 9.12)*: in questo modo l'imbarcazione comincerà lentamente ad indietreggiare e mentre il timoniere condurrà la manovra, colui che è alla catena si accerterà che questa fili in modo opportuno.

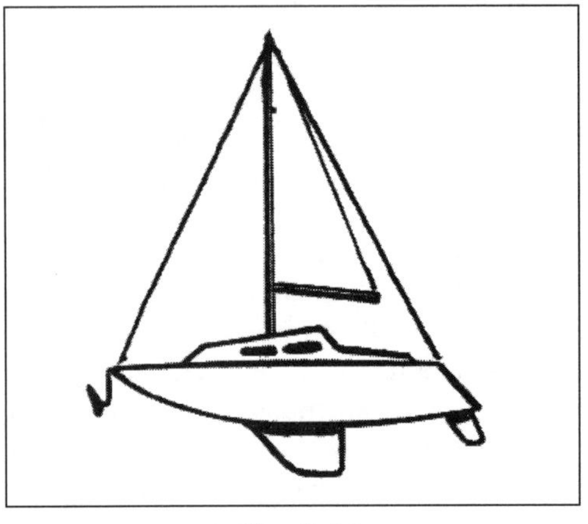

Fig. 9.11

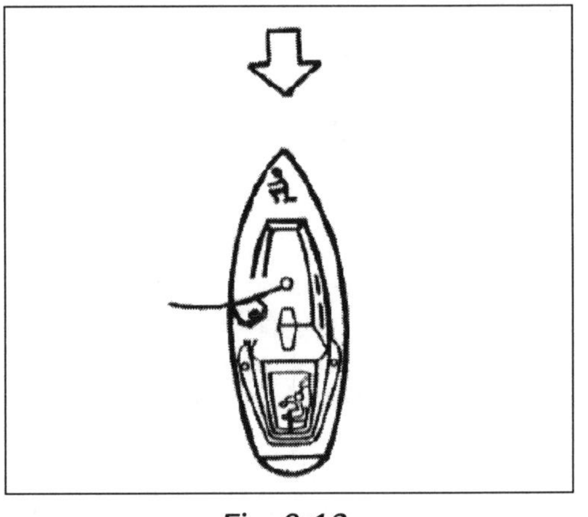

Fig. 9.12

Se l'imbarcazione durante la retromarcia dovesse spostarsi eccessivamente dall'asse della direzione del vento, è opportuno mollare il boma, chiamando preventivamente un «giù le teste» e scontrare la randa dall'altro lato. Se necessario, possiamo ripetere più volte quest'operazione fino a distendere la quantità di calumo che riteniamo opportuna e quindi verificare che l'ancora abbia fatto presa *(Figura 9.13)*.

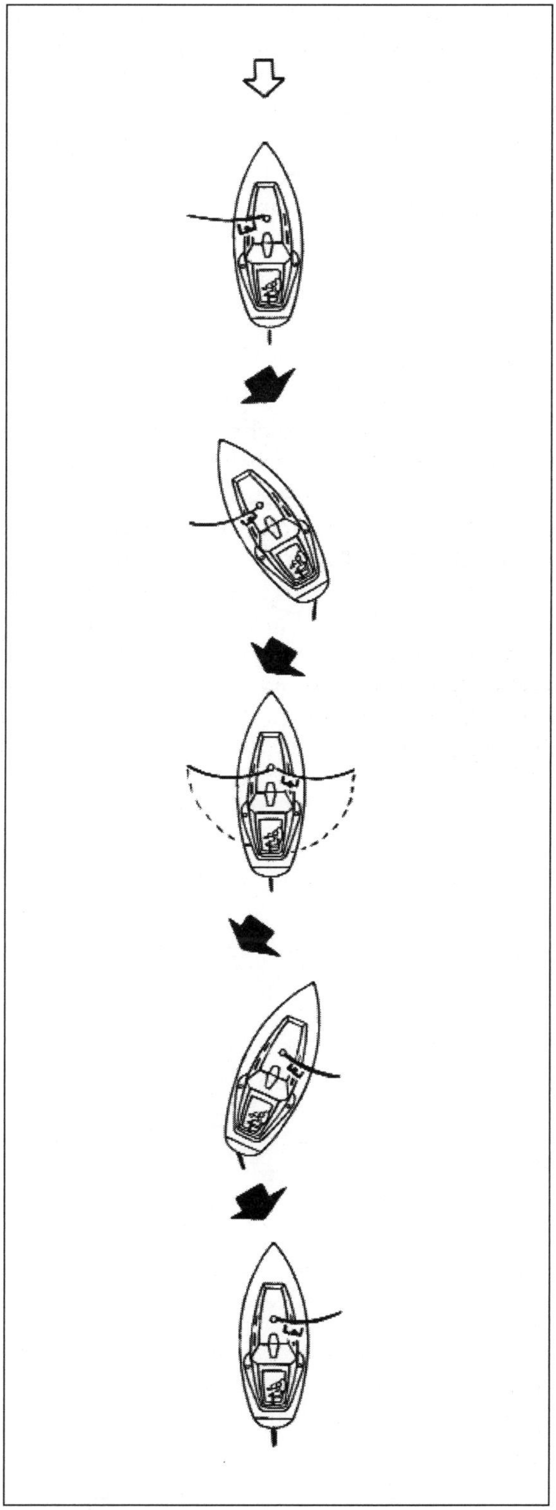

Fig. 9.13

A questo punto la manovra è completata. Possiamo ammainare la randa e procedere con i nostri accorgimenti di sicurezza: disporre cima sulla maglia della catena, e riporre in ordine la prua come descritto precedentemente.

Se il vento dovesse essere sostenuto, questa manovra dovrà essere fatta con molta attenzione. Abbiamo due scelte: ridurre la tela a riva e compiere la manovra come in precedenza o arrivare al punto di fonda a secco di vele. Nel secondo caso il vento ci farà scarrocciare e potremo in ogni caso verificare se la nostra ancora ha agguantato o meno sul fondo.

9.5 *Salpare a vela*

Per salpare a vela è necessario issare la randa e, poiché all'ancora si è sempre con la prua a vento, è sufficiente lascare scotta randa e procedere all'issata nel modo tradizionale. A questo punto dobbiamo eseguire una serie di virate a corto raggio rispetto all'asse del vento, che coincide in questo caso con la direzione in cui è distesa la nostra catena sul fondo. Ciò permetterà di andare incontro all'ancora, che verrà salpata da chi si trova a prua *(Figura 9.14)*. Se decidiamo di utilizzare il verricello elettrico, ricordiamoci di mettere sempre il motore in moto a un numero di giri tale da essere certi che l'alternatore sia in funzione, dato che quest'utenza assorbe molta energia.

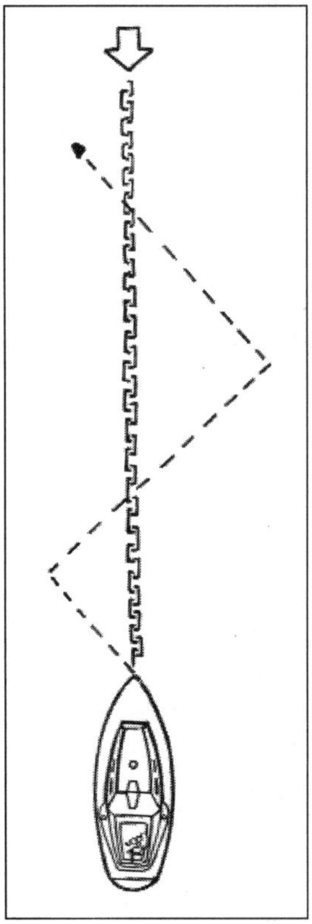

Fig. 9.14

Il problema più frequente in questi casi è partire, dato che l'imbarcazione si trova con la prua a vento. Se l'imbarcazione non riuscisse ad entrare nel vento poiché è richiamata immediatamente dalla catena, è necessario aprire un po' di fiocco o issarne uno, e metterlo a collo. Molliamo bruscamente una decina di metri di catena e poggiamo con il timone: così l'imbarcazione entrerà nel vento fino a permettere alle vele di portare in modo corretto per cominciare l'operazione che abbiamo appena descritto *(Figura 9.15)*.

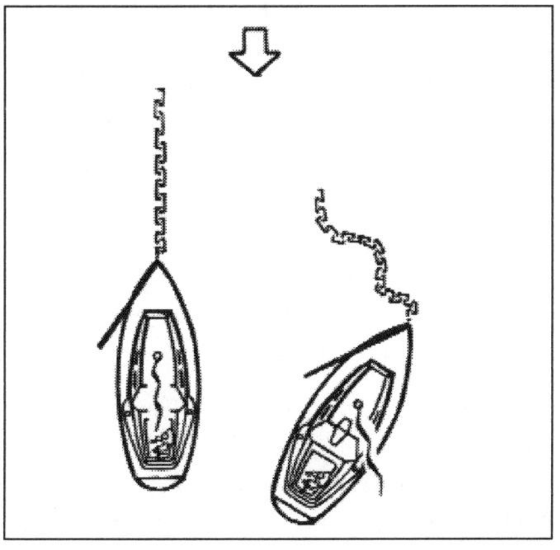

Fig. 9.15

9.6 Precauzioni da adottare in rada

Il calumo

Non ci sono dei parametri fissi per stabilire la quantità di calumo da filare per garantire una buona tenuta, poiché questa valutazione tiene conto del tipo di imbarcazione, del suo dislocamento, dello spessore della catena utilizzata, del peso e del tipo di ancora. L'intensità del vento e lo stato del mare sono elementi a maggior ragione determinanti circa la tenuta del nostro ancoraggio: ogni situazione deve essere valutata, quindi, come un caso a sé stante.

Per stabilire linee generali di riferimento, in una rada mediamente riparata un'imbarcazione di 12,50 m con un dislocamento di 8.000 kg, attrezzata con una catena da 10 mm di diametro e con un'ancora di 16 kg utilizzerà il calumo riportato nella *Tabella 13*.

Tabella 13

Vento espresso in nodi (kn)	Rapporto calumo/profondità
10 kn	3:1
20 kn	5:1
30 kn	8:1
40 kn	10:1
Oltre 40 kn	La massima lunghezza che abbiamo a disposizione

Il grippiale

Il grippiale consiste in una cima armata sulla testa dell'ancora, che viene fatta filare al momento di dare fondo. L'altro capo della cima potrà essere fissato a un galleggiante (un parabordo può svolgere questa funzione, *Fig. 9.16 A)*, o alla catena stessa (*Fig. 9.16 B)*. In ogni caso la lunghezza del grippiale deve essere maggiore di quella del punto di fonda, per fare in modo che questo sia raggiungibile nel caso l'ancora si incastrasse. Con questo sistema, al momento di salpare l'ancora, se fosse incastrata, tramite il grippiale potremmo tentare di disincastrarla facendo trazione da un altro punto e quindi con un altro angolo. Se decidiamo di legare il grippiale a un galleggiante, accertiamoci che non dia fastidio ad altre unità in transito, che potrebbero ritrovarsi la cima nell'elica: per ovvi motivi, infatti, questa soluzione è particolarmente sconsigliabile in rade assai affollate.

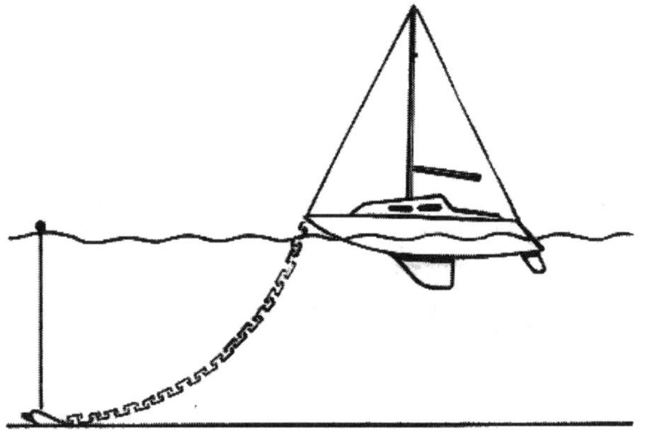

Fig. 9.16 A

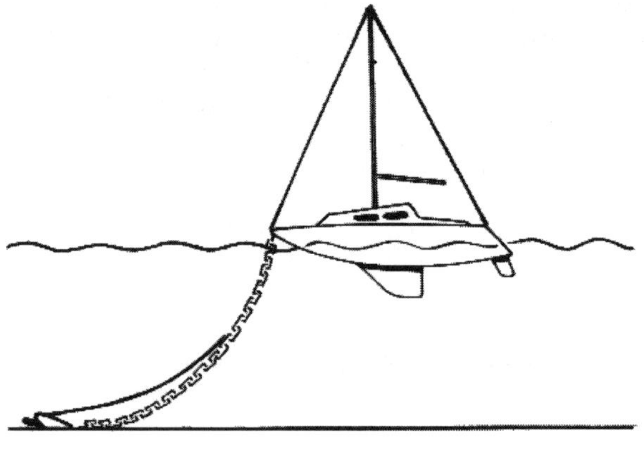

Fig. 9.16 B

Le rotte di fuga

Le rotte di fuga sono un tema fondamentale della sosta in rada. Che cosa potrebbe succedere se improvvisamente, nel cuore della notte, il vento dovesse aumentare di colpo e la nostra barca si trovasse in una situazione pericolosa? A questo scopo semplici e vecchi rudimenti di carteggio potranno aiutarci. Quando arriviamo in una rada, dobbiamo considerare quali sono i venti pericolosi della baia, cioè quali sono i punti cardinali o intercardinali per cui il nostro ridosso diviene sfavorevole o assai pericoloso. Su questa base è opportuno tracciare delle rotte di fuga, cioè delle rotte, lineari o spezzate, che saranno in grado di guidarci eventualmente nella notte o in un'altra rada o in un porto sicuro *(Figura 9.17)*.

Fig. 9.17

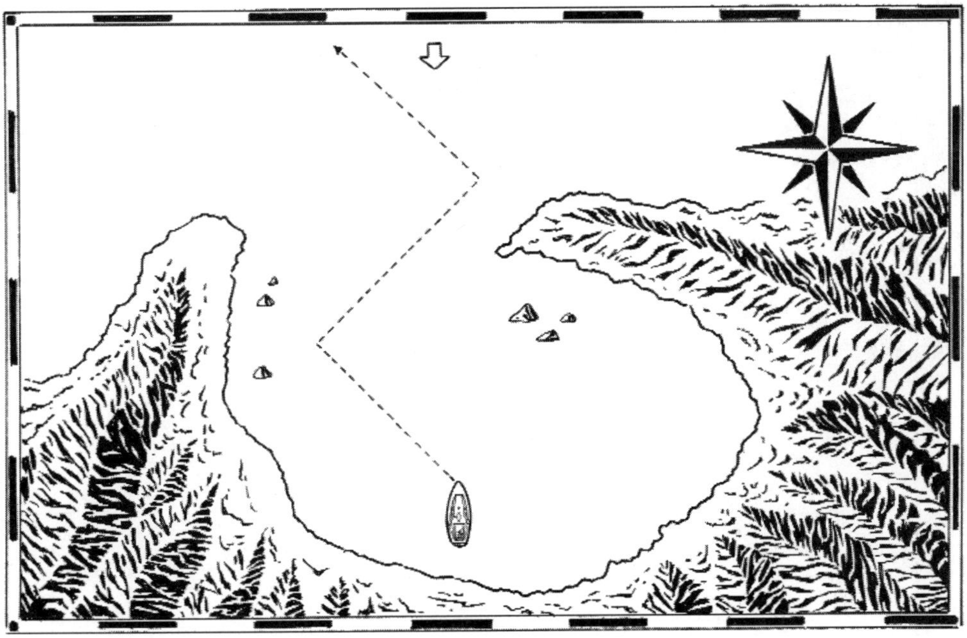

Prima di andare a dormire è necessario predisporre l'imbarcazione per un'eventuale fuga notturna, anche se le condizioni meteo non ce lo fanno presupporre.

In fondo si tratterà di tenere una life-line armata, le chiavi nel quadro pronte per avviare il motore, il telecomando già posizionato per salpare, ma protetto dall'umidità della notte: potremmo utilizzare una busta di plastica e lasciarlo chiuso nel gavone. È opportuno, inoltre, tenere a portata di mano una o più torce o faretti da testa tipo alpinista. Concorderemo con un membro dell'equipaggio la procedura per salpare l'ancora, così da essere organizzati nel caso in cui durante la notte questa manovra diventasse una necessità. Le altre persone potranno aiutarci in tanti altri modi a seconda delle circostanze, ma in ogni caso tutte le operazioni dovranno essere pianificate in anticipo.

Accertare che l'ancora non ari

Una volta che abbiamo terminato la manovra di ancoraggio e abbiamo accertato che l'ancora ha fatto presa sul fondo, è buona norma individuare uno o più punti di riferimento circa al traverso dell'imbarcazione e tenere costantemente d'occhio i rispettivi allineamenti, soprattutto se il vento dovesse rinforzare. Se gli allineamenti rimangono nella stessa posizione, significa che l'ancora tiene e tutto è regolare, ma se improvvisamente cominciamo a rilevare i punti cospicui in modo differente, significa che l'ancora ha spedato e sta arando sul fondo *(Figura 9.18)*. È opportuno spiegare questo sistema a tutti i membri dell'equipaggio, in modo che, se le condizioni meteo marine fossero poco favorevoli, il capobarca potrà accordare dei turni per verificare la tenuta dell'ancoraggio.

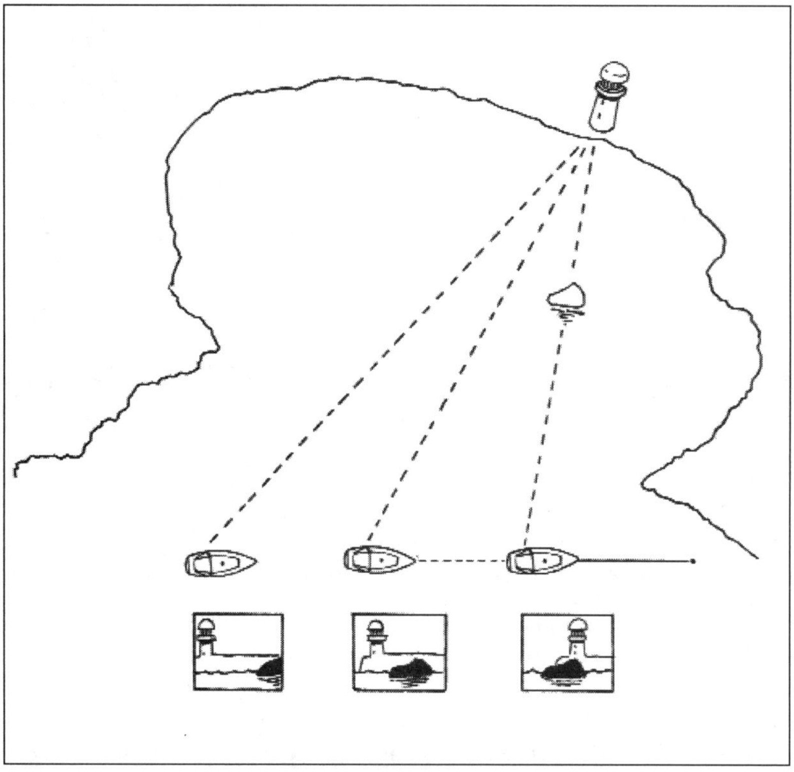

Fig. 9.18

Dormire in rada

Una preoccupazione frequente di tutti è la paura di non svegliarsi durante la notte, nel caso dovesse esserci un improvviso aumento del vento e la nostra ancora ci giocasse qualche brutto scherzo. Gli allarmi installati sui GPS hanno fatto passare notti bianche a molti skipper e, a meno che non disponiamo di un anemometro con allarme sul vento (tutti gli strumenti possono sbagliare), il metodo migliore è quello di accorgersene. Dato che in rada ci fermiamo a dormire, in modo particolare d'estate, se non siamo sicuri dell'evoluzione del tempo, durante la notte potremo coricarci in dinette, lasciando leggermente aperto l'osteriggio centrale. Se proviamo a distenderci con la testa sotto questo, in caso di leggere brezze non dovremmo avere problemi, ma se il vento dovesse aumentare, poiché l'oblò semichiuso è in grado di fare da convogliatore, uno spiffero sostenuto potrebbe raggiungere la nostra fronte: le probabilità di svegliarsi in questo caso sono buone. Un altro metodo è predisporre una drizza sull'albero con una determinata tensione, in modo da far rumore in caso di aumento del vento. È consigliabile fare prima delle prove o impediremo a tutta la rada di riposare, a causa della drizza che scandirà in modo ritmico tutte le onde della nottata.

Sbarcare a terra con il tender

In crociera capita spesso che le persone vogliono scendere a terra con il tender, ma lo skipper è meglio che rimanga in barca. La prima ragione è che, se un improvviso colpo di vento dovesse insorgere e la nostra ancora dovesse arare, potremmo rischiare di perdere la barca o che questa vada a collidere con altre unità. La seconda ragione riguarda la legge: è vietato lasciare incustodita l'imbarcazione in rada. Affidare il tender a un equipaggio inesperto comporta in ogni caso delle responsabilità, anche se il motore può essere condotto senza patente. Il tender, conosciuto anche con il nome di battellino di servizio, non è un gioco ma un mezzo di ausilio per l'unità madre. Il regolamento di sicurezza ha disciplinato anche la navigazione con questi piccoli mezzi: in caso di navigazione fino a un miglio dalla costa o dall'unità di appartenenza, a bordo devono essere presenti solo le cinture di salvataggio individuali, ma è opportuno utilizzare il tender soltanto se disponiamo anche dei remi e magari di un piccolo ancorotto.

Se in ogni caso le persone volessero sbarcare, facciamo in modo di rimanere in contatto con il nostro equipaggio: se dovessero esserci dei presupposti di variazione in peggio delle condizioni meteo marine, potremmo richiamare tempestivamente tutti a bordo e adottare le nostre precauzioni. Il telefonino in questi casi è utile.

Ancorare e portare un cavo a terra

Può capitare che in una rada o in una piccola insenatura, in cui sono situati scogli nelle vicinanze, sia utile portare un cavo a terra da legare su uno scoglio per migliorare la tenuta del nostro ancoraggio e eliminare il brandeggio. In questo caso è utile decidere prima su quale scoglio fissare il cavo e far partire due persone con il tender per legare il cavo a terra. Quando i membri del nostro equipaggio avranno terminato il loro compito, potremo ancorare nel modo tradizionale per recarsi successivamente verso i nostri amici, che per mezzo del tender saranno in grado di avvicinarsi alla nostra imbarcazione per porgerci l'altra estremità della cima. A questo punto potremo recuperare il cavo fino alla giusta tensione e avremo terminato la manovra. È doveroso ricordare che quest'ancoraggio può essere praticato con bel tempo e con mare calmo, altrimenti è necessario prendere le distanze necessarie.

A volte a terra, in alcuni luoghi, ci sono dei topi che amano salire sulle barche facendo i funamboli sui cavi d'ormeggio. A questo proposito sulle cime possiamo predisporre dei dischi o delle mezze bottiglie di plastica, in modo da scoraggiare questi simpatici animali da visite non annunciate *(Figura 9.19)*.

Fig. 9.19

Ancorare in una rada piena di barche in cui il vento è totalmente assente

A volte capita di raggiungere una rada dove abbiamo deciso di passare la notte in cui il vento è assente e ci sono molte barche ancorate. In queste condizioni le imbarcazioni sono tutte con la prua orientata in direzioni differenti e non è semplice intuire dove hanno gettato la propria ancora e come la rispettiva catena è distesa sul fondo. Se i venti rimangono deboli-variabili, la situazione non desta preoccupazioni, poiché ogni imbarcazione è libera di ruotare attorno a pochi metri di catena, che sono sufficienti a richiamare la barca attorno a un piccolo raggio *(Figura 9.20)*.

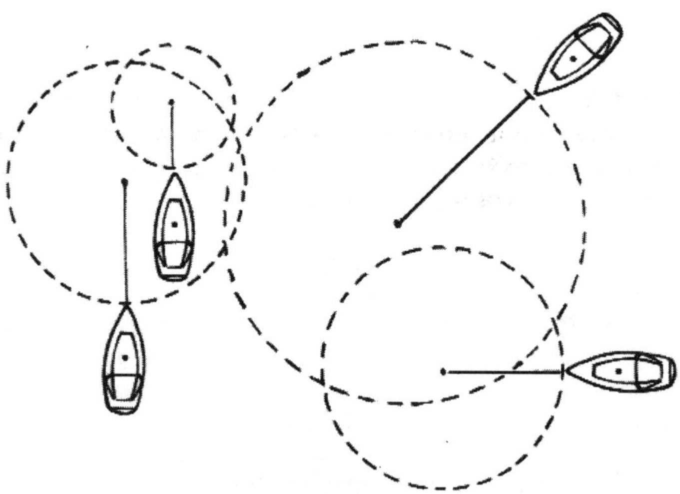

Fig. 9.20

Ma se il vento comincia ad aumentare improvvisamente, la situazione diviene pericolosa e l'urto tra due imbarcazioni è un evento che acquisisce un margine di probabilità. Per questa ragione in tali circostanze è meglio non esagerare con il calumo e valutare, al mutare della situazione, se allungarlo o decidere per motivi di sicurezza di cambiare punto di fonda.

Accostarsi in rada a un'altra imbarcazione

Se in una rada decideremo di accostarci a un'altra imbarcazione, sarà opportuno prendere alcune precauzioni. Innanzi tutto dovremo posizionare e far posizionare all'imbarcazione a cui ci accostiamo tutti i parabordi disponibili lungo le murate che saranno a contatto. Successivamente, quando le barche saranno affiancate, oltre alle cime tra le bitte di prua e quelle di poppa sarà opportuno utilizzare degli springs, cioè cime disposte in modo incrociato dalla bitta di prua di un'imbarcazione a quella di poppa dell'altra. Queste permetteranno alle nostre barche di rimanere sfalsate e tutto ciò sarà una garanzia per i nostri alberi, i quali, se dovessero oscillare a causa di un improvviso moto ondoso, non sbatteranno tra loro *(Figura 9.21)*.

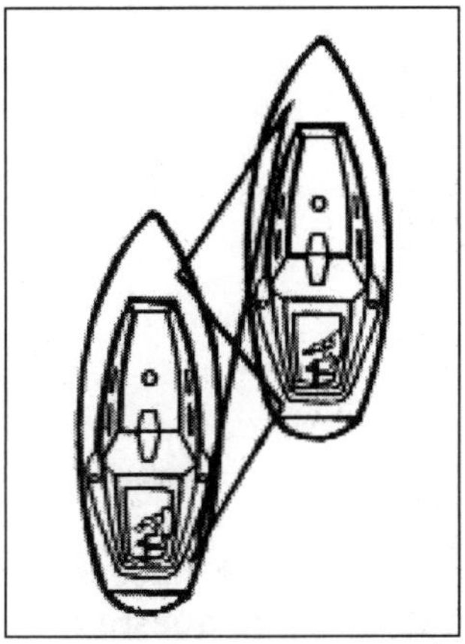

Fig. 9.21

Appennellare e afforcare

Queste sono manovre che vengono effettuate al fine di migliorare la tenuta dell'ancoraggio. Appennellare significa dare fondo a due ancore in serie sulla stessa catena, una a 5 metri dall'altra *(Figura 9.22)*.

Fig. 9.22

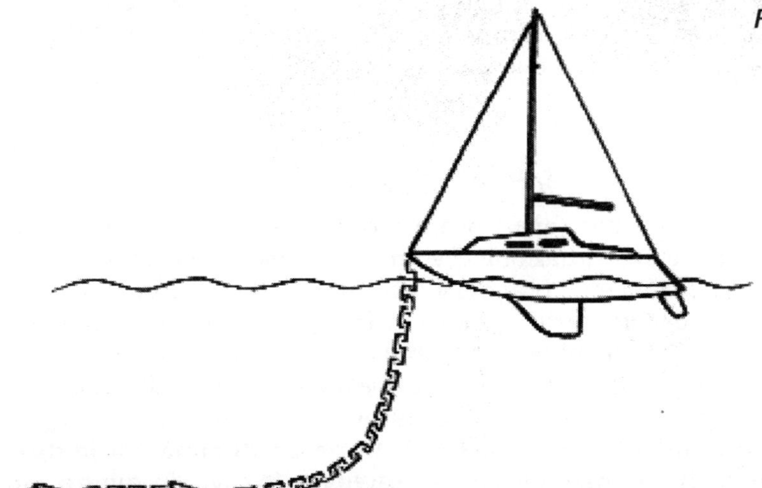

Afforcare significa dar fondo a due ancore su due calumi distinti. I punti di fonda dovranno essere equidistanti dall'imbarcazione, in modo che i cavi d'ancoraggio abbiano tra loro un certo angolo e le sollecitazioni siano distribuite su entrambe le ancore *(Figura 9.23)*.

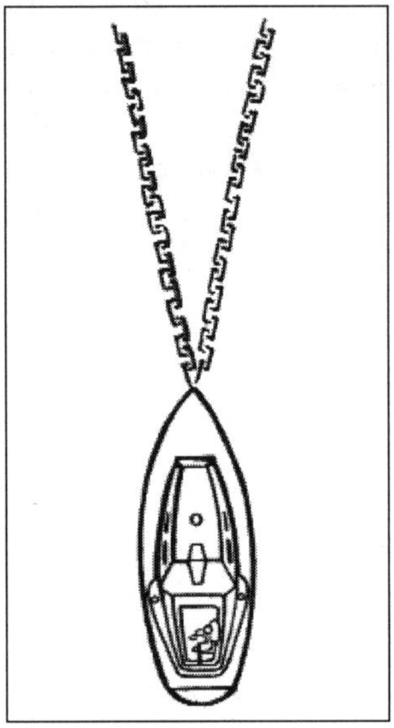

Fig. 9.23

Per aumentare la possibilità di tenuta con venti forti è necessario che l'angolo tra le due ancore sia di almeno 30°. Prima di eseguire queste manovre, a mio avviso, è opportuno fare i conti di quante ancore abbiamo a bordo. Dato che spesso sono due, è opportuno riflettere se siamo disposti a metterle in gioco entrambe nel medesimo ancoraggio. Nel caso ci sia un forte colpo di vento, anche due ancore potrebbero arare: salparle in caso di «botta» (almeno 50 nodi) può essere rischioso, se l'equipaggio non ha molta esperienza. Con questo non si vuole affermare che queste manovre siano pericolose o errate, ma semplicemente che una soluzione non può escluderne un'altra. Lo skipper deve valutare con raziocinio la situazione e, sulla base delle proprie valutazioni e sensazioni, prendere una decisione.

Colpo di vento all'ancora all'interno di una rada

In questi casi è consigliabile farsi trovare pronti con l'imbarcazione in perfetto ordine per affrontare una situazione che improvvisamente è cambiata e richiede rapida capacità decisionale. Il brandeggio comincia ad essere di ampio raggio e gli urti sul musone dell'imbarcazione cominciano ad essere colpi nello stomaco. Occorre allungare tutto il calumo che abbiamo a disposizione, eventualmente con una cima al termine della catena per avere maggiore probabilità di tenuta.

In ogni caso le sollecitazioni non dovranno essere attutite dall'argano. Per questo adesso è indispensabile armare un pezzo di cima tra le due bitte collegato a sua volta a una maglia della catena o al cavo. In questo modo le sollecitazioni saranno assorbite dalle cime poste sulle bitte, così da evitare che gli strappi siano assorbiti dall'argano con il rischio di danneggiarlo. Controlliamo l'angolo di lavoro delle cime e accertiamo che non ci sia possibilità di logoramento a causa di una loro errata disposizione *(Figura 9.24)*.

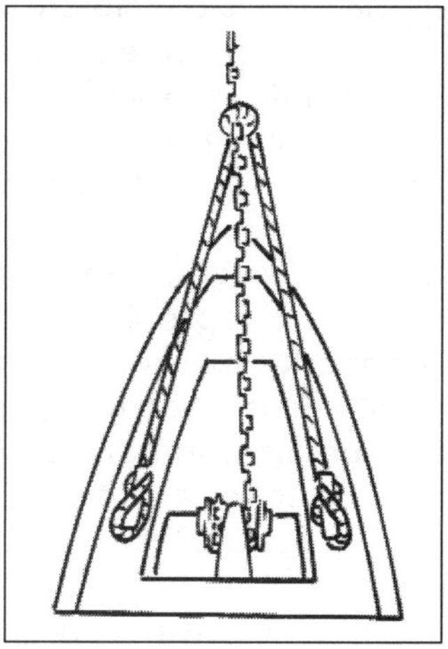

Fig. 9.24

La questione è molto semplice: siamo in grado di resistere o ariamo? Durante questi groppi è indispensabile tenere il motore acceso per qualsiasi evenienza. Se siamo in grado di resistere, dovremo cercare di dare gas al motore prima che la catena raggiunga la sua massima escursione al brandeggio, così da alleggerire le sollecitazioni sull'ancora e permettere a questa di avere minor probabilità di spedare *(Figura 9.25)*.

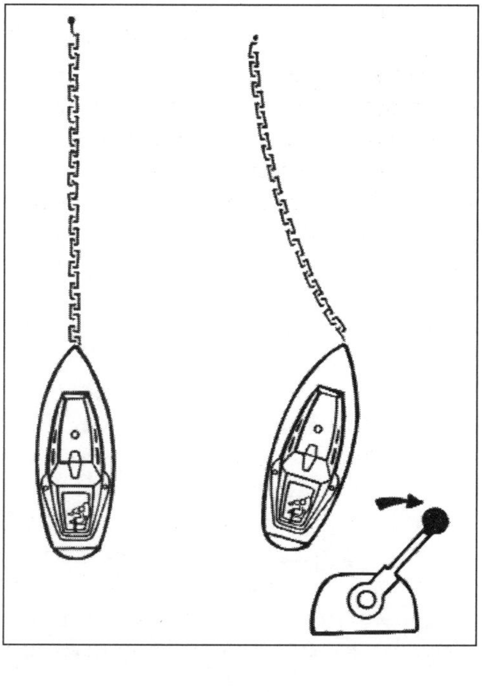

Fig. 9.25

Occorre tenere sotto controllo la situazione e, se l'ancora dovesse arare e le condizioni fossero davvero estreme, sarà opportuno sciogliere o tagliare la cima che congiunge la catena alla barca e mollare tutto lì. Salpare l'ancora in tali circostanze potrebbe essere troppo pericoloso, qualsiasi problema potrebbe essere fatale, rallentare la fuga è molto rischioso, specie se dietro le nostre spalle il fondale decresce. In questi casi è opportuno entrare in un porto e provvedere a un ormeggio di emergenza o girare all'interno, rimanendo ridossati in attesa che le condizioni si plachino. Di solito la «botta» dura circa un'ora, a volte meno, ma per fronteggiare questo lasso di tempo occorre essere lucidi e scaltri: in un'ora possono succedere tante cose.

L'ultima dritta consiste nel prendere le coordinate tramite il GPS, quando c'è odore di arrosto: ciò consentirà di sapere dove ripescare la propria ancora la mattina successiva, se saremo costretti ad abbandonarla, ovviamente meteo permettendo. Legare un parabordo alla catena dell'ancora potrebbe essere un'altra soluzione, ma potrebbe finire nell'elica di un'altra imbarcazione in difficoltà: meglio lasciar perdere. Un buon metodo è legare alla catena una sagola con dei piccoli galleggianti come quelli che si utilizzano per le reti, che affondano ma restano comunque sollevati dal fondale.

Le altre imbarcazioni in questi casi possono rappresentare un grande pericolo: se qualcuno sulla nostra traiettoria dovesse arare, potrebbe venirci addosso. È necessario tenere gli occhi spalancati e non perdere una virgola di tutto ciò che accade.

L'INGRESSO IN PORTO E L'ORMEGGIO

CAPITOLO 10

L'ormeggio è una manovra molto delicata. Fare danni in questa fase è, infatti, molto semplice. Scopriamo la sequenza delle operazioni da eseguire in base alle differenti classi di ormeggio. Cerchiamo di organizzare la manovra in modo che tutti i membri dell'equipaggio conoscano le proprie mansioni e non siano d'intralcio l'uno all'altro.

L'uscita dal porto, di cui abbiamo già parlato precedentemente, è sicuramente un momento delicato della navigazione dove anche piccole distrazioni possono arrecarci danni. Prima di salpare dovremo essere riposati, essere nel pieno o quasi delle nostre energie e avere tutto il tempo necessario per spiegare attentamente ai membri del nostro equipaggio la sequenza delle operazioni da fare. La partenza non è una manovra impellente e potremo decidere di rimandarla a causa di un quadro meteorologico non convincente.

Viceversa il rientro in porto può essere una manovra tempestiva che diviene indispensabile, poiché le condizioni meteo marine sono già compromesse: una situazione che in Mediterraneo, a causa di una particolare orografia che circonda il bacino, non è poi così rara.

Rientrare in porto dopo una navigazione impegnativa dove si può rimanere bagnati per diverse ore diviene quindi una manovra non più così elementare, dato che i nostri riflessi non sono reattivi come al momento della partenza. Se all'arrivo in acque calme crediamo ingenuamente di aver terminato il nostro lavoro, in realtà ci sbagliamo.

Cercare di dare il massimo in quest'ultima operazione è sicuramente il modo migliore per terminare la nostra giornata di navigazione senza intoppi.

10.1 *La preparazione all'ormeggio*

Prima di entrare in porto, cioè prima di varcare la linea immaginaria che congiunge i due fanali, è opportuno preparare la barca e ripassare con l'equipaggio ogni casistica di manovra. Il compito dello skipper è spiegare in modo chiaro e dettagliato tutte le mansioni che ognuno dovrà adempiere, soprattutto se qualcosa non andrà liscio come dovrebbe: chi in caso di bisogno dovrà gettare l'ancora, coloro che dovranno partecipare a un'improvvisa apertura delle vele e quant'altro abbiamo detto precedentemente nel capitolo riguardante la partenza.

Una buona preparazione per questa manovra inizia quando il porto è distante e abbiamo la possibilità, se non lo abbiamo già fatto precedentemente, di leggere attentamente il portolano. Grazie a queste pubblicazioni, poiché se ne trovano in commercio tipi differenti, si possono conoscere le caratteristiche dei porti e, in particolare se è la prima volta che ci rechiamo in questo scalo, sarà nostra cura informarci sulle profondità che vi sono nei rispettivi moli e sulle differenti modalità d'ormeggio che in essi possono essere effettuate. È opportuno eseguire i calcoli di marea se dove abbiamo deciso di entrare l'escursione è rilevante.

Essere informati su quali sono gli spazi adibiti al transito, specie in caso d'ingresso notturno, evita la possibilità di occupare il posto privato di un'altra imbarcazione e, quindi, di doversi spostare all'arrivo del proprietario.

Prima di entrare all'interno di un porto o di una marina dobbiamo annunciare il nostro ingresso agli addetti. Ogni porto ha un «canale di lavoro», frequentemente il 9 o un altro indicato sul portolano in cui è possibile comunicare per ricevere informazioni sulle possibilità d'attracco: in alcuni porti per l'intero arco delle 24 ore, in molti altri dopo il tramonto spesso non risponde più nessuno.

Quando le caratteristiche del porto in cui dobbiamo entrare ci sono chiare, possiamo continuare la preparazione: dovremo valutare se le condizioni sono favorevoli per collocare tutto ciò che è necessario per l'ormeggio (i parabordi e le cime) nelle ultime centinaia di metri o all'interno, al riparo da eventuali onde mentre giriamo in un'ampia zona, così da lasciare tempo e tranquillità all'equipaggio di preparare tutto nelle migliori condizioni.

Come per la partenza anche per il rientro dobbiamo tenere conto delle possibili avarie ed essere sempre all'erta, considerando un'istantanea apertura delle vele o un ancoraggio d'emergenza. Gli strumenti (log ed ecoscandaglio) dovranno essere puntualmente controllati, e ricordiamoci di disinserire il pilota: se disgraziatamente, per un falso contatto, si attivasse nel momento della manovra d'avvicinamento alla banchina, questa sarebbe seriamente compromessa da un timone letteralmente impazzito. Fin dall'ingresso nell'avanporto è necessario che un membro dell'equipaggio stia di vedetta a prua per controllare che non ci siano cime galleggianti abbandonate che potrebbero finire nell'elica. Le unità in uscita dal porto hanno precedenza su quelle in entrata, salvo eccezioni. Inoltre dobbiamo rimanere discosti da traghetti o navi a manovrabilità limitata.

In porto, dato che effettuiamo navigazione a motore, le precedenze devono essere date a chi sopraggiunge alla nostra dritta, ma cerchiamo di restare discosti dalle unità che potrebbero essere in difficoltà di manovra: basta guardare negli occhi il comandante per capire se è in grado di gestire la situazione o se non sa che cosa fare. Per avere il pieno controllo dell'imbarcazione in questa fase e durante la manovra d'avvicinamento alla banchina, è importante conoscere il raggio d'accostata della nostra imbarcazione, la minima velocità con cui questa riesce in ogni caso a manovrare e l'effetto evolutivo dell'elica. Per questo motivo nel capitolo relativo alla partenza avevamo affermato l'importanza di familiarizzare subito con l'imbarcazione nelle manovre a motore.

La preparazione si conclude posizionando i parabordi in base al tipo d'ormeggio che dovremo effettuare, in modo da proteggere lo scafo che sarà a contatto con un'altra superficie. È necessario portare in coperta, a portata di mano, il mezzo marinaio e sistemare le cime d'ormeggio per il tipo d'accosto che abbiamo deciso di fare. Queste ultime dovranno essere fissate sulle bitte e passate fuori del pulpito, al fine di permettere al momento del lancio di essere già spiegate in modo diretto verso la bitta (o l'anello) della banchina o del pontile cui saranno fissate *(Figura 10.1)*.

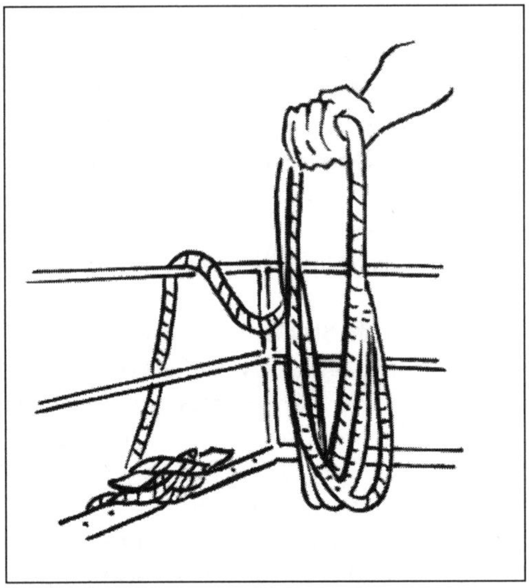

Fig. 10.1

Una o più cime d'ormeggio, semplicemente tenute in chiaro in pozzetto e a prua, possono sempre rivelarsi utili in caso di complicazioni, come un parabordo libero da posizionare per evitare urti nel caso la manovra non fosse certosina.

A tutti i membri dell'equipaggio dovrà essere attribuito un compito specifico, così da utilizzare tutte le braccia a disposizione e in modo che nessuno sia d'intralcio agli altri. È implicito che in base al numero di persone che abbiamo a bordo è possibile differenziare le mansioni e impartire una o più operazioni alla stessa persona, specialmente in caso d'equipaggio ridotto.

Se coloro che sono a bordo non sono esperti di nodi, per assicurare una cima d'ormeggio è sufficiente fare due giri con la cima intorno alla bitta (della banchina o della barca) e mantenerla in tensione: in questo modo potremmo arrestare la manovra in attesa che qualcuno esegua il nodo nella maniera opportuna *(Figura 10.2)*.

Fig. 10.2

10.2 *Differenti modalità d'ormeggio*

Un buon ormeggio si realizza quando le operazioni da fare sono eseguite in perfetta sequenza e sincronia fra tutto l'equipaggio, in quanto, come dicevamo nell'introduzione, ci sono cose che vengono prima e altre che vengono dopo.

In tutte le classi d'ormeggio che ora descriveremo, il primo comandamento è essere sempre consapevoli della provenienza del vento. Infatti, in base alla direzione da cui esso spira, la sequenza delle operazioni da fare per mettere in tensione le cime e assicurare l'imbarcazione, può essere inversa.

Il vento è capace di spostare l'imbarcazione dalla sua traiettoria: anche questo è un calcolo importante da fare prima di cominciare la manovra d'avvicinamento.

Ormeggio classico: trappa su catenaria

La trappa è una modalità d'ormeggio ormai molto diffusa. Questo sistema prevede una grande catena distesa sul fondo e parallela alla banchina da cui dipartono altri spezzoni di catena, denominati appunto trappe, che giungono fino in banchina in modo perpendicolare. Una volta che l'imbarcazione si accosta di prua o di poppa si fissano le cime a terra da un lato, mentre dall'altro si mette in tensione la trappa per fare in modo che l'imbarcazione resti discosta dalla banchina. Poiché la trappa permane costantemente in acqua, non è certo una sorpresa trovarci attaccati denti di cane o ami da pesca: un paio di guanti in questo caso sono utili per proteggere le mani *(Figura 10.3* alla pagina seguente*)*.

In tutti i casi d'ormeggio che adesso descriveremo è necessario porre una

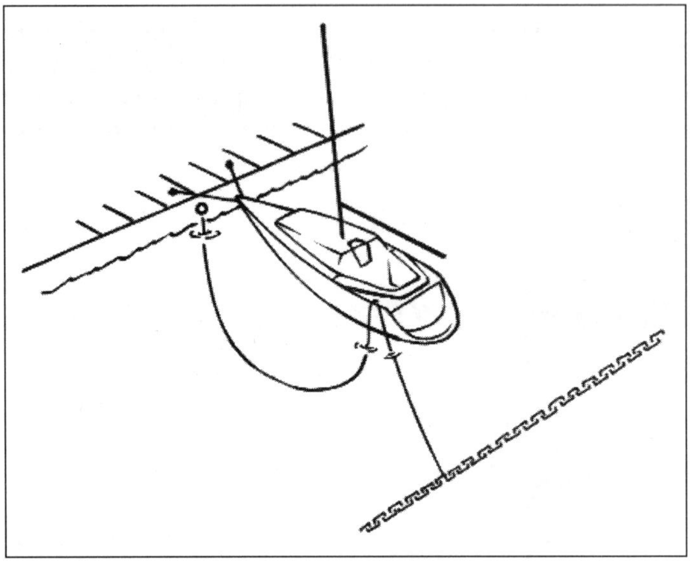

Fig. 10.3

seconda cima sulla catena cui è collegata la trappa del porto: in caso di rottura di quest'ultima potremo evitare, grazie a una cima supplementare, lo spiacevole evento di finire in banchina. Le assicurazioni dei porti possono includere diritti di rivalsa proprio su particolari come questi di cui a volte non siamo a conoscenza.

Il vento viene dalla banchina: sia in caso d'ormeggio di prua sia di poppa, è necessario al termine dell'avvicinamento al molo che qualcuno salti a terra ad assicurare le cime sulle bitte della banchina, per evitare che l'imbarcazione possa allontanarsi dalla stessa. Successivamente avremo cura di portare la trappa dall'altra parte dell'imbarcazione (a prua o a poppa in base a come abbiamo ormeggiato) e metterla in tensione a sufficienza, per fare in modo che, se il vento dovesse ruotare, l'imbarcazione non vada a sbattere in banchina. Una volta regolata la tensione della trappa è necessario «riprendersi» dall'altra parte, per permettere all'equipaggio di scendere *(Figura 10.4)*.

Fig. 10.4

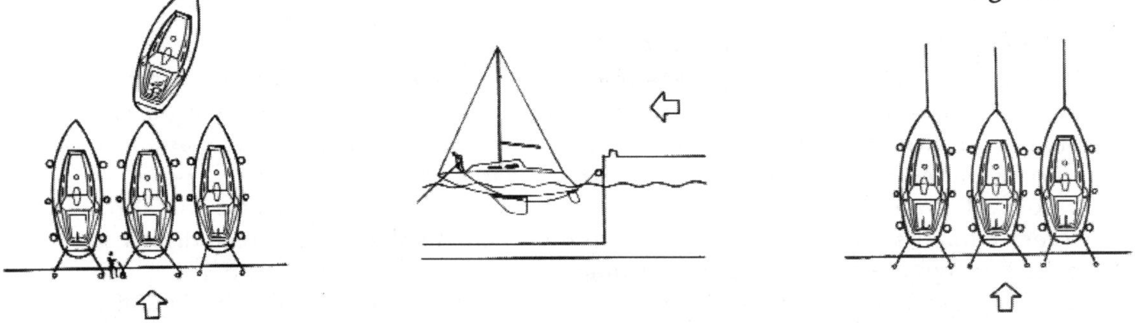

Il vento porta in banchina: in questo caso, se per giunta è un po' sostenuto, è necessario, una volta raggiunta la banchina (sia di prua sia di poppa), recuperare la trappa alla velocità della luce, non facendola scorrere sul mezzo marinaio senza sporcarsi le mani, ma agguantandola saldamente e recuperandola celermente, a rischio di schizzare tutto l'equipaggio con l'acqua del porto. Impediremo, così, all'imbarcazione di intraversarsi o finire sul molo, anche se avremo incaricato qualcuno di intervenire in tale circostanza. Una volta messa a segno la tensione della trappa è necessario riprendersi dall'altra parte, per avvicinare quanto basta l'imbarcazione e per poi scendere a terra *(Figura 10.5)*.

Fig. 10.5

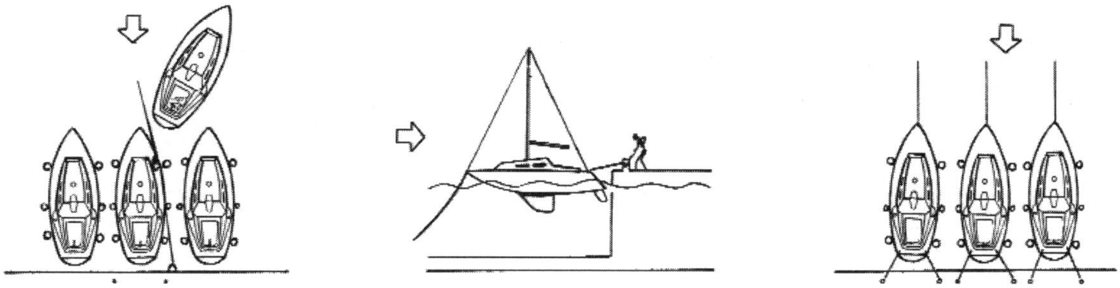

Il vento è parallelo alla banchina: è necessario assicurare immediatamente la cima a terra sopravvento e portare velocemente, come descritto sopra, la trappa dall'altra parte. Così impediremo all'imbarcazione di intraversarsi e di finire addosso a quella sottovento. In ogni caso è utile, se disponiamo di braccia in più, che qualcuno possa fronteggiare quest'inconveniente se la manovra per qualche ragione non dovesse riuscire perfettamente *(Figura 10.6)*.

Fig. 10.6

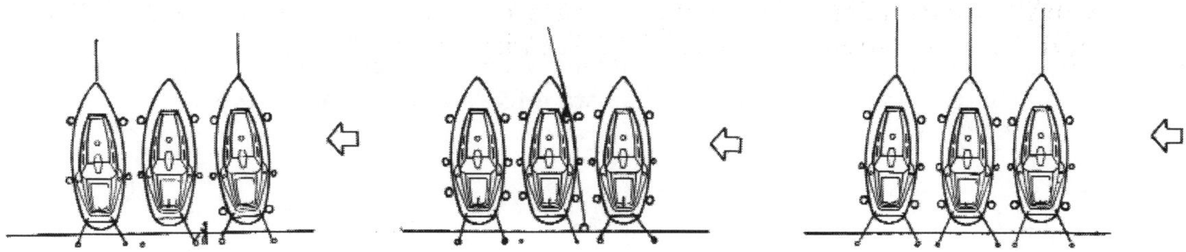

A volte può capitare di dover ormeggiare su una banchina in cui non sono presenti altre imbarcazioni, con il vento di traversia o che porta verso il molo. In questo caso, dato che non ci sono altre barche cui appoggiarsi, è molto semplice che la barca s'intraversi fino a disporsi parallela alla banchina. È consigliabile armare una cima lunga sulla bitta di prua sopravvento e, una volta sopraggiunti nei pressi della banchina (in caso di ormeggio di poppa), far scendere immediatamente a terra due persone: una darà volta alla cima di poppa sopravvento su una bitta, mentre l'altra darà volta alla cima lunga di prua su una bitta della banchina, anch'essa sopravvento, in modo che questa sia in trazione a 45° rispetto al molo. A questo proposito è opportuno verificare preventivamente che la cima lunga sia stata messa in chiaro per l'occasione.

Mantenendo l'imbarcazione con il motore a marcia avanti, questa rimane stabile e in asse sul proprio ormeggio, mentre noi avremo più tempo a disposizione per portare la trappa a prua, prestando attenzione a mantenerla lontana dall'elica *(Figura 10.7)*.

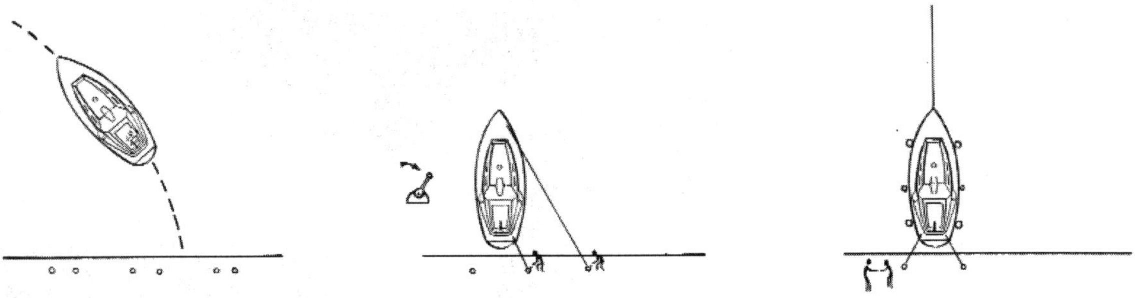

Fig. 10.7

► *Ormeggio all'inglese*

Per effettuare questo tipo d'ormeggio nella maggior parte delle volte è necessario avvicinarsi con la prua a 30° rispetto alla banchina, dopodiché un membro dell'equipaggio dovrà saltare a terra per assicurare le cime: il timone sarà orientato dalla parte opposta e un colpo di retromarcia arresterà l'abbrivio dell'imbarcazione. La prima cima da mettere in tensione è lo spring di prua in modo da arrestare l'abbrivio, successivamente quella di poppa e poi le altre. Spesso, quando accostiamo per fare rifornimento, è l'addetto stesso a lanciarci le cime: in questo caso la prima da mettere in tensione è quella di poppa, in modo da avvicinare la barca al molo per tutta la sua lunghezza, e successivamente quella di prua. Svolgere la sequenza al contrario provoca che la prua sbatta, mentre la poppa si discosta ancora di più *(Figura 10.8)*.

Fig. 10.8

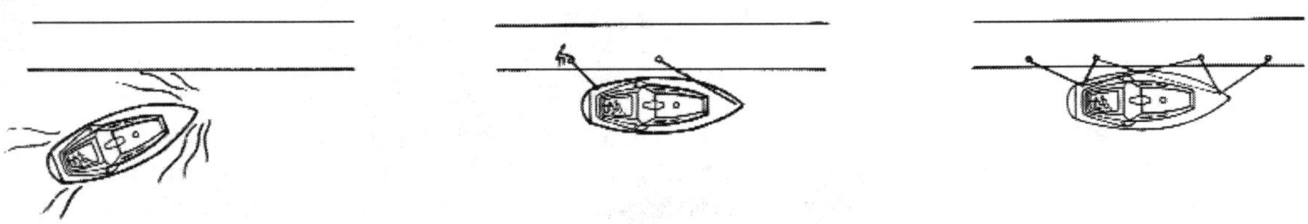

Se lo spazio è limitato e dobbiamo ormeggiare tra due barche, a volte può essere più conveniente accostare di poppa: in questo modo il timoniere ha una visuale migliore e può calcolare in modo più preciso gli spazi a disposizione.

La propulsione dell'elica genera un effetto evolutivo che provoca l'accostata della poppa da un lato e, quindi, determina un'agevolazione o meno per la manovra che abbiamo deciso d'intraprendere. In base all'intensità e alla direzione del vento potremmo decidere di sfruttare quest'agevolazione per la manovra d'ormeggio o viceversa. Se le condizioni lo permettono, è preferibile eseguire la manovra in modo da utilizzare il «credito» dell'effetto evolutivo per la partenza; a volte, invece, è consigliabile eseguire la manovra d'accostata nel modo più sicuro ed eventualmente chiedere assistenza a un gommone per la partenza, se l'effetto evolutivo della nostra imbarcazione ci rendesse difficoltosa l'uscita. In caso di vento sostenuto e in base alla sua direzione, durante la manovra d'accosto, l'organizzazione dell'ormeggio potrà essere svolta in modi differenti, come descritto qui di seguito.

Se il vento viene dalla banchina, è opportuno mantenere l'abbrivio per permettere a un membro dell'equipaggio di saltare a terra con le cime da una distanza ragionevole per ormeggiare la barca.

Se il vento è parallelo alla banchina, occorre scendere a terra e fissare la cima sopravvento per assicurare immediatamente l'imbarcazione.

Se il vento porta in banchina, è indispensabile calcolare attentamente l'abbrivio, così da mantenere una manovrabilità della barca sufficiente per giungere nelle immediate vicinanze del molo, considerando che il vento completerà l'accostata. In questo circostanza può essere preferibile mantenere l'effetto evolutivo tale da rallentare l'avvicinamento, che sarà favorito dal vento.

Una volta terminata la manovra in ogni caso è consigliabile armare dei traversini e degli springs per garantire maggior stabilità all'ormeggio. È opportuno effettuare l'uscita da un ormeggio all'inglese sempre di poppa, dato che il centro di rotazione dell'imbarcazione è molto appruato: infatti, la poppa ruota circa il doppio della prua. Se lo spazio al momento dell'uscita è limitato da altre barche, è consigliabile mettere uno spring a doppino da una bitta di prua a un punto a terra situato a poppavia del centro-barca. In questo modo, accelerando in avanti e orientando il timone in modo da dirigere l'imbarcazione verso la banchina, potremo far scostare la poppa dal molo. Una volta che la poppa si sarà allontanata, è il momento di ingranare la retromarcia per l'uscita e per mollare lo spring. Durante la manovra, dato che la prua si avvicina molto alla banchina, è opportuno collocare uno o più parabordi dove sussiste il contatto tra la banchina e la barca *(Figura 10.9)*.

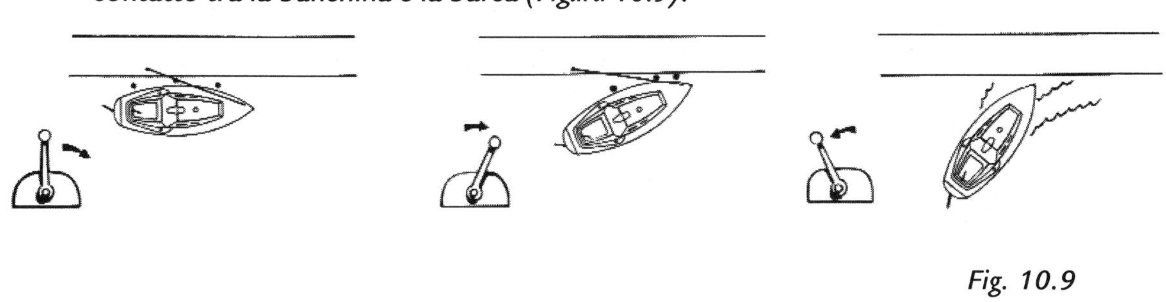

Fig. 10.9

I fingers

I fingers sono dei piccoli pontili stretti e lunghi, fissati in modo perpendicolare a un altro pontile principale: un sistema che è nato prevalentemente per risolvere i problemi della marea. I fingers (dita) conosciuti anche come cut-way, sono attrezzati principalmente su pontili galleggianti così da scorrere liberamente su guide al variare della marea, senza per questo dover cambiare continuamente la tensione delle cime d'ormeggio. Il vantaggio del finger è quello di essere privo di catenaria e, quindi, la sua manutenzione è più semplice. Inoltre, è possibile salire dall'imbarcazione lateralmente senza avere a che fare con la passerella. Utilizzati per motivi logistici anche nel nostro paese, i fingers richiedono attenzione durante la manovra d'ormeggio.

La sequenza delle cime da assicurare cambia in base alla direzione del vento: gli springs in questo caso giocano un ruolo fondamentale, dato che sono le cime che permettono all'imbarcazione di non collidere contro il pontile principale o contro il finger. La manovra di avvicinamento può svolgersi sia di prua sia di poppa. In questo paragrafo è stato descritto soltanto l'avvicinamento di poppa, ma i principi rimangono gli stessi anche per l'accosto di prua.

Se il vento porta al pontile principale, è necessario mettere in tensione immediatamente lo spring di poppa, successivamente quello di prua e infine le cime sul pontile *(Figura 10.10)*.

Fig. 10.10

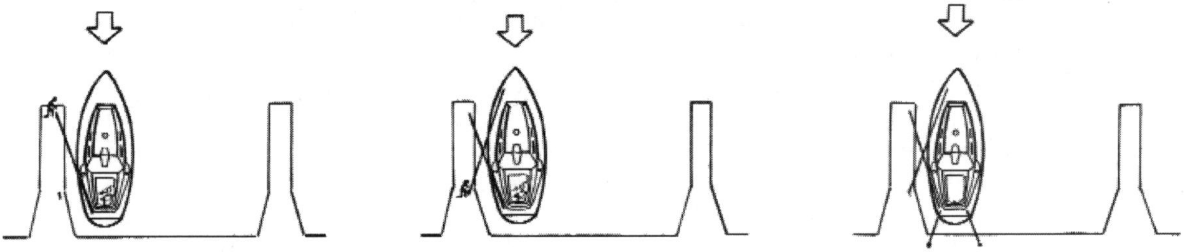

Se il vento allontana dal pontile principale, è necessario assicurare le cime sul pontile, poi gli springs *(Figura 10.11)*.

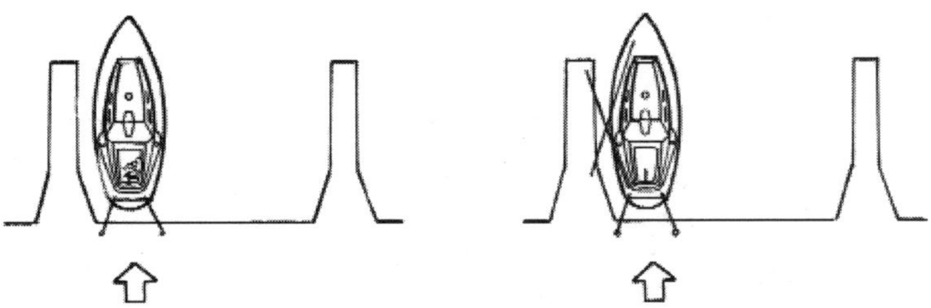

Fig. 10.11

Se il vento porta o allontana dal finger: in questo caso è necessario assicurare immediatamente gli springs, successivamente le cime sul pontile. Se il vento sarà orientato più al mascone o al giardinetto dell'imbarcazione, avremo cura di mettere in tensione gli springs nella sequenza più idonea per la riuscita della manovra *(Figura 10.12)*.

Fig. 10.12

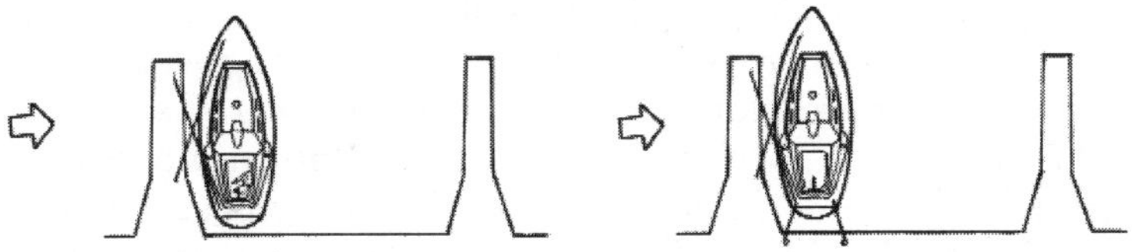

Ormeggio con ancora propria su una banchina libera

Questo tipo d'ormeggio, che ormai in Italia è sempre più raro, consiste nell'utilizzare l'ancora come un punto fisso, tale da permettere all'imbarcazione di mantenersi discosta dalla banchina, mentre le cime a terra assicurano l'imbarcazione dall'altro lato.

Per una buona esecuzione della manovra, è necessario non gettare l'ancora sopra quella di qualcun altro e scegliere il punto di fonda in asse con la parte della banchina libera entro cui abbiamo deciso d'ormeggiare. Per ottenere questo risultato, è consigliabile avvicinarsi alle imbarcazioni tra le quali abbiamo deciso di entrare, prendere un riferimento su quest'asse e, quindi, dirigersi verso il punto di fonda *(Figura 10.13)*.

Fig. 10.13

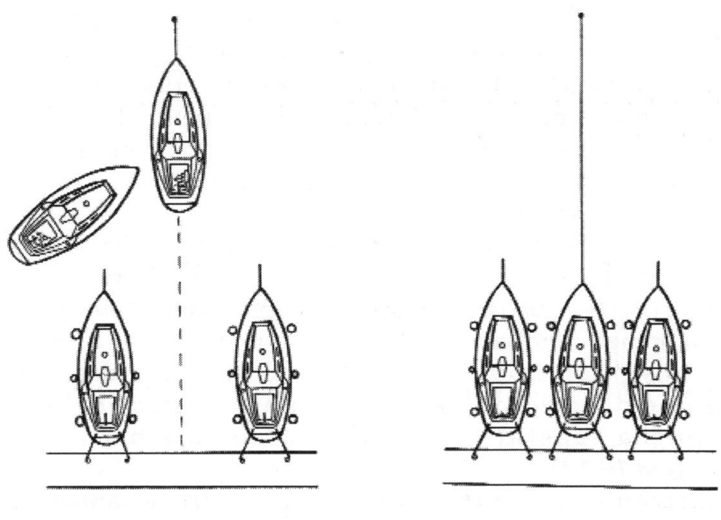

Una buona tenuta dell'ancora è garantita dalla quantità di calumo che potremo filare: più catena c'è in acqua, più aumenta la possibilità di tenuta dato che l'angolo tra il fondale e la catena è minore.

Una volta scelto il punto sarà gettata l'ancora, dopodiché l'imbarcazione dovrà avvicinarsi alla banchina. La catena dovrà essere filata contemporaneamente all'avvicinamento dell'imbarcazione, viceversa non permetteremo al timoniere di eseguire la manovra correttamente. Soltanto a pochi metri dalla banchina il verricello sarà bloccato, in modo da verificare che l'ancora abbia fatto presa, dopodiché sarà possibile scendere a terra per fissare le cime. Se le condizioni meteo dovessero peggiorare, è opportuno vagliare prontamente se la nostra imbarcazione, in base anche alle caratteristiche della nostra ancora e del fondale, è in grado di resistere. Potremmo decidere di avviarci verso un porto attrezzato, o essere pronti a portare una seconda ancora di precauzione con il battellino di servizio, nel caso la prima dovesse cedere. Quando si effettua questo tipo di ormeggio, è necessario non abbandonare l'imbarcazione per la passeggiata serale: un'altra barca potrebbe dare fondo sulla nostra ancora o sulla nostra catena e magicamente salparla: così, mentre noi sorseggiamo l'aperitivo, la nostra imbarcazione potrebbe sbattere in banchina.

Al momento di salpare è necessario effettuare la manovra senza perdere l'abbrivio, per non intraversarsi. In questo modo potremo evitare di salpare l'ancora o la catena di qualcun altro, anche se in alcune circostanze è inevitabile per il caos che si crea. Se ciò dovesse accadere, è necessario avvisare l'imbarcazione alla quale abbiamo salpato l'ancora, e non gettarla nuovamente prestando attenzione che nessuno ci abbia visti.

10.3 *Rientro in porto a vela*

Il rientro a vela è una manovra che può essere effettuata sia in caso di panne di motore, sia quando lo stato del vento e del mare sono tali da rendere più sicura una manovra a vela, piuttosto che una a motore. La conduzione di un'imbarcazione a vela tramite il motore ausiliario, in condizioni di onda formata, non consente un controllo del mezzo come quello che è possibile ottenere con le vele. Per questa ragione in alcune circostanze, contrariamente a quanto si possa pensare, è meglio entrare con la tela a riva mantenendo comunque il motore acceso, se funzionante.

Prima di raggiungere l'ingresso, è necessario riflettere sulla direzione e sull'intensità del vento, decidere quanta tela utilizzare per la manovra e se entrare con entrambe le vele. Quando è possibile, è opportuno rientrare sempre al lasco, così da mantenere l'imbarcazione veloce e manovriera. L'ingresso in bolina è sempre sconsigliabile, poiché se il vento dovesse ruotare saremmo obbligati a compiere delle virate. Si deve puntare la testa del molo di sopraflutto e, appena superato, dobbiamo accostare per ridossarci immediatamente *(Figura 10.14)*.

Il vento all'interno di un porto può ruotare improvvisamente. Una strambata involontaria è sempre un evento pericoloso: è necessario prestare attenzione. In caso di vento sostenuto, se l'andatura per entrare è compresa tra il traverso e la poppa è conveniente utilizzare solo il fiocco, mentre se dovessimo bolinare, è consigliabile entrare con entrambe le vele ridotte. In ogni caso, poiché manovrare a vela all'interno di un porto è vietato, dobbiamo comunicare la nostra intenzione tramite il VHF, specificandone le ragioni. Se il porto è ben organizzato, potrebbe prestarci assistenza un gommone.

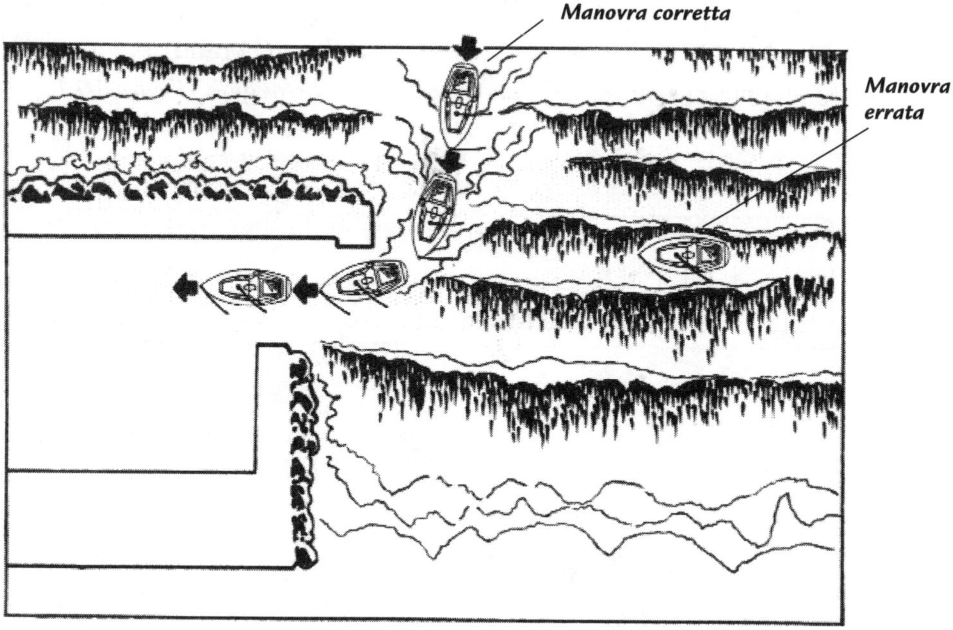

Fig. 10.14

Quando le condizioni lo permettono, è vantaggioso entrare con la barca già predisposta per la manovra d'ormeggio, altrimenti una volta all'interno dovremo cercare di prepararci velocemente per l'accosto che decideremo di effettuare.

Ripassare la manovra di ammainata e calcolare attentamente lo spazio necessario per fermarsi dato l'abbrivio è indispensabile in questa situazione, poiché essere lenti può compromettere la manovra, mentre essere troppo veloci può significare danneggiare la barca.

Una volta all'interno è opportuno affiancarsi alla prima banchina libera, in attesa di essere spostati successivamente da un gommone d'assistenza. Se non ci sono banchine libere e se dobbiamo ormeggiare tra due barche, occorre valutare le nostre capacità e quelle del nostro equipaggio, poiché compromettere la manovra può significare non solo danneggiare la nostra imbarcazione, ma anche quelle degl'altri. Quindi, se non siamo sicuri di ciò che stiamo facendo, è meglio ancorarsi al centro del porto. Tenere un'ancora a portata di mano a poppa, pronta per essere utilizzata, permette di controllare e arrestare l'abbrivio, se il vento dovesse essere sostenuto, anche se c'è il rischio che possa finire incastrata nella catenaria del porto.

10.4 *Manovre a vela all'interno di un porto*

Manovre di accosto a vela all'inglese su una banchina libera

Accosto alla banchina sopravvento

1) L'andatura di avvicinamento è la bolina.
2) Ammainare o chiudere il fiocco.
3) Accosto alla banchina con la prua a 30° e con la randa sventata.
4) Ammainare la randa e sistemare le cime d'ormeggio *(Figura 10.15)*.

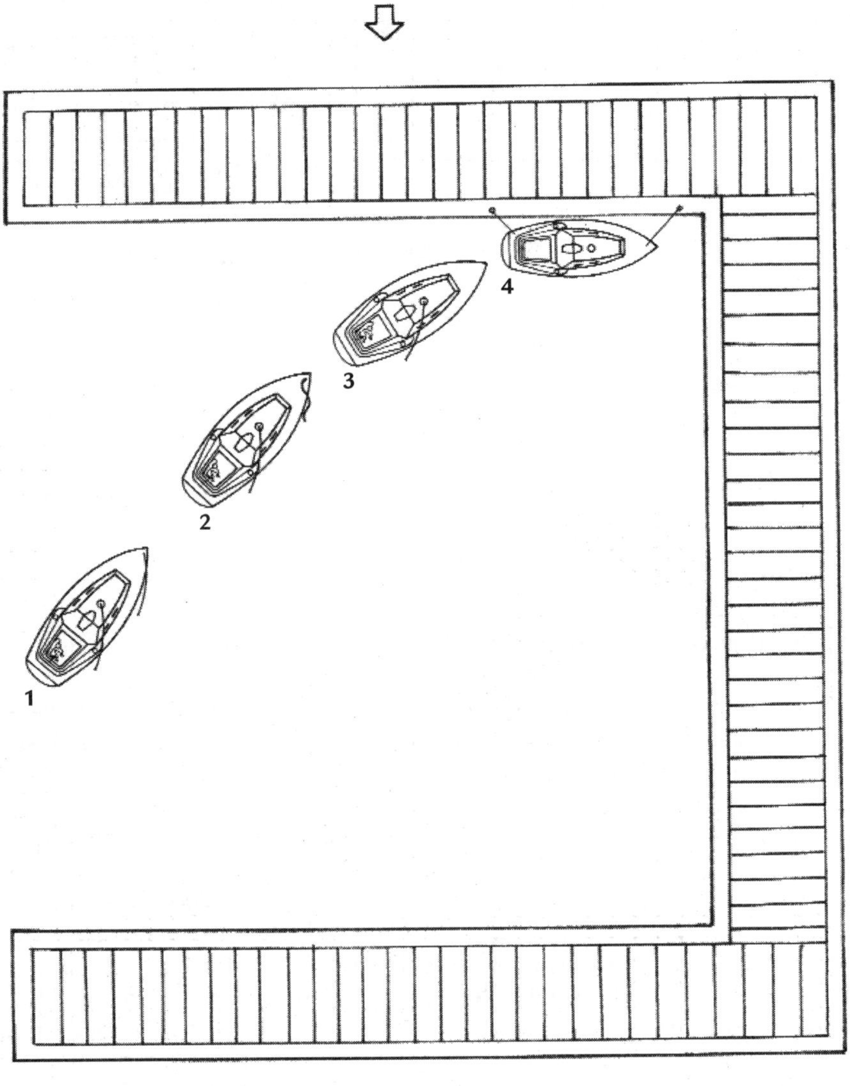

Fig. 10.15

Accosto alla banchina sottovento

1) L'andatura di avvicinamento è la bolina stretta.
2) Lascare la scotta della randa e procedere ad ammainare la randa.
3) Poggiare fino a navigare al gran lasco con il solo fiocco.
4) Orzare e sventare il fiocco per completare l'accostata alla banchina.
5) Ammainare il fiocco e sistemare le cime d'ormeggio *(Figura 10.16)*.

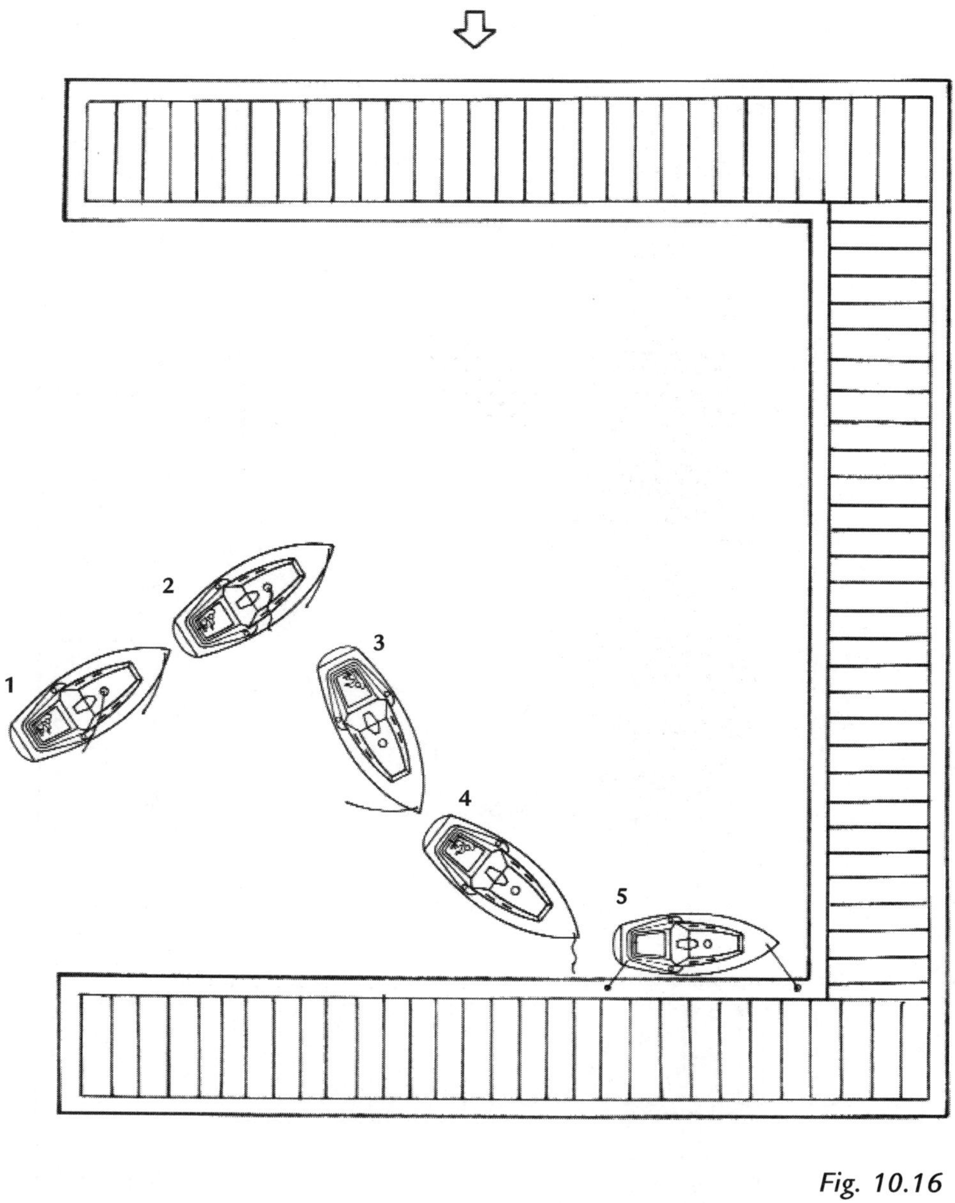

Fig. 10.16

Accosto alla banchina con il vento parallelo

1) L'andatura di avvicinamento è il traverso.
2) Orzare fino a portarsi in bolina.
3) Accostare alla banchina e lascare entrambe le vele.
4) Ammainare le vele e sistemare le cime d'ormeggio *(Figura 10.17)*.

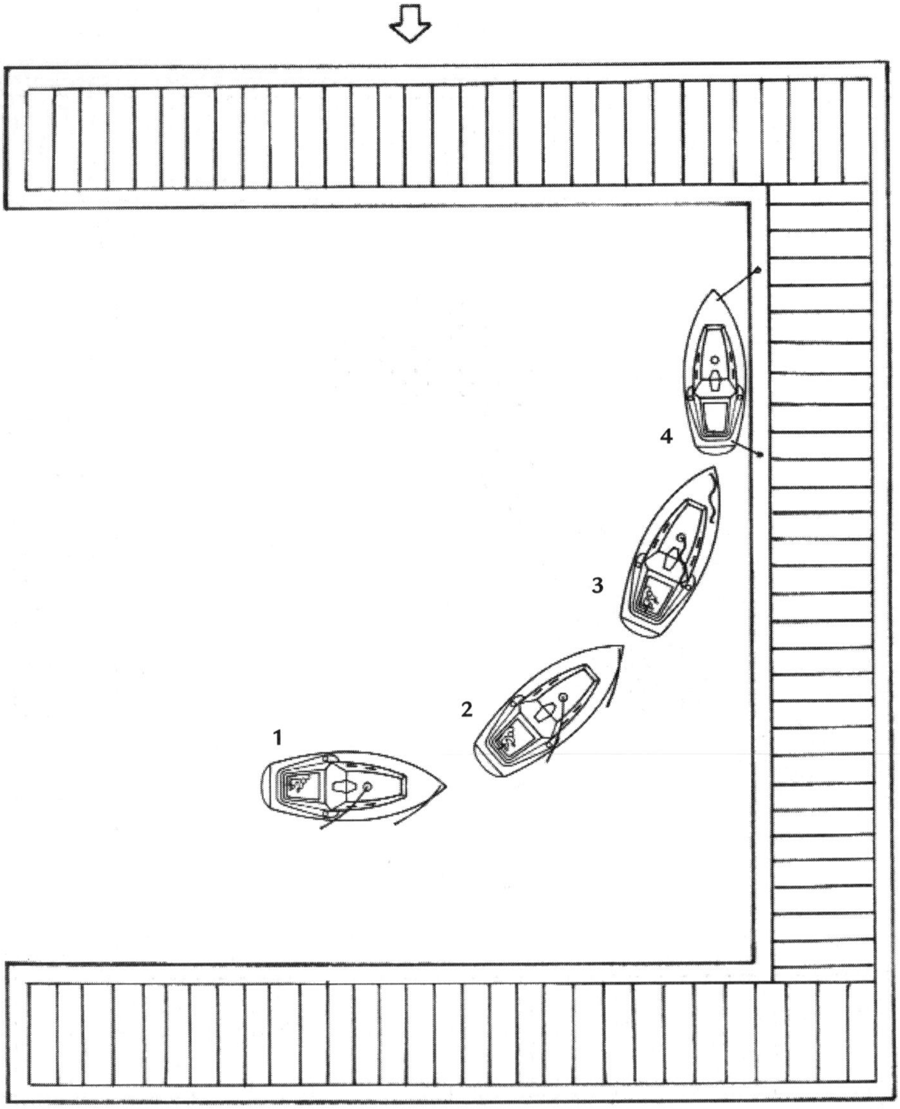

Fig. 10.17

Manovre di accosto a vela per ormeggiare di prua tra due barche

Accosto alla banchina sopravvento

1) L'andatura di avvicinamento è la bolina.
2) Ammainare o chiudere il fiocco.
3) Orzare calcolando attentamente l'abbrivio.
4) Lascare la randa e ormeggiare la barca *(Figura 10.18)*.

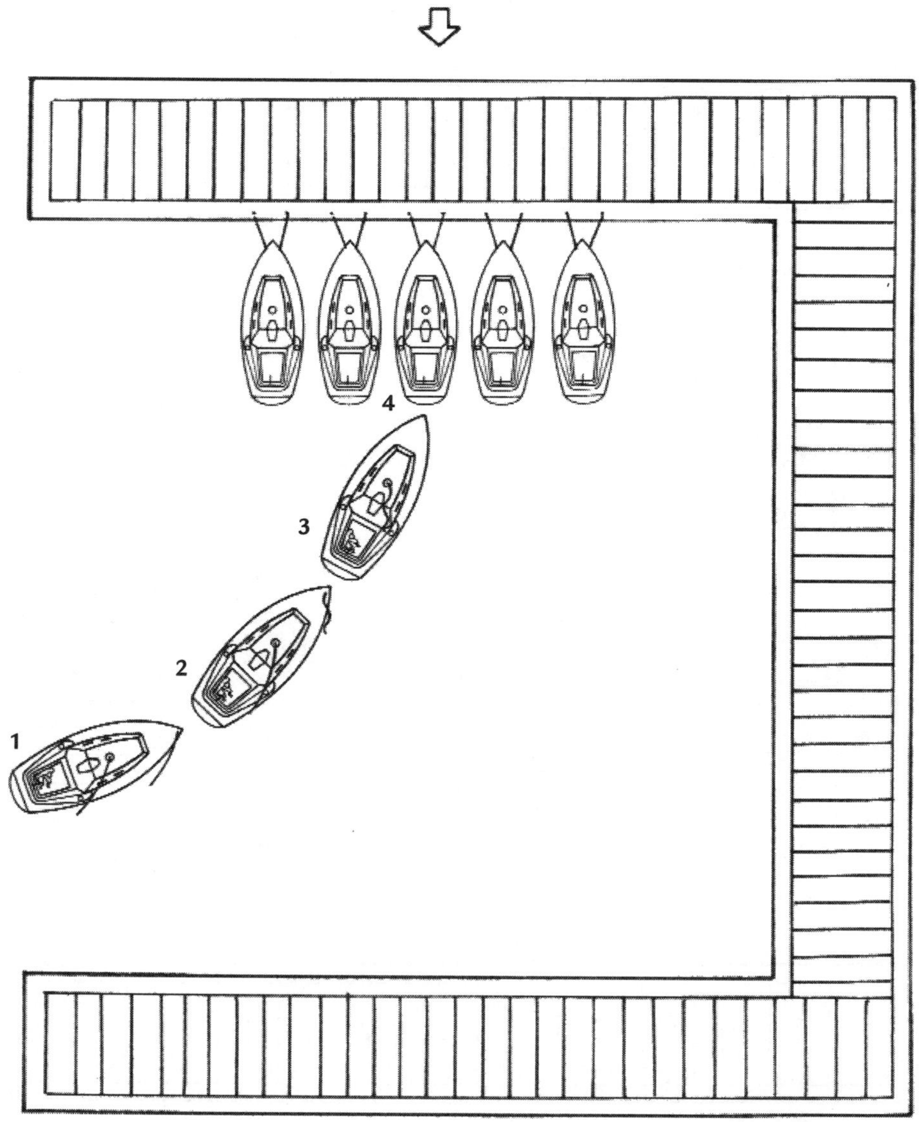

Fig. 10.18

Accosto alla banchina sottovento

1) L'andatura di avvicinamento è la bolina stretta.
2) Lascare la scotta della randa e procedere ad ammainare la vela.
3) Poggiare fino a navigare al gran lasco con il solo fiocco.
4) Calcolare attentamente l'abbrivio e lascare il fiocco, valutare se gettare l'ancora da poppa per arrestare l'abbrivio.
5) Ormeggiare la barca e ammainare il fiocco *(Figura 10.19)*.

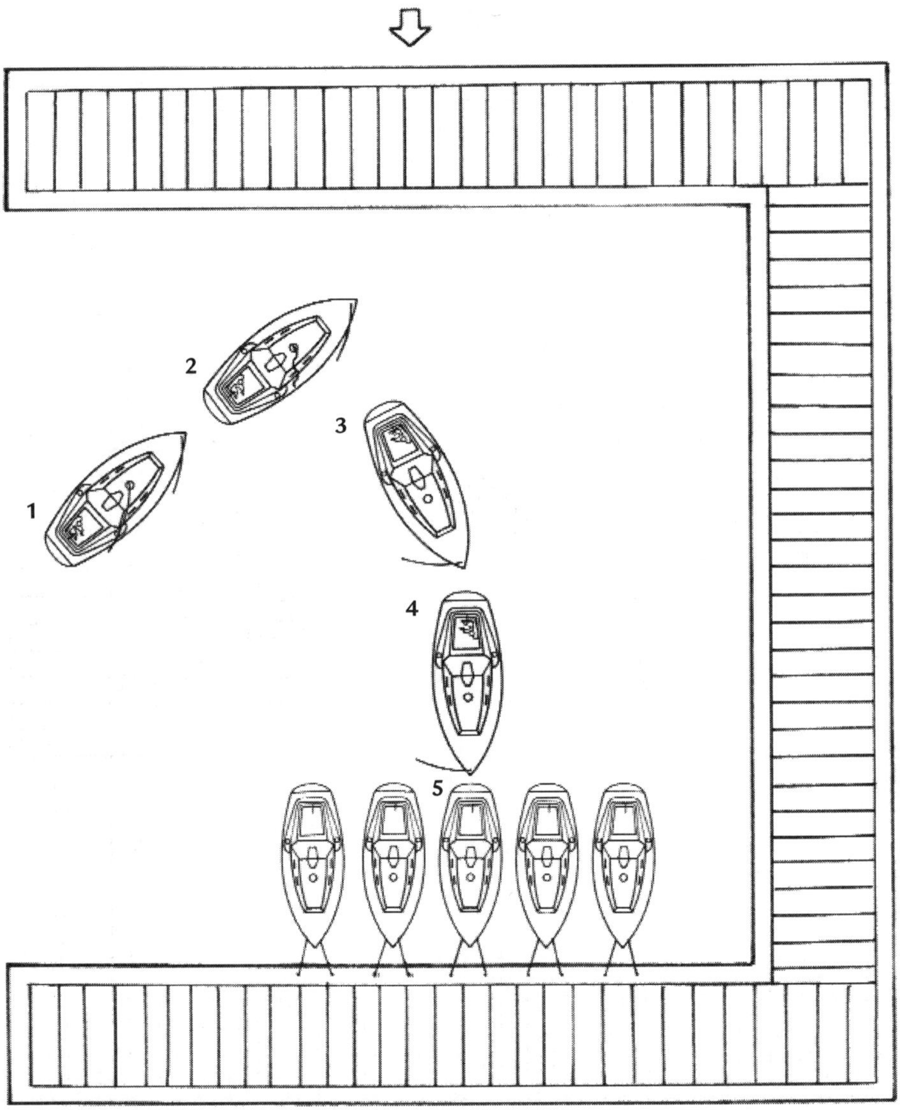

Fig. 10.19

Accosto alla banchina con il vento parallelo

1) Scegliere un punto sopravvento al posto barca in cui siamo diretti e navigare in bolina stretta.
2) Lascare la scotta della randa e procedere ad ammainare la vela.
3) Avvicinarsi tra le barche al traverso con il solo fiocco, valutando lo scarroccio accentuato dalla mancanza della randa.
4) Calcolare attentamente l'abbrivio e lascare il fiocco *(Figura 10.20)*.

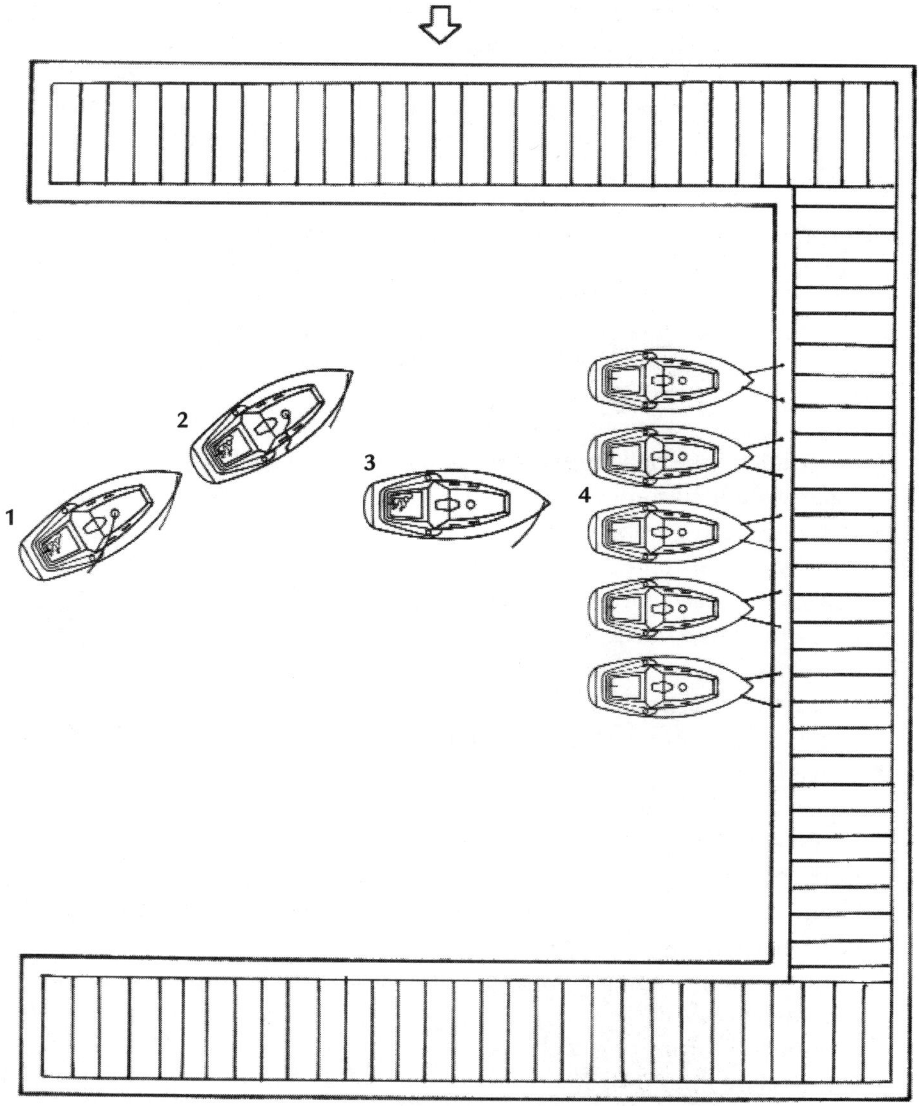

Fig. 10.20

10.5 *All'arrivo in porto e prima di lasciare l'imbarcazione*

Una volta che l'ormeggio è completato, è dovere dello skipper raggiungere la sede dell'autorità portuale e notificare i dati dell'imbarcazione e dell'equipaggio, il porto di provenienza, la durata della sosta e la prossima destinazione prevista. In caso di evento straordinario (collisione, falla, incendio, avvistamento relitti, assistenza o salvataggio prestato ad altra unità), presentare all'autorità marittima la denuncia di evento straordinario. All'interno di un porto privato è necessario provvedere a pagare la sosta, come stabilito dal tariffario. Ogni porto è disciplinato da un proprio regolamento in cui sono stabiliti i parametri per garantire la sicurezza delle imbarcazioni: queste norme devono essere conosciute e osservate da tutti coloro che accedono nel suddetto luogo.

Se dovessimo lasciare incustodita l'imbarcazione per lungo tempo, è necessario fare particolare attenzione ai cavi d'ormeggio i quali non dovranno essere eccessivamente usurati. Se il porto è soggetto a risacca, dovremo avere cura di spaiare gli alberi. Attrezzare molle sui cavi d'ormeggio è un'ottima precauzione per evitare di provocare danni alle bitte dell'imbarcazione. Riportiamo qui di seguito alcune tra le cose da compiere prima di lasciare la barca incustodita:

- Chiudere le leve delle prese a mare e il rubinetto del gas.
- Disinserire le batterie.
- Chiudere tutti gli oblò.
- Asciugare eventuale acqua presente in sentina.
- Sbarcare generi alimentari deperibili e rifiuti.
- Lasciare il frigo vuoto e aperto.
- Riporre le chiavi della messa in moto.
- Lascare il paterazzo.
- Accertare che non ci siano drizze che possano sbattere sull'albero con vento forte.
- Riporre i copri-strumenti.
- Riporre con cura le vele.
- Porre sottocoperta accessori che potrebbero essere rubati.
- Controllare la tensione delle cime d'ormeggio e degli springs, e la corretta esecuzione dei nodi d'arresto.
- Verificare la presenza di una seconda cima oltre la trappa, in caso d'ormeggio classico.
- Chiudere il tambuccio a chiave.
- Controllare i parabordi.
- Non abbandonare la barca con il 220 V inserito.

10.6 *La pulizia dell'imbarcazione*

La pulizia dell'imbarcazione è un'attività essenziale della vita di bordo, e vivere nel pulito dovrebbe essere un'esigenza di tutte le persone imbarcate. In barca ci sono molti angoli e punti di difficile accesso, quindi dobbiamo cercare di sforzarci per raggiungerli e non pulire soltanto ciò che risulta più in vista.

Poiché il bagno è comune, deve essere mantenuto a un livello d'igiene impeccabile: dobbiamo fare in modo che tutti detergano il w.c., dopo averlo utilizzato, e pulire i lavabi e lo spazio sotto il carabottino del piatto doccia, dove spesso si accumulano polvere e sporcizie. I filtri delle pompe di sentina devono essere mantenuti puliti per garantirne il funzionamento. Nei pressi delle prese a mare avremo cura di asciugare sempre bene: in questo modo, se dovesse esserci una piccola perdita, potremo visualizzarla immediatamente.

La cucina e tutti i vani che contengono generi alimentari sono i luoghi dove lo sporco si accumula più facilmente: dobbiamo pulire accuratamente i fornelli, il frigorifero dove spesso si forma della condensa, e tutti i gavoni e gli stipetti dove si conservano gli alimenti.

I paglioli devono essere detersi con prodotti specifici e saltuariamente rimossi in modo da pulire bene anche la sentina in tutti i suoi angoli. Al termine di ogni crociera dobbiamo sbarcare tutta la cuscineria e sbatterla accuratamente per eliminare la polvere.

In coperta è opportuno detergere con sostanze apposite per non inquinare, anche se la più efficace è una spazzola con un po' di sapone e tanto olio di gomito. Le scotte, le drizze e saltuariamente le vele hanno bisogno di acqua dolce per non indurirsi: provvediamo a sciacquarle con cura.

Gli angoli da pulire sono infiniti. È necessario avere occhio e, soprattutto, evitare di far finta di non vedere dove si accumula lo sporco: se lavoriamo costantemente, tutto rimane in buone condizioni senza eccessivi sforzi.

INCONVENIENTI DELLA NAVIGAZIONE E PRECAUZIONI DA ADOTTARE

CAPITOLO 11

Durante la navigazione possono accadere diversi inconvenienti, prevedibili o meno. Cerchiamo in ogni caso di avere le idee chiare sulle procedure da effettuare, per fronteggiare situazioni che richiedono una rapida capacità decisionale. Lo skipper deve mantenere i nervi saldi e impartire precise istruzioni.

11.1 *Navigare con cattivo tempo*

Durante una crociera o un trasferimento può capitare di imbattersi in una burrasca ed essere costretti ad affrontare molte miglia prima di trovare un approdo dove ripararsi.

Senza molti preamboli anche in questo caso la preparazione è il primo passo necessario per fronteggiare la situazione. Sottocoperta tutto deve essere ordinato con criterio, così da evitare che alla prima straorzata le cose che normalmente rimangono al proprio posto siano sparpagliate sui paglioli: inoltre, occorre controllare attentamente la chiusura di tutti gli oblò. In coperta tutto dovrà essere ordinato a mestiere, le cime in chiaro e il pozzetto completamente libero da qualsiasi oggetto non indispensabile. Le ancore e tutti gli oggetti imbarcati di peso sostanziale devono essere assolutamente stabili. Se siamo in attesa della «botta», poiché un groppo si sta avvicinando, occorre ridurre preventivamente le vele: eseguire la manovra in anticipo è più semplice e minore è lo stress che i materiali potranno subire.

Tutti i membri dell'equipaggio devono obbligatoriamente indossare le cinture di sicurezza e di salvataggio e scegliere il vestiario adeguato, in modo da poter essere liberi di lavorare e non disperdere calore. Un abbigliamento non adatto potrebbe determinare l'abbassamento della temperatura corporea, un fenomeno molto pericoloso, poiché capace di provocare sfinimento. Occorre imparare a dosare le forze e risparmiarle quando è possibile permette di essere lucidi nei momenti «caldi». Inoltre, in queste circostanze il corpo brucia molte calorie, e aver preparato un pasto in anticipo è una buona precauzione per riprendere energie e riscaldarsi un po'. Il comandante deve essere informato se qualcuno decide di scendere sottocoperta per fare in modo che ciò non avvenga in un momento inopportuno. Per una maggiore sicurezza è preferibile sganciare il pendaglio della cintura, soltanto quando si è già con entrambe le gambe all'interno dell'imbarcazione.

La gestione del timone, dell'attrezzatura e della rotta deve essere vagliata attentamente. Il timoniere deve trovare una posizione comoda e stabile in modo da non perdere l'equilibrio quando il rollio o il beccheggio divengono pronunciati. Le sollecitazioni sull'attrezzatura in queste circostanze sono notevoli, per questa ragione occorre avere gli occhi da tutte le parti ed osservare continuamente che tutto è regolare. Se il tragitto in cui navighiamo attraversa dei bassi fondali (un esempio nel Mediterraneo è il Banco di Sicilia), è opportuno evitare il passaggio e allargare la rotta, poiché in queste zone le onde tendono a frangere e quindi ad essere assai pericolose per la conduzione di un'imbarcazione. Insomma, in burrasca bisogna esserci con la testa e tutto deve essere svolto con la massima concentrazione.

In bolina le onde possono essere attraversate entro un certo limite: l'imbarcazione deve avanzare guadagnando acqua e lo scarroccio non deve essere tale da rendere quest'andatura inutile. L'impatto dello scafo contro il passaggio di un'onda ripida è molto forte: dovremo prestare attenzione e valutare l'intensità dei colpi subiti. Dato che è possibile che grandi quantità d'acqua allaghino il pozzetto, occorre mantenere gli ombrinali liberi e assicurarsi che lo sgottamento funzioni correttamente.

In questi casi è preferibile oltrepassare le onde con il minimo della velocità: orzare fino a sventare leggermente il fiocco senza mai perdere l'abbrivio nel momento in cui stiamo salendo sulla cresta, poi poggiare velocemente per riprendere velocità in discesa e ricominciare da capo ad affrontare l'onda successiva. Infatti, quando l'imbarcazione sale verso la cresta dell'onda, la velocità di avanzamento diminuisce e quindi, poiché il vento apparente ruota verso poppa, è necessario orzare per fare in modo che le vele restino correttamente a segno. Al contrario, quando la barca inizia la discesa dalla cresta dell'onda, la velocità di avanzamento aumenta notevolmente e quindi, poiché il vento apparente ruota rapidamente verso prua, è opportuno poggiare per mantenere l'imbarcazione in assetto *(Figura 11.1* a pag. 172*)*.

Quando il vento è rafficato, si ha una frequente variazione della sua velocità in brevi intervalli di tempo: in raffica il vento reale aumenta improvvisamente, mentre quello di velocità inizialmente rimane stabile, poiché l'accellerazione dell'imbarcazione non è immediata. Il vento apparente in questo caso ruota verso poppa, quindi è opportuno orzare per compensare il suo cambio di direzione, se non vogliamo agire sulla regolazione delle vele *(Figura 11.2* a pag. 172*)*. In bolina, in raffica, per evitare che l'imbarcazione sbandi eccessivamente è conveniente orzare fino a far pungere il fiocco, o altrimenti lascare la scotta della randa.

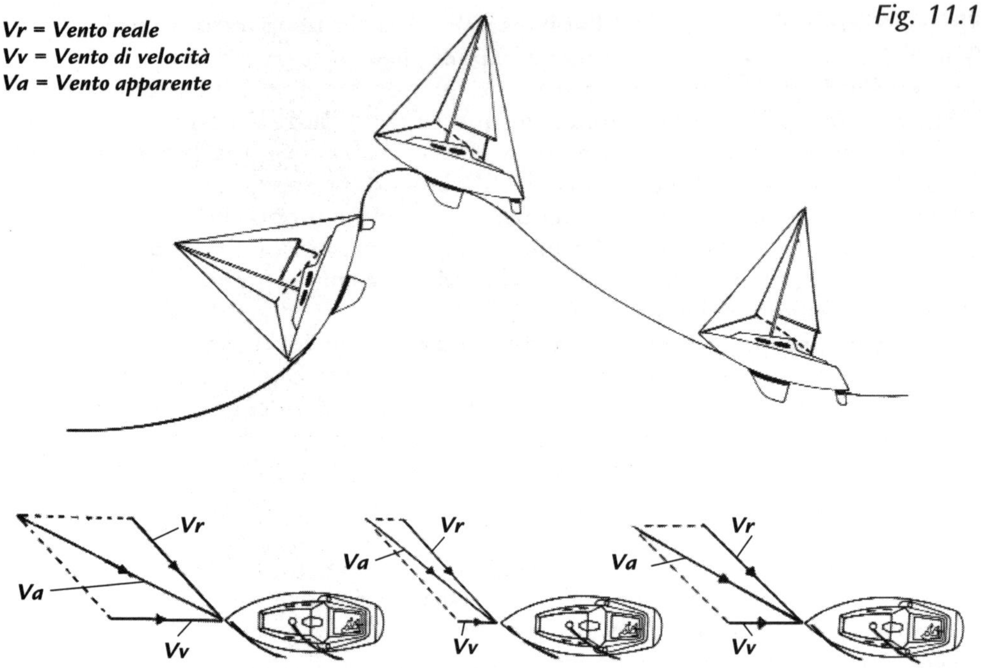

Fig. 11.1

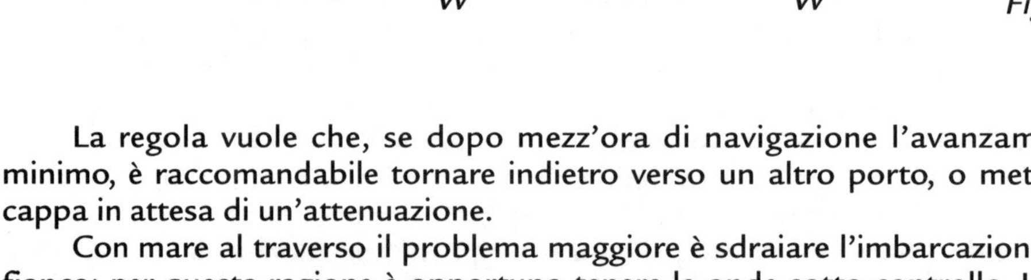

Fig. 11.2

La regola vuole che, se dopo mezz'ora di navigazione l'avanzamento è minimo, è raccomandabile tornare indietro verso un altro porto, o mettersi in cappa in attesa di un'attenuazione.

Con mare al traverso il problema maggiore è sdraiare l'imbarcazione su un fianco: per questa ragione è opportuno tenere le onde sotto controllo. Le onde arrivano «a treni» di grandezze diverse e noi dobbiamo prendere al giardinetto quelle più grandi per evitare di imbardare.

Quando il mare è al lasco o in poppa, l'imbarcazione è in grado di navigare più comodamente rispetto a come, nelle stesse condizioni, potrebbe fare di bolina. Il problema maggiore è quello di strambare in modo incontrollato, ma, se il vento sarà molto forte, l'imbarcazione potrà mantenere una buona velocità anche con la sola vela di prua a riva, quindi non sarà necessario tenere la randa e la potremo ammainare completamente.

La barca in queste circostanze naviga molto veloce: dovremo poggiare quando l'onda sopraggiunge al giardinetto, poiché il vento apparente, a causa dell'incremento della velocità, ruota verso prua come nel caso precedente. Quando la cresta sta oltrepassando la chiglia, è invece il momento di orzare, dato che l'imbarcazione rallenta e il vento apparente ruota verso poppa. Il gioco consiste soltanto nel prendere il ritmo.

In caso di venti moderati e mare formato, se decidiamo di navigare con entrambe le vele, è opportuno armare una ritenuta sul boma rinviata in pozzetto per prevenire strambate involontarie, ma con un sistema che consente uno sgancio rapido in caso di necessità.

Prima di effettuare un cambio al timone occorre far posizionare il nuovo timoniere dietro di noi, facendo in modo che appoggi la sua mano sulla barra o sulla ruota: egli potrà così capire più facilmente quali sono i movimenti da fare. Al momento del cambio il timoniere smontante deve rimanere vicino al montante per dare consigli e accertarsi che colui che subentra riesca tranquillamente a governare.

11.2 *Cappa filante e cappa secca*

Durante la navigazione può capitare che sia necessario «fermarsi in mezzo al mare», poiché abbiamo deciso di riposare o dobbiamo eseguire un lavoro che non può essere svolto in navigazione. A volte le condizioni meteo marine possono essere talmente dure che proseguire non è conveniente, a causa delle forti sollecitazioni cui è sottoposta l'imbarcazione. In questi casi è possibile ricorrere all'andatura in cappa la quale può essere filante o secca.

La cappa filante consiste nel tenere il fiocco a collo, la randa lascata e il timone alla banda (all'orza). Ci sono diversi metodi per eseguire questa manovra, ma il più semplice è navigare in bolina stretta con le vele a segno e virare. Una volta cambiate le mura il fiocco viene lasciato a collo, la scotta della randa viene lascata, mentre il timone deve restare all'orza: in questo modo l'imbarcazione scarroccia sull'acqua. Per riprendere la navigazione, è sufficiente mollare il fiocco a collo e riprenderlo sottovento, cazzare la scotta della randa e riportare la barra al centro. La cappa è un'andatura come le altre per quanto riguarda le precedenze, quindi mettersi mura a dritta se preferiamo avere diritto di rotta.

La cappa secca consiste nell'ammainare tutte le vele e nel legare il timone all'orza, poiché le condizioni meteo marine sono estreme. In ogni caso con entrambe le manovre nell'area sopravvento alla barca si crea una remora per effetto dello scarroccio, che provoca una diminuzione del moto ondoso.

La differenza fondamentale tra le due andature è questa: in cappa filante è possibile riprendere a navigare in un attimo, ma poiché le vele vengono lasciate a riva sono sicuramente soggette a un'usura maggiore, mentre in cappa secca i materiali soffrono meno, ma non è possibile riprendere immediatamente l'abbrivio, poiché le vele sono ammainate.

È opportuno in entrambe queste andature assicurarsi che non ci siano unità in transito sulla nostra rotta o pericoli sottovento: per questo è necessario effettuare turni di guardia e utilizzare il radar, se ne disponiamo. All'insorgere del primo dubbio su possibili collisioni o decidiamo di riprendere la navigazione in modo da poter manovrare o, se non fosse possibile a causa di un problema tecnico, dobbiamo comunicare con l'unità in transito e spiegare le nostre difficoltà verificando che accosti per evitare la collisione. In ogni caso occorre valutare e pianificare in anticipo le procedure da effettuare in caso di incrocio.

Cappa filante: il fiocco a collo porta la barca alla poggia, la randa è neutra poiché sventa, il timone all'orza contrasta ed equilibra la spinta del fiocco *(Figura 11.3)*.

Fig. 11.3

Cappa secca: il vento incide sulla murata e spinge l'imbarcazione alla poggia, il timone all'orza ne contrasta l'effetto *(Figura 11.4)*.

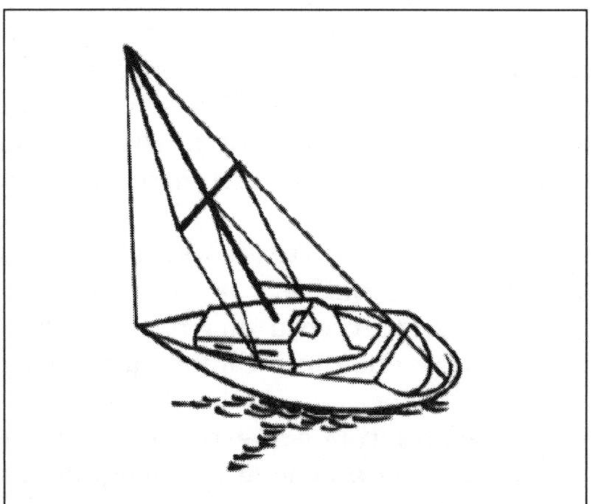

Fig. 11.4

11.3 *Uomo in mare*

Il solo pensiero dell'uomo in mare è sufficiente a togliere il fiato a qualsiasi persona che ha immaginato, anche solo per un istante, che cosa significa perdere in mare un membro dell'equipaggio. In poche parole l'uomo non deve cadere dalla barca e noi dobbiamo fare in modo che, se ciò accade, tutto sia stato organizzato per fronteggiare questa disgrazia.

Quando lo stato del mare comincia ad essere tale da diminuire il raggio visivo circostante a causa del moto ondoso, è il momento di assicurarsi con le cinture di sicurezza e di salvataggio. Come dicevamo nel Capitolo 1, i dispositivi che comprendono sia la cintura di sicurezza sia quella di salvataggio sono un ottimo sistema per disporre di due dotazioni fondamentali in una, con un minimo ingombro. La cintura di sicurezza è in grado di salvarci la vita o, nella peggiore delle ipotesi, causarci lesioni dovute all'urto sull'imbarcazione se dovessimo finire in acqua, ma permette di rimanere attaccati alla barca grazie al «cordone ombelicale». Tutto sta nell'abituarsi al pendaglio che richiede molta attenzione negli spostamenti, poiché è molto semplice inciampare in esso, ma, ricordiamocelo, è in grado di salvarci la vita.

Se per qualsiasi errore un uomo dovesse finire in mare, il testimone dell'incidente deve gridare «Uomo in mare», così da richiamare tutti gli altri sottocoperta. Il comandante delega una persona in pozzetto a mantenere immediatamente un contatto visivo con il naufrago: in base alla riuscita di quest'operazione l'emergenza si sviluppa con procedure differenti.

Se il responsabile o chi si trova al timone è in condizioni di effettuare la manovra di recupero in modo fulmineo, è opportuno che lo faccia, altrimenti è necessario lanciare immediatamente la boetta luminosa con a seguito l'anulare ed eventualmente far sciogliere i parabordi che erano stati legati al pulpito. Dobbiamo prendere le coordinate dell'incidente e premere il tasto MOB del GPS, se ne disponiamo. Se sono rimaste due o tre persone soltanto in pozzetto, scendere sottocoperta per compiere queste operazioni potrebbe determinare la perdita per pochi attimi del contatto visivo con il naufrago. Tutto ciò potrebbe essere fatale: per questa ragione è impossibile standardizzare totalmente questo genere di circostanze e cercare di ragionare nel modo più puro possibile.

Occorre pensare immediatamente al tipo di manovra da effettuare e restare calmi, ma con i neuroni attivi. Le manovre da compiere sono molteplici, ma è opportuno eseguire la più veloce, sicura e con maggior possibilità di successo. Ogni situazione presenta variabili differenti: lo stato del mare, la tipologia dell'imbarcazione, la reazione dell'equipaggio all'inconveniente. Quindi, non è possibile stabilire quale sia la manovra più efficace in termini assoluti. L'importante è il recupero del naufrago in tempi brevi. Un membro dell'equipaggio che cade d'inverno con abbigliamento pesante e stivali è in grave pericolo: cinque secondi possono fare la differenza.

Le manovre a mio avviso più veloci sono due: la prima si esegue a vela navigando al traverso non appena avviene la perdita dell'uomo, quindi virare per tornare al traverso sulle mura opposte e raggiungere l'uomo da sottovento con le vele sventate *(Figura 11.5* alla pagina seguente*)*.

Fig. 11.5

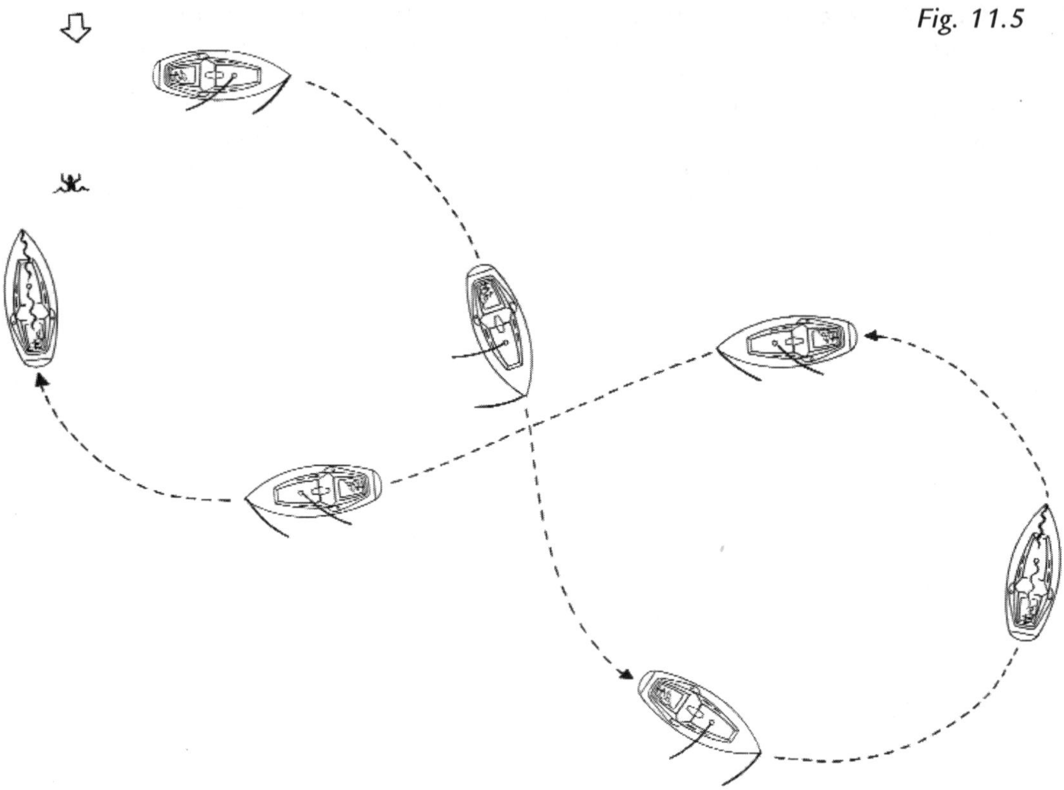

La seconda consiste nel guadagnare un punto sopravvento al naufrago ed eseguire una virata in cappa in modo da scarrocciare sull'uomo, eventualmente anche accendendo il motore per correggere la manovra, ma prestando attenzione a non andare a finirgli sopra *(Figura 11.6)*.

Fig. 11.6

Un'altra manovra possibile da compiere a vela è seguire una rotta circolare per tornare sul naufrago, ma, poiché il cambio di mura in questo caso avviene tramite la strambata, è sconsigliabile compiere questa manovra con vento forte e in equipaggio ridotto *(Figura 11.7)*.

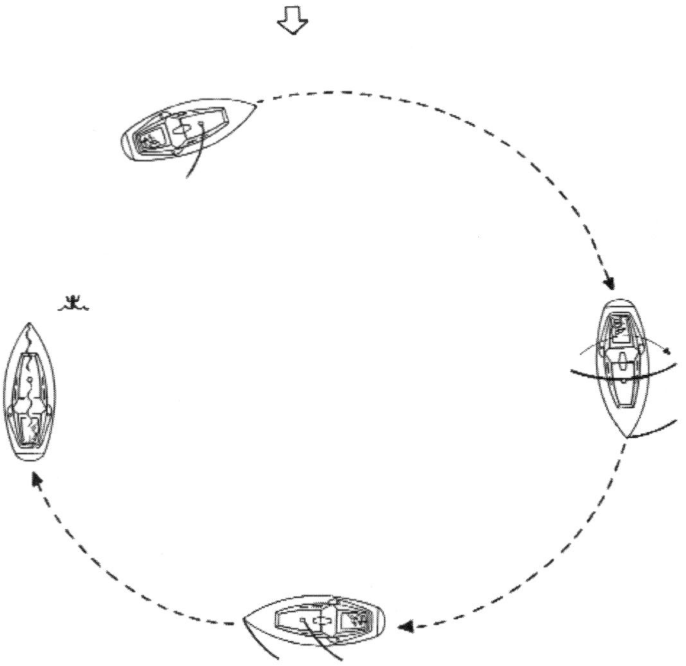

Fig. 11.7

Se la caduta è avvenuta mentre eravamo sotto spin, è necessario lascare completamente il braccio, la scotta e la drizza dello spin, al fine di perdere la vela per tornare immediatamente indietro a recuperarlo. Anche per questa ragione i nodi di arresto alle manovre dello spin dovrebbero essere ganciati, quindi sempre pronti per essere istantaneamente sciolti.

A causa di una strambata involontaria il boma potrebbe colpire in testa un membro dell'equipaggio e farlo cadere in mare: in questo caso il malcapitato potrebbe perdere coscienza a causa dell'urto. Se le condizioni non sono tali da rischiare una doppia tragedia e qualcuno ha il sangue freddo di tuffarsi, occorre che lo faccia subito, se vogliamo salvargli la vita. In ogni caso è il comandante che delibera quest'alternativa, se è sicuro delle capacità acquatiche del soggetto e delle proprie di non fallire la manovra di recupero, per nessuna ragione. Se questa scelta non fosse possibile, rimane quella di effettuare un recupero fulmineo.

Qualora dovessimo perdere il contatto visivo con il naufrago è necessario premere il tasto MOB, prendere le coordinate del punto e lanciare istantaneamente il MAY DAY, considerando quanto ci potremmo essere spostati dal momento dell'incidente. È indispensabile adesso cominciare, in attesa di soccorsi, la ricerca del naufrago con le nostre forze. I metodi più comuni per la ricerca del malcapitato sono due. Il primo è il cosiddetto metodo dei quadrati crescenti e consiste nell'effettuare delle rotte spezzate accostando di 90°, in modo da tracciare sull'acqua dei quadrati i cui lati si allungano a mano che ci allontaniamo dal centro in cui abbiamo iniziato la nostra ricerca. In questo caso dovremmo tenere conto della corrente per valutare attentamente il punto di partenza *(Figura 11.8)*.

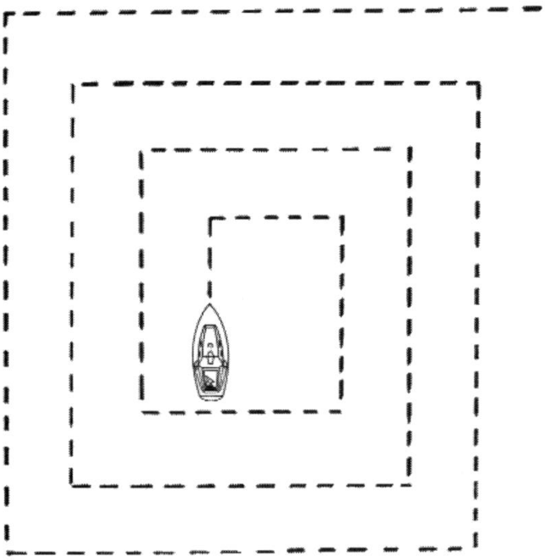

Fig. 11.8

Il secondo metodo è il tracciato a U, con cui viene ispezionata la zona di probabilità di caduta con il metodo di ricerca raffigurato *(Figura 11.9)*.

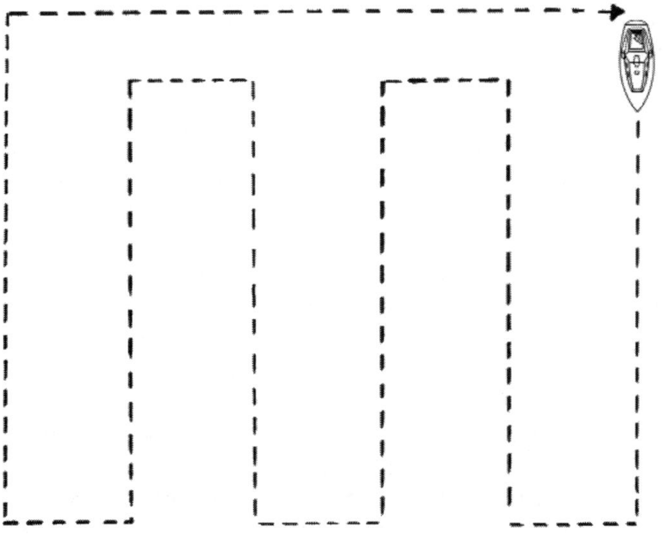

Fig. 11.9

Se lo skipper cade in mare e tutti sono inesperti, il suo recupero sarà determinato da ciò che lui avrà insegnato loro. Accendere il motore e ammainare le vele per tornare indietro non sono operazioni così difficili e, se vengono spiegate in modo chiaro, possono salvare la vita dello skipper.

Per quanto riguarda il recupero dell'uomo a bordo la forza si triplica, ma se ciò non dovesse succedere possiamo utilizzare una drizza. L'estremità sarà legata intorno al naufrago con una gassa, dopodiché grazie ai verricelli tutto sarà più semplice *(Figura 11.10)*.

Fig. 11.10

Una volta recuperato, un naufrago può essere cosciente o incosciente, ma è necessario considerare che un sopravvissuto cosciente può avere un collasso anche poco tempo dopo il recupero. Occorre controllare immediatamente la respirazione dello sventurato e accertare che le vie aeree siano libere. Se il naufrago non respira, iniziare immediatamente la respirazione artificiale. I tentativi devono essere svolti sino a quando si può avere consiglio medico, o almeno per trenta minuti. Gli arti non devono essere massaggiati ed è necessario impedire ogni ulteriore perdita di calore, quindi è indispensabile coprire adeguatamente il malcapitato con coperte o sacchi di plastica.

Le previsioni di sopravvivenza in mare di un uomo in buona salute di età media, vestito normalmente e immerso in acqua con giubbotto salvagente senza essere sottoposto a sforzi fisici, sono riportate nella *Tabella 14* alla pagina seguente.

Tabella 14

Temperatura dell'acqua	**Tempo di sopravvivenza**
superiore ai 20°C	la durata è indefinita
da 15°C a 20°C	meno di 12 ore
da 10°C a 15°C	meno di 6 ore
da 4°C a 10°C	meno di 3 ore
da 2°C a 4°C	meno di 1,5 ore
inferiore a 2°C	meno di 45 minuti

La posizione da assumere per evitare di disperdere calore se dovessimo cadere in acqua muniti di cintura di salvataggio è quella fetale HELP (Heat Escape Lessening Position) con le cosce rannicchiate sul ventre e le braccia incrociate davanti al petto cercando di coprire il collo e la testa e di muoversi il meno possibile *(Figura 11.11)*.

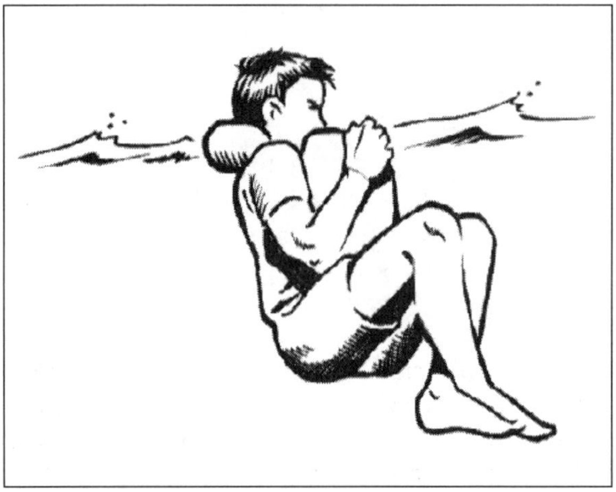

Fig. 11.11

Questa posizione protegge le zone principali di perdita di calore, aumentando quindi il tempo di sopravvivenza. In ogni caso cercare di aggrapparsi a qualcosa di galleggiante e restare fermi è un metodo per allungare il tempo di resistenza. Se cadiamo con gli stivali, è opportuno toglierli immediatamente poiché si riempiono d'acqua e rendono difficoltoso il galleggiamento, viceversa metterli sotto le ascelle capovolti in modo che ci sia dell'aria dentro può essere d'aiuto a rimanere a galla.

In conclusione, per poter fronteggiare quest'inconveniente, un buon esercizio è chiedersi durante la navigazione: «Se adesso cadesse un membro dell'equipaggio in mare, con quale manovra potrei effettuare il recupero più veloce?». Le risposte che ognuno di noi potrà dare a se stesso sono parte di un bagaglio di esperienza che determina preparazione mentale agli inconvenienti. La manovra migliore è quella che ritiene lo skipper più sicura in quel momento e non può essere scritta in nessun manuale.

Riportiamo qui di seguito lo schema riassuntivo dell'uomo in mare.

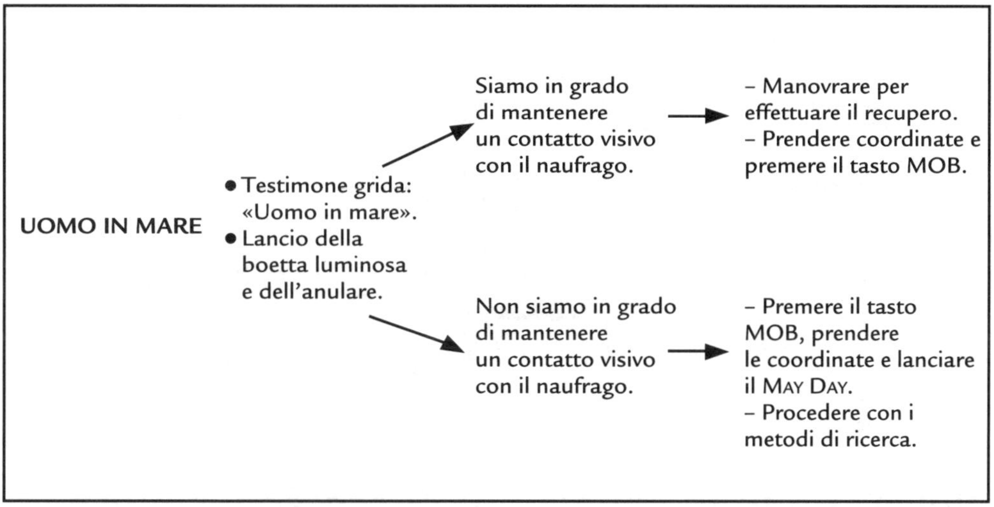

11.4 *Proteggersi dai fulmini*

I fulmini sono sicuramente una delle più impressionanti manifestazioni dell'imponente forza della natura. Un fulmine è una scarica elettrica che scocca tra due nubi, o tra una nube e la terra o il mare, dovuta all'altissima differenza di potenziale che si stabilisce tra le parti. Nel momento in cui la differenza di potenziale raggiunge un livello critico, parte la scarica manifestandosi con un lampo dovuto al surriscaldamento dell'aria, seguito immediatamente da un tuono causato dall'espansione dell'aria stessa. In navigazione è possibile trovarsi nei pressi di un temporale e, poiché un fulmine che colpisce un'imbarcazione è un fenomeno non frequente, ma neanche impossibile, occorre prendere le debite precauzioni.

In una barca a vela sarebbe necessario che tutte le strutture metalliche fossero ben connesse fra loro e con il bulbo mediante conduttori adeguati, in modo che il fulmine abbia sempre un percorso verso l'acqua. Poiché non tutte le imbarcazioni sono dotate di questo sistema, è possibile creare una soluzione analoga passando una catena o un cavo metallico attorno all'albero e al sartiame, facendo in modo che le estremità finiscano in mare. Dovranno, inoltre, essere collegate allo stesso circuito le principali masse metalliche dell'imbarcazione, per evitare archi voltaici tra queste e la linea di discesa del fulmine. Così sarà possibile scaricare in mare la corrente tramite la catena o il cavo.

Prima che il temporale giunga sotto di noi, è preferibile disinserire tutti gli interruttori del quadro, spegnere il motore e staccare le batterie, poiché un'imbarcazione può subire danni agli impianti elettrici ed elettronici anche quando la scarica non la colpisce direttamente, ma cade nelle vicinanze. Tutti i membri dell'equipaggio devono restare lontani dalle parti metalliche e indossare scarpe con suola in gomma o stivali *(Figura 11.12)*.

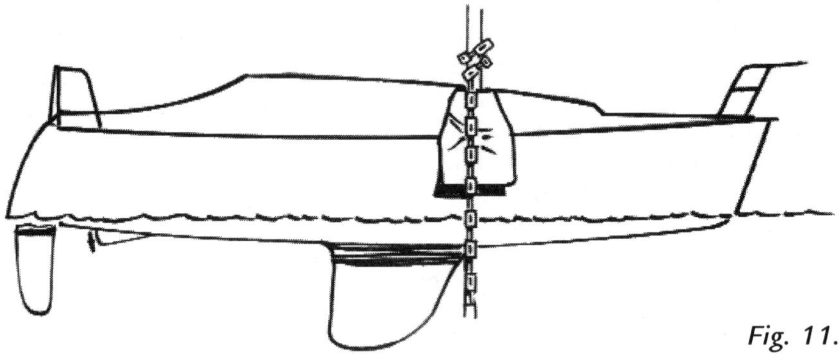

Fig. 11.12

11.5 *Navigazione in condizioni di scarsa visibilità*

La scarsa visibilità comprende ogni condizione in cui la visibilità sia ridotta da nebbia, foschia, caduta di neve, violenti acquazzoni, tempeste di sabbia o qualsiasi altra causa simile.

Ogni unità in transito in tali condizioni deve sempre mantenere una vedetta visiva e auditiva e procedere a velocità di sicurezza in modo da poter essere arrestata entro una distanza adeguata alle circostanze. Il Regolamento internazionale per prevenire gli abbordi in mare stabilisce tutte le norme relative del caso: le regole di governo e di manovra, le caratteristiche dei fanali e dei segnali acustici e altre informazioni tecniche. Il documento è facilmente reperibile tramite Internet: abbiate cura di prenderne visione e accertate che i vostri dispositivi rispondano alle regole stabilite.

Quando durante la navigazione avvistiamo rilevanti banchi di nebbia o foschia, la cosa migliore da fare è evitare di entrarci se possibile, magari navigando al loro margine per poi ripiegare nel primo porto vicino. Se comunque abbiamo deciso di procedere, è consigliabile navigare all'interno di un banco per massimo dieci minuti, dopodiché, se la nebbia non sembra intenzionata a dissolversi, occorre tornare indietro invertendo la rotta di 180°. Se non abbiamo via di scampo e se dobbiamo necessariamente navigare al suo interno, è necessario emettere costantemente i segnali convenzionali, aver acceso le luci di via, l'ecoscandaglio e il radar se ne disponiamo, quindi procedere a velocità di sicurezza. In caso di dubbio sulla presenza di un'altra unità nei nostri paraggi il rischio deve considerarsi esistente, quindi prendere immediatamente il VHF e recitare in italiano e inglese:

«*Unità in transito, unità in transito, siete in grado di vedermi?*
Io sono in posizione (annunciate la vostra posizione visualizzata sul GPS),
sto procedendo con questa rotta a questa velocità, mi ricevete?»

«*Boat ship, boat ship, do you see me? I'm in position* (posizione) *proceeding course* (rotta) *speed around* (velocità), *can you read me?*»

Una volta stabilito il contatto radio con l'altra unità e ricevuta la posizione, la rotta e la velocità, potremo stabilire mediante la cinematica navale se sussiste o meno una rotta di collisione e, quindi, prendere le necessarie precauzioni. Un altro accorgimento importante in questi casi è il riflettore radar: se non lo teniamo permanentemente in bella vista, adesso è giunto il momento di tirarlo fuori. In caso di violenta caduta di neve, acquazzone o tempesta di sabbia è opportuno valutare se proseguire la navigazione a vela o ammainare e restare in cappa secca, in attesa che le condizioni migliorino. I segnali acustici da utilizzare in condizioni di scarsa visibilità sono stati riportati nell'*Appendice 1* a pag. 215.

11.6 *Rimorchiare un'altra imbarcazione*

In mare è obbligatorio prestare assistenza o soccorso alle unità che sono in difficoltà, se con questa scelta non mettiamo a repentaglio il nostro equipaggio, come prescritto dal Codice della Navigazione. Se qualcuno ci farà richiesta e noi senza una ragione giustificata ci rifiuteremo, andremo incontro a una sanzione, prima etica e poi penale (omissione di soccorso art. 1113 del Codice della Navigazione). Un'imbarcazione, a causa di un'avaria al motore o di un problema di qualsiasi altra natura, può chiedere a un'altra unità di essere rimorchiata. In questo caso nasce tra le parti un rapporto di natura giuridica regolato dal Codice della Navigazione: per questo motivo è consigliabile stabilire in anticipo a quale titolo sarà messa a disposizione la collaborazione. Gratuita o a pagamento, è sempre opportuno mettersi d'accordo sul VHF. È utile conoscere preventivamente questo tipo di rapporti giuridici: potrete trovare tutte le leggi a riguardo nel Codice, gli art. 489-500 sono una parte. Se l'accordo fosse particolarmente oneroso, in quanto concluso sotto l'influenza dello stato di necessità e di pericolo, la Convenzione di Londra del 28/4/1989 sulla sicurezza della navigazione e sulla salvaguardia della vita in mare, può prevederne l'annullamento. A questo punto dopo il patto, parliamo delle questioni pratiche.

L'unità che rimorchia deve predisporre un sistema di traino che innanzi tutto non comporti danneggiamenti alle proprie strutture. Può essere conveniente fissare una cima tra le bitte di poppa con dei nodi che possono essere sciolti prontamente, quindi applicare su questa il cavo di rimorchio. Un buon cavo d'ormeggio elastico è perfettamente adatto per l'operazione e quanto più è lungo tanto più sarà efficace, poiché non entrerà in trazione durante il traino. L'imbarcazione che deve essere rimorchiata deve predisporre un sistema a prua cui collegare il cavo di rimorchio, utilizzando dei punti fissi come le bitte e senza sforzare sul pulpito o sullo strallo. Il rimorchiato deve provvedere, inoltre, a restare in scia di colui che rimorchia: per questo occorre mantenere costantemente un membro dell'equipaggio al timone *(Figura 11.13)*.

Se il mare divenisse formato e l'operazione fosse pericolosa per la sicurezza di una delle unità, occorre allertare la capitaneria e attendere istruzioni. Al rientro in porto è necessario fare denuncia di evento straordinario.

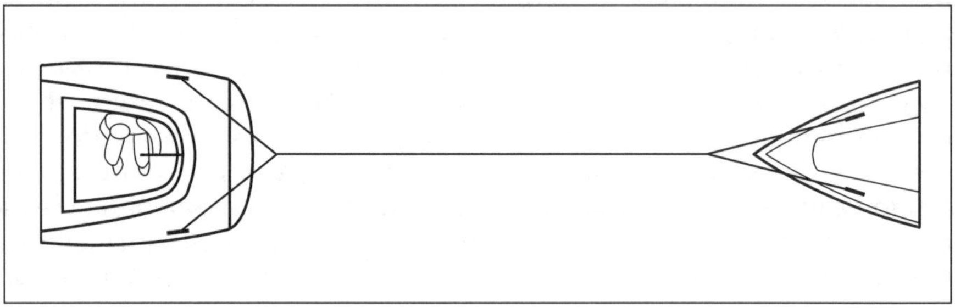

Fig. 11.13

11.7 *Motore in avaria*

Tutti i motori possono andare in avaria. Il passo successivo, se non siamo in grado di eseguire la riparazione, è quindi navigare a vela verso un porto, o farsi rimorchiare chiedendo assistenza sul canale 16 perché non c'è vento. Un altro sistema può essere legare il tender alla murata tra il centro barca e la poppa, e quindi provvedere tramite il motore fuoribordo a spingere l'imbarcazione governando comunque con il timone della barca *(Figura 11.14)*.

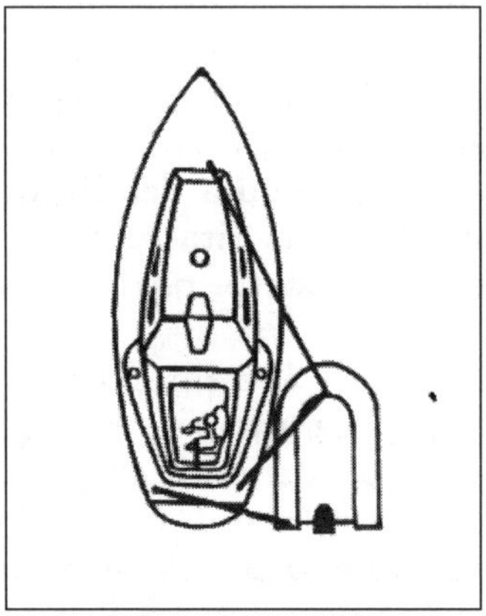

Fig. 11.14

Se decidiamo di procedere a vela e giunti all'ingresso del porto, privi di tender, nessuno potrà darci assistenza, potremo eseguire un ingresso a vela come spiegato precedentemente, sempre se abbiamo la massima certezza delle nostre capacità: altrimenti è preferibile trovare un ridosso e ancorarci in attesa di assistenza.

11.8 *Rottura di un cavo del sartiame*

Può accadere che, a causa di un avanzato stato di usura, uno degli elementi del sartiame ceda: una landa, il trefolo di una sartia, la rottura di una copiglia o la perdita di un perno. All'improvviso potremmo alzare gli occhi e vedere un cavo al di fuori del proprio posto.

La manovra da effettuare immediatamente è accostare al fine di proteggere il lato dell'albero su cui è capitato l'inconveniente e riportare immediatamente una drizza a sostegno della sartia che ha ceduto. Quando cede una sartia laterale, poiché si tratta sempre di quella sopravvento, è necessario virare immediatamente: un rapido cambio di mura può essere in grado di salvare l'albero, specialmente se non si tratta di una sartia alta. In caso di rottura dello strallo è necessario assumere immediatamente un'andatura portante, mentre nel caso del paterazzo occorre portarsi subito in bolina e cazzare la scotta della randa, poiché in questo caso la randa può reggere l'albero nel tempo necessario a portare una drizza al posto del paterazzo. Una volta che abbiamo ripristinato il sostenimento dell'albero, è preferibile rientrare nel porto attrezzato più vicino e provvedere a sostituire l'elemento che ha ceduto.

11.9 *Disalberamento*

Di solito, quando cede un elemento del sartiame, non sempre abbiamo il tempo di agire tempestivamente, e la rottura dell'albero è la conseguenza più imminente. Il tutto avviene in modo lento e, una volta iniziato, è quasi impossibile arrestarlo. Il pericolo principale che ne può conseguire è che l'alberatura danneggi un membro dell'equipaggio o lo scafo. Per questo è necessario stare attenti nell'intervenire precipitosamente pensando di risolvere la situazione, e valutare in base alle circostanze la cosa migliore da fare. Possiamo recuperare i pezzi dell'albero a bordo, o decidere di tagliarli e abbandonarli.

Se alcune parti dell'alberatura vengono a contatto con la murata e se il mare è formato, sussiste il rischio che uno di questi possa provocare una falla nello scafo, quindi occorre mettere immediatamente l'alberatura danneggiata sottovento. Poter disporre di una sega e di cesoie permette di liberarsi velocemente dei monconi dell'albero, che possono essere molto pericolosi. Eseguire queste operazioni necessita una grande determinazione e attenzione: occorre valutare attentamente dove mettere le mani. Se un moncone durante il rollio dovesse impuntarsi in acqua, potrebbe portare in tensione un cavo vicino ai nostri piedi e farci cadere in mare, o provocarci un grosso infortunio. Per questo, lo ripetiamo ancora una volta, in barca è necessario mantenere sempre la calma e ragionare correttamente prima di agire. Anche in questo caso non è possibile standardizzare l'inconveniente: ciò che dobbiamo fare è capire bene la dinamica e la situazione del nostro problema, quindi agire nel modo più adeguato. Occhio ai cavi nell'elica, se decidete di tagliare tutto. Salvo che non ci sia una falla che possa pregiudicare il galleggiamento dell'imbarcazione, se possiamo rientrare a motore non sarà necessario effettuare una chiamata di soccorso.

11.10 *Timone in avaria*

La prima cosa da fare in questi casi è cercare di mettersi in cappa, o ammainare le vele se non siamo in grado di governare. I frenelli di un timone a ruota, come tutta l'attrezzatura della barca, se non vengono manutenuti correttamente, possono cedere quando lo sforzo su di essi diviene maggiore, vale a dire con vento e nel momento meno opportuno. Se siamo provvisti di barra di rispetto, sarà sufficiente posizionare questa nell'apposita sede e riprendere il governo dell'imbarcazione, mentre se abbiamo il pilota automatico posizionato sul settore del timone e non sulla ruota o sulla barra, è possibile utilizzarlo per riprendere la rotta.

Quando la rottura avviene alla barra del timone, dobbiamo cercare di collegarci al moncone che rimane e creare un nuovo dispositivo di governo, ma, se la rottura riguarda la pala poiché abbiamo urtato qualcosa o c'è stato un cedimento del materiale, la faccenda è piuttosto seria. Dobbiamo approntare un timone di fortuna con il tangone o il mezzo marinaio e il pagliolo: a questo proposito fare dei fori nel pagliolo può rendere più semplice il fissaggio. È opportuno che il tangone o quant'altro utilizzeremo come barra sia legato al centro della poppa della barca, in modo che ci sia un punto che possa fungere da fulcro per governare nel migliore dei modi. Assolutamente importante è valutare attentamente le condizioni in cui si determina la rottura: essere vicini a una spiaggia o a una parete a picco può essere molto rischioso e chiedere assistenza (PAN) o soccorso (MAY DAY) è una probabilità che deve essere presa seriamente in considerazione, soprattutto in relazione alle circostanze e allo stato del mare. Il nostro compito è fare il possibile, non ostinarsi in imprese da supereroi *(Figura 11.15)*.

Fig. 11.15

11.11 *Rottura di una vela, del boma, di una drizza*

Quando si strappa la randa al di sotto di una bancarella, occorre terzarolare fino a nascondere lo strappo, o ridurre se disponiamo di rollaranda con il medesimo fine. Altrimenti ammainare la vela e sostituirla con una di rispetto se ne disponiamo. In caso di rottura di una vela di prua dovremo valutare se è possibile ridurre per proteggere la parte che ha ceduto, o se è indispensabile ammainarla. Il dacron adesivo in caso di piccoli strappi è un'ottima soluzione. Possiamo attaccare questo tessuto adesivo per mantenere uniti i lembi e prevenire così un aumento della rottura, in attesa di portare la vela dal velaio. Prepariamo a misura due ritagli di dacron in modo da coprire abbondantemente lo strappo, e quindi posizioniamoli da ambo le parti della vela, ma non in modo che i due adesivi combacino sui due lati, poiché la vela si indebolirebbe nella zona perimetrale all'adesivo *(Figura 11.16)*.

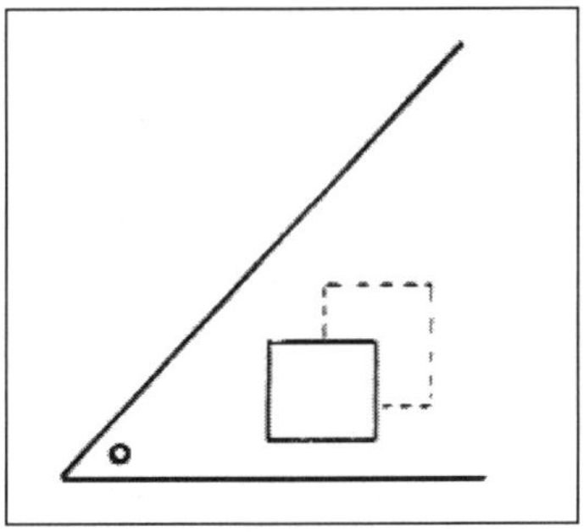

Fig. 11.16

Se il boma si spezza e non siamo in grado di provvedere a una riparazione d'emergenza, dobbiamo ammainare la randa e smontarlo. A questo punto potremo procedere con il solo fiocco, o a motore verso il primo porto vicino.

Quando una drizza cede, è inevitabile che la vela sia destinata a cadere. Potremo utilizzare una seconda drizza del fiocco o dello spin per quanto riguarda la vela di prua, mentre l'amantiglio del boma per la randa. In questo modo sarà possibile issare le vele nuovamente a riva, in attesa di provvedere a ripristinare una nuova drizza. Per compiere quest'ultima operazione occorre collegare un messaggero (un pezzo di lenza con un piombo all'estremità) alla nuova drizza e salire in testa d'albero per calare il piombo del messaggero dalla rispettiva puleggia. Qualcun altro a piede d'albero si occupa di prendere con un piccolo gancio il messaggero, per recuperare lentamente la nuova drizza. La manovra deve essere in chiaro dalla puleggia all'uscita dell'albero e questo è possibile verificarlo muovendo la drizza una volta che è stata passata all'interno dell'albero.

11.12 *Acqua a bordo*

Durante la navigazione la sentina deve essere rigorosamente sempre asciutta e pulita: in questo modo, se vi troveremo dell'acqua, potremo comprendere, assaggiandone il sapore, se è dolce o salata.

Se è dolce, significa che c'è una perdita nell'impianto idrico: un serbatoio potrebbe essersi forato, una fascetta potrebbe essersi allentata, un tubo potrebbe avere ceduto. In ogni caso procedendo per esclusione dal bocchettone d'ingresso dell'acqua fino alle utenze istallate a bordo, magari smontando qualche pannello o spagliolando, riusciremo a scoprirne la provenienza.

Se al contrario è salata e non c'è stata nessuna falla, dovremo controllare tempestivamente tutte le possibili vie d'acqua dell'imbarcazione che abbiamo menzionato nel secondo capitolo. Se il motore è acceso, dovremo controllare che non ci sia una perdita nel circuito di raffreddamento: una fascetta potrebbe essersi allentata, un tubo potrebbe aver ceduto da qualche parte, nella marmitta potrebbe esserci una perdita da cui fuoriesce dell'acqua che in un secondo momento potrebbe finire in sentina. Per riuscire tempestivamente a fronteggiare questo genere di problemi, è necessario conoscere bene che cosa è situato sotto i paglioli e dove sono collocate tutte le prese a mare e i passascafi: questo ci permetterà di procedere velocemente e per esclusione, al fine di individuare il punto d'ingresso dell'acqua. Ci sono degli altri punti in coperta che possono essere delle potenziali vie d'acqua: la base d'albero, la base dei pulpiti e dei candelieri, gli osteriggi e il passauomo e tutto ciò che è fissato alla coperta tramite viti o perni.

11.13 *Falla*

Una falla può essere dovuta alla collisione con un'altra unità, uno scoglio, un elemento galleggiante o semisommerso, un mammifero. Anche un incaglio, un cedimento strutturale o la rottura di una presa a mare possono generare una falla. Dimenticare un oblò aperto in un punto sbagliato può determinare un grave allagamento. Le cause sono molteplici e possono essere classificate nel modo seguente:

- Falla sopra la linea di galleggiamento.
- Falla sotto la linea di galleggiamento.
- Cedimento di un passascafo o di una presa a mare.
- Ingresso d'acqua da un osteriggio dimenticato aperto.

In quest'inconveniente il problema è l'ingresso dell'acqua. Più ce n'è, più è difficile capire da dove viene. Questo è il motivo per cui è importante mantenere sempre asciutta la sentina. Se la quantità d'acqua è abbondante per essere prosciugata dalla pompa, è necessario sgottare con un secchio molto velocemente e capire da dove proviene: un uomo impaurito con un bugliolo in questo caso è un sistema infallibile.

Occorre mantenere se possibile la falla al di fuori della linea di galleggiamento, tenere la situazione sotto controllo e sgottare a turni e velocemente, mentre altre persone cercano di tamponare con tutto ciò che è a portata di mano e utilizzabile per questo scopo: dei cuscini, una vela. Nel caso di cedimento di una presa a mare i turafalle sono molto utili: per questo fissarli in prossimità delle prese a mare è una buona precauzione. Sono in commercio delle resine bicomponenti che catalizzano anche a contatto con l'acqua e possono essere utilizzate per arrestare una piccola falla o per saldare all'imbarcazione pezzi di legno o di tessuto, al fine di migliorare l'efficacia di ciò che abbiamo adoperato per tamponare. Un'apertura circolare come quella del solcometro (40 mm di diametro) è in grado di imbarcare circa 90 l d'acqua al minuto.

In presenza di una falla, in ogni caso, dobbiamo fare rotta immediatamente verso il primo porto per fare alare l'imbarcazione e metterla in secco su un invaso, ma se la falla non è arginabile e non c'è tempo a disposizione per raggiungere un approdo, dobbiamo lanciare il MAY DAY ed eventualmente valutare l'ipotesi di spiaggiarsi sulla costa, magari su un fondale che non sia roccioso. Ricordate che la barca è sempre il mezzo più sicuro e non deve essere abbandonata fino a che non si ha la certezza che è inevitabilmente destinata ad affondare. L'abbandono dell'imbarcazione è sempre l'ultimo rimedio che si deve prendere, poiché non c'è via di scampo. Al rientro in porto, in ogni caso, è necessario fare denuncia di evento straordinario.

11.14 *Incaglio*

L'incaglio è un inconveniente che deriva da una mancata o errata conoscenza della nostra posizione. Per evitare quest'incidente è necessario controllare attentamente dove siamo e dove stiamo andando, ed eseguire gli atterraggi in cui sono presenti scogli affioranti o secche con una vedetta a prua, come abbiamo descritto in precedenza. L'ingresso in alcuni porti esposti a venti, capaci di generare frangenti specie se nella zona ci sono bassi fondali, è sconsigliabile, poiché un errore di manovra potrebbe determinare l'incaglio.

La prima cosa da fare, se dovesse verificarsi quest'inconveniente, è il controllo immediato dell'integrità dello scafo, quindi se dovesse esserci una falla occorre agire tempestivamente, come spiegato in precedenza, per arrestare tempestivamente l'ingresso dell'acqua.

Quando l'incaglio avviene in una zona in cui l'escursione di marea è rilevante, dobbiamo eseguire rapidamente i calcoli, per stabilire se la marea è crescente (e quindi sarà sufficiente aspettare che il livello del mare salga per disincagliarsi), oppure se è decrescente è opportuno agire in fretta per tentare di uscire o mettere qualcosa a contatto con la carena per evitare che quando il livello dell'acqua si abbasserà questa possa danneggiarsi. Le probabilità di danneggiare l'imbarcazione sono minori, per ovvi motivi, se l'inconveniente avviene su un fondale non roccioso.

La procedura per disincagliarsi consiste nel cercare di sbandare l'imbarcazione in modo da sollevare il bulbo, quindi cercare di fuoriuscire da dove siamo entrati o comunque dalla via più semplice. Per questo può esserci d'ausilio il motore, le vele issate, lo spostamento del peso a bordo oppure l'utilizzo dell'ancora. Occorre prendere il tender e gettare l'ancora lontano dall'imbarcazione, quindi fissare l'altro capo della cima a una drizza che non giunge in testa d'albero (per esempio il carica-alto del tangone) che sarà opportunamente tesata per permettere all'imbarcazione di sbandare e favorire pertanto il disincagliamento. Se questo tentativo dovesse fallire, è necessario che un'altra unità venga in nostro aiuto e cerchi di tirarci fuori, con il metodo che si utilizza per rimorchiare un'imbarcazione. Anche in questo caso, poiché richiediamo assistenza, occorre mettersi d'accordo prima delle operazioni per evitare spiacevoli sorprese in seguito. Un altro sistema consiste nel cedere una drizza all'unità che ci sta prestando assistenza e farci tirare per aumentare lo sbandamento, mentre acceleriamo con il motore per venire fuori. In questo caso è opportuno che l'unità che collabora con noi sia pronta a cessare la trazione al primo sintomo preoccupante di stabilità dell'albero. Accordiamo dei segnali e accertiamo di esserci intesi reciprocamente sull'operazione; iniziamo, quindi, la procedura e preghiamo di non disalberare.

Quando le condizioni del mare al momento dell'incaglio sono preoccupanti può essere opportuno lanciare il MAY DAY. Se il fondo è sabbioso e siamo in presenza di onde frangenti, è necessario restare all'interno dell'imbarcazione e aspettare che le condizioni migliorino: uscire potrebbe essere molto pericoloso con mare grosso. Se siamo incagliati in prossimità di una parete a picco con un pronunciato moto ondoso, la situazione è molto pericolosa. La barca sarà sfasciata a colpi d'ascia, ma tuffarsi sarà ancora più rischioso, dato che potremmo essere scaraventati dalle onde sugli scogli. In questo caso è preferibile pregare che i soccorsi arrivino in tempo o, comunque, valutare la soluzione più sicura per salvaguardare l'incolumità di noi stessi e dell'equipaggio.

11.15 *Incendio a bordo*

I materiali con cui sono costruite le imbarcazioni sono facilmente infiammabili: occorre prestare molta attenzione e in caso d'incendio estinguere le fiamme nel minor tempo possibile. Gli incendi in barca possono essere classificati nel seguente modo:

- Fuoco nelle strutture interne o esterne (classe A): cercare, senza ustionarsi, di soffocare il fuoco utilizzando secchi d'acqua ed estintori con rapidità fulminea. Se l'incendio è localizzato all'esterno, manovrare al fine di mettere le fiamme sottovento, così da non facilitare l'alimentazione del fuoco.
- Fuoco di liquidi infiammabili (classe B): è opportuno cercare di estinguere le fiamme per mezzo degli estintori nel minor tempo possibile. È assolutamente pericoloso gettare acqua sull'incendio.
- Fuoco dovuto al getto di un gas infiammabile (classe C): è necessario chiudere la bombola del gas ed estinguere l'incendio tramite gli estintori con rapidità fulminea.
- Fuoco nel vano motore (classe D): la prima cosa da fare è fermare il motore e interrompere il flusso del gasolio. Spegnere immediatamente il quadro elettrico. Non aprire il vano motore: utilizzare il piccolo foro a disposizione situato nella copertura del vano e indirizzare l'ugello dell'estintore al suo

interno. Scaricare tutto l'estintore sulle fiamme. Se il vano non ha il foro, prendiamo un bel respiro, alziamo leggermente il pannello di accesso al vano e spariamo alla base della fiamma, sperando di riuscire a portare a buon fine l'operazione. Successivamente controlliamo attentamente la parte circostante l'incendio, al fine di accertare che non ci siano vie d'acqua.

– Fuoco nell'impianto elettrico (classe D): staccare immediatamente le batterie, il cavo del 220 V se siamo collegati a terra, aprire il quadro e sfogare tutta la carica dell'estintore. In queste classi di incendi non gettare mai acqua sulle fiamme: meglio cercare, se possibile, di soffocarle con una coperta non infiammabile.

Gli estintori a schiuma non vanno utilizzati su apparecchiature elettriche, dato che questa sostanza conduce l'elettricità. La schiuma non deve essere gettata come la polvere alla base della fiamma, ma spruzzata dall'alto verso il basso, in modo da estinguere le fiamme per soffocamento. Gli estintori ad anidride carbonica devono essere utilizzati soltanto in locali chiusi, dato che in presenza di ossigeno sono inefficaci: in ogni caso è necessario agire dal di fuori per evitare il soffocamento.

La regola in caso di incendio è cercare di capire immediatamente se siamo in grado o meno di estinguerlo.

In caso affermativo cerchiamo di proteggere noi stessi tirandoci un secchio d'acqua in testa, raggruppiamo immediatamente tutti gli estintori e cerchiamo di indirizzare il getto alla base della fiamma. Se disponiamo di estintori a polvere (i più comuni), è necessario non disperdere lo sfogo in tutto l'incendio, ma procedere dal perimetro verso il nucleo della parte infiammata. Una volta estinto l'incendio è necessario accertare che non ci siano falle e valutare se siamo in condizione di proseguire con i propri mezzi o lanciare un PAN.

In caso negativo dobbiamo immediatamente predisporre l'imbarcazione per abbandonarla. Assicuriamo immediatamente la zattera nel punto più sicuro dell'imbarcazione e facciamo indossare le cinture di salvataggio all'equipaggio, sperando che non siano nei pressi dell'incendio, quindi prepariamo immediatamente l'autogonfiabile per l'apertura.

Lanciamo il MAY DAY sul canale 16 cercando di scandire bene la posizione e accertando che una stazione abbia copiato affermativamente il nostro messaggio. Il nostro dovere adesso è dirigere l'operazione di abbandono dell'imbarcazione, verificando che tutti i membri imbarchino correttamente nell'autogonfiabile, e allontanarsi velocemente dalle fiamme. Al rientro in porto è necessario fare denuncia di evento straordinario.

11.16 *Abbandono dell'imbarcazione e sopravvivenza a bordo del mezzo di salvataggio*

L'imbarcazione deve essere abbandonata soltanto se è inevitabilmente destinata ad affondare o se è rimasta coinvolta in un incendio indomabile.

È necessario predisporre il mezzo di salvataggio nel punto dell'imbarcazione più idoneo alla circostanza, accertarsi che tutto sia stato predisposto per l'attivazione e quindi procedere all'apertura, così com'è stato spiegato precedentemente nel capitolo delle dotazioni. Tutti i membri dell'equipaggio dovranno indossare le cinture di salvataggio e imbarcare, sperando di avere la zattera e non l'atollo, all'interno del mezzo.

Per entrare correttamente nell'autogonfiabile è indispensabile saltare con i piedi nella parte aperta della zattera, mentre le braccia attutiscono e scaricano il peso impattando sul tubolare che ne sostiene il «tetto» *(Figura 11.17)*.

Fig. 11.17

Quando tutti i membri dell'equipaggio sono all'interno della zattera (il comandante dovrebbe entrare per ultimo), è necessario tagliare la sagola di vincolo che teneva il mezzo collegato alla barca con un coltello situato sul lato sinistro dell'apertura della zattera o sulla tenda di copertura, comunque sempre in una posizione ben evidente.

Prima di abbandonare definitivamente l'imbarcazione è necessario lanciare il MAY DAY e accertarsi che una stazione ricevente abbia copiato affermativamente il nostro messaggio e la nostra posizione.

È indispensabile cercare di portare al seguito quanto di più necessario alla nostra nuova condizione di permanenza in mare: un telefonino, un VHF e un GPS portatile potranno agevolarci per reperire i soccorsi. In questi casi l'EPIRB e il dissalatore, se ci sono e siamo molto lontani da terra, siano benedetti. Cassetta del pronto soccorso, razzi e boette, vestiario, coperte, acqua e viveri in più di quelli in dotazione saranno utili se la permanenza in mare in attesa dei soccorsi si dovesse prolungare: per questo è indispensabile che il diportista provveda a tenere questi materiali in un unico bidone stagno contrassegnato dalla scritta «survie». Molte di queste cose si trovano all'interno delle zattere della nuova normativa, ma qualsiasi precauzione in più non potrà mai essere biasimata.

La zattera diviene adesso il nostro mezzo ausiliario di navigazione: speriamo che sia ben attrezzata. È necessario mantenere la calma, non disperdere calore e cercare di stimare la rotta che stiamo effettuando in base alla corrente e al vento. In questo modo, se disporremo di un mezzo di comunicazione, potremo dare una stima della nostra posizione. È importante controllare che la zattera non imbarchi acqua: in tal caso sgottare e intervenire eventualmente tramite i kit di riparazione annessi all'interno.

Se la permanenza a bordo della zattera si dovesse prolungare, è opportuno sapere che i peggiori nemici dei naufraghi sono il freddo e la disidratazione dovuta alla mancanza di acqua e alla prolungata esposizione al sole.

Prevenire l'ipotermia è possibile indossando quanti più indumenti pesanti e cercare di coprire adeguatamente mani, piedi, testa e collo: se disponiamo di una tuta protettiva TPS (Thermique Protection Survie) e se la temperatura è particolarmente fredda, occorre indossarla in fretta. Il mal di mare favorisce l'ipotermia: se necessario, utilizziamo i rimedi che abbiamo a disposizione.

La disidratazione è dovuta alla mancanza di acqua dolce nell'organismo. Questo fenomeno dipende dalle circostanze atmosferiche e dallo stato psico-fisico dell'individuo. È necessario ridurre al minimo la sudorazione e quindi evitare movimenti non necessari, restare all'ombra, utilizzare indumenti umidi e immergersi in mare con le dovute precauzioni (giubbotto di salvataggio e una cima di sicurezza): in questo modo il corpo, per osmosi, è in grado di assorbire acqua.

Se il naufrago riesce ad avere l'acqua, avrà poche probabilità di morire: per questo è importante, quando se ne presenta l'opportunità, utilizzare il raccoglitore per l'acqua piovana e riempire tutti i recipienti a disposizione. È utile tenere presente che l'acqua di mare è dannosa all'organismo, spesso aumenta la sete e può essere bevuta soltanto in piccole quantità. In ogni caso si deve mantenere la ferma volontà di sopravvivere. È necessario fare in modo di essere notati da una nave o da un aereo in vista. Le segnalazioni a mezzo di uno specchio si sono dimostrate le più adatte: l'eliografo, infatti, può essere un ottimo alleato, se utilizzato in modo corretto. I segnali di soccorso sono presenti in numero limitato: per questo sarà opportuno utilizzarli con parsimonia, ovvero quando abbiamo maggiori probabilità che siano avvistati.

11.17 *Redigere la denuncia di evento straordinario*

Secondo il Codice della Navigazione (art.182) il comandante di un'unità da diporto deve redigere una denuncia di evento straordinario in caso di collisione, incaglio, falla, incendio, assistenza, salvataggio, avvistamento relitti. La relazione dovrà essere presentata all'autorità marittima o consolare all'estero. Presso una sede dell'autorità marittima è possibile avere un prestampato su cui scrivere la denuncia. Nella prima parte di questa devono essere trascritte le generalità del comandante, dell'imbarcazione e, a volte, anche dei membri dell'equipaggio, mentre nello spazio sottostante occorre trascrivere tutti i dati relativi all'evento nel modo più chiaro possibile, specificando i particolari più importanti come l'ora, la rotta e la velocità. Abbiamo cura di trascrivere la posizione, che si aveva al momento del sinistro, il nostro precedente itinerario e le condizioni meteo. Aver tenuto in corso d'opera il giornale di bordo e aver riportato sulla carte rotte, punti nave e quant'altro sarà utile per dimostrare la pianificazione del nostro progetto di navigazione all'autorità marittima e potrà avere addirittura rilevanza probatoria in caso di accertamento delle responsabilità.

CAPITOLO 12

IL PRIMO SOCCORSO

CAPITOLO 12

Il primo soccorso è la base di ogni attività che si svolge lontana da luoghi raggiungibili dai servizi di assistenza medica. Un bravo skipper deve saper fornire il primo soccorso a chiunque si faccia male, o si ferisca per una disattenzione. È opportuno frequentare corsi appropriati presso centri specializzati.

Un malessere o un incidente a uno dei membri dell'equipaggio, o allo stesso skipper, è un altro tra gli spiacevoli inconvenienti che possono capitare durante la navigazione: la riacutizzazione di una malattia in corso, una crisi di panico, una grave lesione fisica. Come dicevamo nell'introduzione, è necessario conoscere le basi del primo soccorso e agire di conseguenza. L'importante è fare soltanto ciò che si è in grado di fare e non improvvisarsi «medici in prima linea».

Il primo soccorso è l'aiuto che si offre a una o più persone, vittime di un incidente o colte da un malore, in attesa di un medico o di personale qualificato. È necessario ricordare che il primo soccorritore non deve mai sostituirsi al medico nel mettere in atto manovre cosiddette di primo soccorso. Occorre innanzi tutto evitare azioni inconsulte che potrebbero rivelarsi dannose, prevenire l'aggravamento delle condizioni del malcapitato e proteggerlo da ulteriori rischi, così da favorirne la sopravvivenza. È di fondamentale importanza, affinché le manovre di primo soccorso siano efficaci e mai eccessive, saper distinguere i casi gravi e davvero urgenti da quelli meno urgenti.

Il soggetto malato o traumatizzato, oltre che di cure, ha bisogno di sostegno emotivo. Infatti anche se in stato d'incoscienza (addirittura in arresto respiratorio o cardiaco) può essere lo stesso in grado di udire e di rendersi conto di ciò che sta accadendo. A questo scopo è necessario fare affermazioni di contenuto positivo e parlare come se la persona fosse effettivamente in grado di ascoltarci.

Quando un soccorritore si avvicina alla vittima di un incidente o a un ammalato è necessario che si protegga in quanto soccorritore. Il paziente potrebbe essere affetto da una malattia infettiva contagiosa: per questo è necessario, specie nel caso vi siano perdite di sangue, proteggersi con guanti adeguati. Se il soccorritore non si sente in grado di trattare il malcapitato, è opportuno attendere il sistema medico d'emergenza piuttosto che agire nell'incertezza.

Per questa ragione, se riteniamo che le nostre conoscenze non sono sufficienti a fronteggiare la situazione o il problema insorto è complicato, è necessario chiamare telefonicamente il 1530 o allertare il CIRM (Centro Italiano Radio Medico, in stand-by su canale 16) o la capitaneria, e spiegare agli addetti, nel modo più chiaro possibile, la situazione e la sintomatologia. A questo punto ci saranno dettate istruzioni e noi dovremo agire soltanto se sicuri di aver capito attentamente le direttive impartite, altrimenti dire «Non ho capito» e cercare di concentrarsi sulle disposizioni che ci saranno dettate dall'operatore. Possedere a bordo una cassetta di pronto soccorso adeguatamente fornita può essere un grande vantaggio: è quindi opportuno controllare periodicamente la validità e l'integrità di tutti i medicinali imbarcati.

Riportiamo qui di seguito le tecniche di rianimazione e alcuni tra i problemi che possono capitare, in modo da raccogliere una serie d'informazioni di base per il diportista. Occorre però ricordare che nessun testo è in grado di sostituirsi a un corso tenuto da personale medico, integrato con esercitazioni pratiche e verifiche da parte degli addetti.

12.1 *L'ABC della rianimazione cardiopolmonare (RCP)*

Affinché possa avere successo, la RCP deve essere eseguita con rapidità ed efficienza, dato che ogni ritardo può essere fatale. Ci sono casi in cui il ripristino del respiro e della circolazione si è ottenuto dopo che la rianimazione si era protratta anche per tre ore. La formula ABC costituisce una sequenza mnemonica semplice e utile per ricordare le fasi della rianimazione.

A: airways opened (apertura delle vie aeree)

Il ripristino di un'adeguata ventilazione polmonare è essenziale sia nell'arresto respiratorio sia in quello circolatorio, e il primo e più importante requisito in tali casi è l'apertura delle vie aeree. Nel soggetto in stato d'incoscienza il collo si flette, la mandibola rilassata cade in basso e all'indietro e la lingua ostruisce la faringe. La manovra migliore per impedire tale ostruzione consiste nel rovesciare la testa all'indietro estendendo il collo, quindi sollevare delicatamente la mandibola per spostare la lingua dalla parete posteriore della faringe. È consigliabile porre una mano sotto il collo e l'altra sotto il capo del paziente, sollevare il collo ed estendere la testa in modo che il mento punti verso l'alto. Le eventuali protesi dentali vanno rimosse immediatamente dal cavo orale, e occorre slacciare cravatte, cinture e tutto ciò che possa rendere difficoltose la circolazione o la respirazione *(Figura 12.1)*.

Fig. 12.1

B: breathing restored (ripristino della respirazione)
Se dopo aver aperto le vie aeree il soggetto non riprende a respirare spontaneamente, si deve avviare la respirazione bocca a bocca. In questo caso il palmo di una mano viene premuto contro la fronte del paziente allo scopo di mantenere il capo all'indietro e le narici vengono chiuse stingendole tra il pollice e l'indice della stessa mano per prevenire la fuoriuscita dell'aria. Il rianimatore deve aprire bene la propria bocca e, dopo aver inspirato profondamente, apporla su quella del paziente in maniera serrata, quindi soffiare fino a che i polmoni del soggetto si espandono e la gabbia toracica si solleva. Quando il soccorritore allontana la bocca, si dovrebbe avvertire la fuoriuscita dell'aria passiva dell'individuo. All'inizio bisogna mandare rapidamente l'aria per cinque volte in rapida successione senza aspettare che i polmoni si sgonfino completamente. Le insufflazioni devono essere circa dodici al minuto per gli adulti e venti per i bambini *(Figura 12.2)*.

Fig. 12.2

C: circulation restored (riattivazione del circolo)
Per riattivare una circolazione di sangue sufficiente all'ossigenazione del cuore e del cervello si attua la tecnica del massaggio cardiaco. Una forte pressione sul

segmento inferiore dello sterno (al di sopra dello stomaco) determina il ripristino di una certa gittata cardiaca, di cui è espressione la palpabilità del polso carotideo. Il paziente deve essere coricato su una superficie dura, mentre il rianimatore poggia il palmo di una mano sulla metà inferiore dello sterno del soggetto e l'altra mano sopra la prima. Il rianimatore deve quindi darsi delle spinte intermittenti in basso, mantenendo tese le proprie braccia e usando il peso della parte superiore del corpo per esercitare una pressione capace di deprimere lo sterno di 3-5 cm: è necessario comprimere ogni mezzo secondo. Le mani del rianimatore devono essere mantenute sopra lo sterno nel momento in cui viene tolta la pressione. Questo ciclo viene ripetuto con regolarità e senza strattoni circa una volta al secondo, impiegando lo stesso tempo per la fase di compressione e per quella di decompressione dello sterno. Un tale ritmo, uniforme e regolare, consente che il riempimento del cuore avvenga in un tempo adeguato e fa sì che non si abbiano lesioni determinate da compressioni irregolari e a scatto *(Figura 12.3)*.

Fig. 12.3

Per eseguire il massaggio cardiaco esterno nei bambini d'età inferiore agli 8-10 anni si usa il palmo di una sola mano, mentre l'altra può fornire da supporto rigido sotto la schiena. Per comprimere il torace di un neonato o di un bambino molto piccolo è sufficiente la sola punta di due dita della mano.

Il massaggio cardiaco, da solo, non comporta la ventilazione dei polmoni: per questa deve essere impiegata la rianimazione bocca a bocca. L'associazione delle due tecniche costituisce la rianimazione cardio-polmonare. È necessario cominciare la rianimazione insufflando i polmoni del paziente per cinque volte con la tecnica bocca a bocca, dare quindi inizio al massaggio cardiaco e interporre due insufflazioni ogni quindici compressioni dello sterno: è necessario non interrompere mai la rianimazione cardio-polmonare per più di cinque secondi finché il respiro e il circolo non si siano riattivati. Se sono presenti due rianimatori, la tecnica più efficace e fisiologicamente più appropriata consiste nel far interporre a cinque massaggi di uno dei due un'insufflazione dell'altro. Ciò evita pericolose pause nella circolazione del sangue, consente massaggi continui e assicura la possibilità di insufflare pienamente i polmoni del paziente dodici volte al minuto, con conseguenti ossigenazione, pressione e flusso di ottimo livello *(Figura 12.4)*.

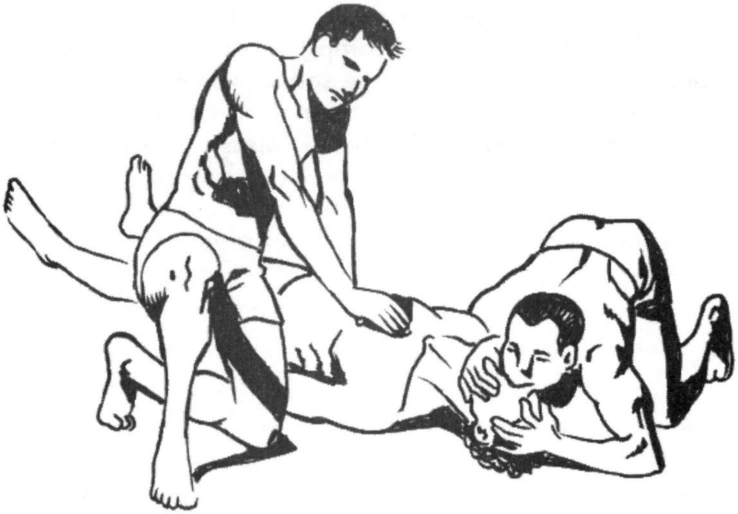
Fig. 12.4

Le prime tre operazioni A, B e C devono essere eseguite rapidamente e con precisione nell'ordine descritto. Talora il paziente riprenda a respirare spontaneamente, dopo la fase A non sarà necessario passare alle operazioni successive. A volte, dopo la fase B, il circolo riprende spontaneamente e non è più necessario il massaggio cardiaco (fase C).

Un soggetto incosciente, in cui sussiste il battito cardiaco e la respirazione, deve essere messo in posizione laterale di sicurezza, per evitare che la lingua cada all'indietro, ostruendo la respirazione, o che l'emissione di vomito permanga nel cavo orale, impedendo il corretto ingresso dell'aria nelle vie aeree *(Figura 12.5)*.

Fig. 12.5

Come abbiamo detto precedentemente le istruzioni indicate in questo capitolo possono essere una guida da utilizzare come promemoria: la frequenza di un corso di primo soccorso è un compito che ogni skipper deve aver cura di svolgere.

12.2 *Mal di mare*

Se può consolare non è mai morto nessuno di mal di mare, quindi è meglio evitare di bombardare di consigli lo sventurato e lasciare che sia lui a decidere il modo più idoneo per affrontare questo disagio e se, eventualmente, prendere dei medicinali. Se questa persona dovesse stare male nel vero senso della parola, occorre farla stendere sottocoperta con un bugliolo o assicurarla in pozzetto (sottovento) con la cintura di sicurezza non troppo stretta, accertandosi che sia ben coperta. In ogni caso pare che il soggetto colpito da questo disagio soffra meno restando sdraiato piuttosto che seduto o in piedi. Timonare a volte può essere un'attività in grado di impegnare colui che non sta bene e quindi, come a volte accade anche in auto, un metodo per sconfiggere il malessere. Lasciamo che sia lo sventurato a decidere dove preferisce restare e rassicuriamolo, mentre facciamo rotta verso il primo porto. Due passi a terra e un tè caldo o una camomilla potranno rimetterlo in sesto. Se questo dovesse essere l'andamento generale dell'equipaggio, è opportuno riflettere su un programma più tranquillo.

In farmacia si possono acquistare braccialetti che funzionano sul principio dell'agopuntura in grado di prevenire il mal di mare, così come cerotti che possono essere posizionati vicino all'orecchio e che, rilasciando una particolare sostanza, contrastano il malessere. Prima dell'utilizzo è meglio informarsi sulle modalità d'uso di questi rimedi e sulle eventuali controindicazioni

La nutrizione, in ogni caso, è alla base di un buono stato di salute a bordo. È conveniente, specie se le persone imbarcate non hanno molta familiarità con il mare, mangiare cibi secchi e asciutti, in modiche quantità e magari più spesso. Meglio evitare cibi o bevande difficili da digerire come latte, carni o alimenti particolarmente grassi.

12.3 *Svenimento*

È una temporanea perdita di coscienza dovuta a un insufficiente afflusso di sangue e, quindi, di ossigenazione al cervello, in genere di breve durata. Si manifesta con pallore, sudorazione fredda, senso di vertigine, caduta a terra.

Può essere causata da un'improvvisa emozione, dolore o stress, una riduzione del tasso di zucchero nel sangue, un abbassamento della pressione sanguigna, permanenza in ambienti troppo caldi, malattie dell'apparato cardio-vascolare.

Che cosa fare

Si devono slacciare gli indumenti stretti del paziente per consentire un adeguato apporto di aria e sangue al cervello; si deve adagiare il paziente in posizione supina con la testa girata da un lato tenuta in posizione più bassa rispetto alle gambe, che devono essere sollevate di circa quaranta centimetri, così da favorire l'afflusso di sangue al cervello (posizione antishock, *Figura 12.6*); accertarsi che il battito cardiaco e la respirazione siano regolari e fare impacchi sulla fronte con un fazzoletto bagnato con acqua fresca. Nella maggior parte dei casi è sufficiente che il soggetto rimanga in posizione supina per alcuni minuti affinché il problema si risolva completamente, molto raramente è necessario ricorrere alle tecniche di rianimazione.

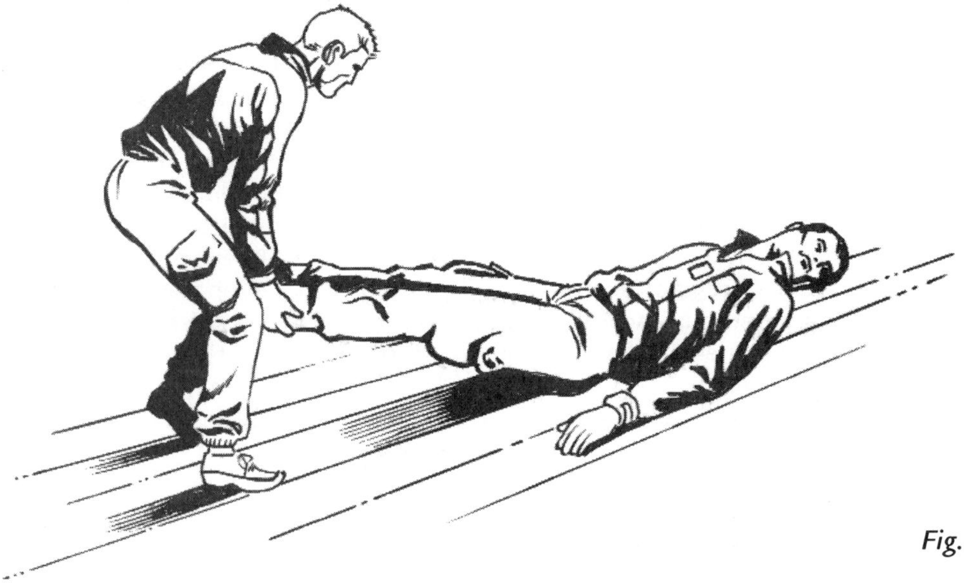

Fig. 12.6

Che cosa non fare

In caso di svenimento evitare di rialzare l'infortunato, evitare rianimazioni tramite secchiate d'acqua fredda o shock termici, non inserire forzatamente cibi o bevande nel cavo orale, evitare di far rialzare il paziente per almeno dieci minuti dal momento in cui riprende coscienza.

12.4 *Colpo di calore e colpo di sole*

Il colpo di calore dipende dal malfunzionamento del sistema di regolazione della temperatura corporea, che impedisce un adeguato smaltimento del calore accumulato dal corpo a causa della permanenza e del lavoro fisico in luoghi molto caldi. Stessa causa e stessi sintomi per il colpo di sole, determinato dalla lunga esposizione ai raggi solari della testa, in assenza di un'adeguata protezione.

I sintomi possono comprendere mal di testa, improvvisa perdita di coscienza, vertigini, dolore addominale, pelle calda e secca, aumento della frequenza cardiaca, rapido innalzamento della temperatura corporea che può superare i 41 °C, convulsioni e coma.

Che cosa fare
Portare l'infortunato all'ombra in un luogo fresco e ventilato, togliere gli abiti e qualsiasi oggetto troppo stretto e evitare accalcamenti di persone attorno a lui. In presenza di pelle secca e asciutta e in assenza di sudorazione, procedere con un bagno freddo o spugnature di acqua fredda: molto utile può essere una borsa di ghiaccio sulla nuca e sulla fronte. È possibile, se lo sventurato è d'accordo, somministrare bevande a temperatura ambiente a base di succhi di frutta. In presenza di temperatura elevata (superiore ai 38°C) è opportuno accentuare il trattamento con immersioni prolungate in acqua fredda ed energici massaggi sulla cute da effettuare possibilmente quando l'infortunato è immerso. Importantissimo è il controllo della temperatura da verificare ogni dieci minuti, in modo da sospendere categoricamente ogni tipo di trattamento non appena detta temperatura scenda al di sotto dei 38°C. Nel caso la situazione non accenni a ristabilirsi, è necessario recarsi al più presto in un centro medico, provvedendo anche durante il trasporto a mantenere bassa la temperatura dell'infortunato coprendolo con indumenti bagnati. In caso di arresto respiratorio bisognerà procedere alle manovre rianimatorie del caso.

Che cosa non fare
Somministrare alcolici o narcotici, far muovere o coprire l'infortunato.

12.5 *Emorragie, tagli e ferite*

Le ferite sono lesioni provocate da corpi taglienti che possono interessare la pelle o coinvolgere strutture più profonde, come muscoli e organi interni. Si suddividono in ferite da taglio (con margini ben delineati), ferite da punta (in profondità), ferite lacero-contuse (con irregolarità dei bordi e parte contusa). Ogni tipo di ferita può complicarsi con un'infezione: tra queste la più temibile è l'infezione tetanica.

Che cosa fare
Lavarsi bene le mani con acqua e sapone e poi disinfettarle, mettere la ferita sotto acqua corrente e lavarla con acqua ossigenata o con altri prodotti. Se ci si trova in presenza di un'escoriazione o di una lesione poco profonda, con una modesta emorragia è necessario tamponare con garze sovrapponendo strati su strati fino all'arresto dell'emorragia, senza tentare di rimuovere gli strati sottostanti. In presenza di un taglio netto dobbiamo, invece, riavvicinare i lembi con i pollici, poi tamponare e medicare con garze sterili e cerotti. Nel caso nella ferita sia rimasto un corpo estraneo, è consigliabile non tentare di estrarlo (operazione riservata a personale competente), sempre che non sia molto

superficiale. Dobbiamo formare con una garza un tampone intorno alla ferita, per impedire la compressione del corpo estraneo, e fissarlo con una benda arrotolata: è necessario rivolgersi tempestivamente al pronto soccorso. L'emorragia è la perdita di significative quantità di sangue dovuta a una lesione di vasi sanguigni. Questa può essere evidente (esterna) o nascosta (interna). In caso di emorragia esterna piuttosto abbondante è necessario provare ad arrestarla premendo sulla lesione con un pacchetto di garze, un asciugamano o qualsiasi altro tessuto in cotone possibilmente sterile. Se entro pochi minuti non si vedono risultati apprezzabili, si deve tentare di distinguere il colore del sangue e il modo con cui esso esce dalla ferita. Il sangue di colore rosso scuro che fuoriesce con un flusso continuo è indice di un'emorragia venosa: insistere, quindi, con la pressione e applicare un bendaggio compressivo sarà sufficiente ad arrestare la perdita. Se il sangue invece è di colore rosso vivo e sgorga zampillando, allora siamo in presenza di un'emorragia arteriosa. In questo caso andrà posizionato subito un laccio sopra la ferita, per esempio nell'arto superiore, tra la ferita e la spalla *(Figura 12.7)*.

Fig. 12.7

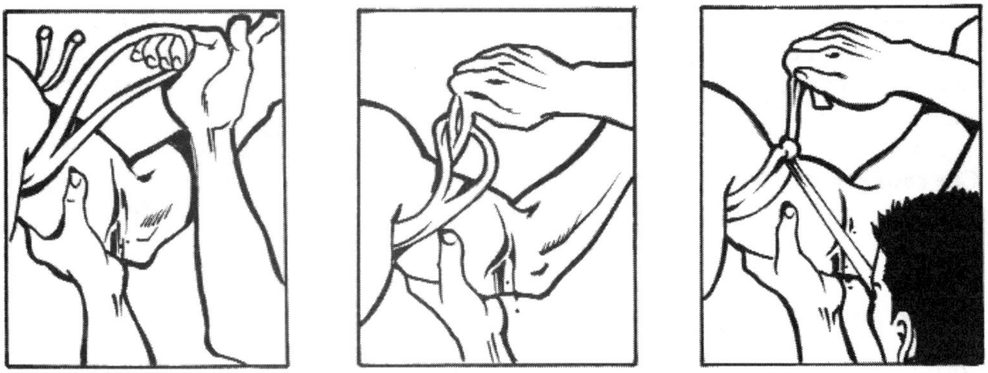

1 2 3

Nel caso l'emorragia non si arresti, si può essere in presenza di lesioni sia di vene che di arterie, caso in cui si applicheranno due lacci, uno sopra e uno sotto la ferita. È necessario ricordare che i lacci emostatici vanno allentati ogni venti minuti, per evitare danni irreversibili ai tessuti non irrorati a causa della compressione vascolare esercitata da parte del laccio. Quando la ferita è alla radice dell'arto, procedere come segue: in caso di lesione a un braccio, provare a premere con due dita al centro della clavicola; in caso di lesione ad una gamba, dopo aver fatto sdraiare l'infortunato, premere con un pugno chiuso al livello della piega inguinale. Nei casi in cui si verifichino ferite profonde, con copiose emorragie venose o arteriose a livello del tronco, del collo o della testa, l'unico rimedio è quello di tamponare con forza. È importante ricordare che il sollevamento dell'arto interessato riduce l'emorragia, e il ghiaccio è un ottimo emostatico.

Il soggetto che ha in corso un'emorragia interna può lamentare dolore addominale, diviene pallido, suda e ha un'accelerazione marcata sia dei battiti cardiaci sia della frequenza del respiro. In questo caso si deve adagiare il paziente in posizione supina e procedere subito al ricovero in ospedale.

Che cosa non fare
Somministrare alcolici o farmaci in caso di consistenti perdite di sangue, medicare le ferite ponendo del cotone idrofilo a diretto contatto con la lesione, premere sulla lesione senza essersi accertati che non vi siano corpi estranei ancora attaccati alla pelle (schegge di legno, di vetro eccetera). L'alcool non è il disinfettante ideale: infatti, non è un battericida efficiente e non distrugge le spore del tetano.

12.6 *Fratture, distorsioni e lussazioni*

La frattura è la rottura di un osso provocata da un trauma. La frattura può essere chiusa, se le estremità dell'osso non lacerano la pelle, o esposta se una o entrambe le estremità dell'osso lacerano la pelle e creano una ferita. La distorsione è la lacerazione o lo stiramento dei legamenti che uniscono le estremità di un'articolazione con perdita temporanea dei normali rapporti articolari, mentre la lussazione è lo spostamento completo con perdita di contatto (contrariamente alla distorsione) dei capi ossei che formano un'articolazione.

Che cosa fare
In presenza di fratture esposte, dopo aver tagliato i vestiti nel punto della lesione, lavare bene la parte, disinfettare e tentare di arrestare l'emorragia tamponando con garze o bende pulite, come descritto nel paragrafo precedente. Cercare di immobilizzare l'arto tramite lo steccaggio delle ossa rotte e delle articolazioni: a questo proposito ci si potrà servire di tavole, riviste, strisce di camicia e qualsiasi cosa possa rivelarsi utile all'occorrenza *(Figura 12.8)*. È necessario prestare attenzione a non eseguire bendaggi troppo stretti: qualora le estremità assumessero un colorito cianotico e si manifestassero formicolii o perdite di sensibilità, sarà necessario allentarli immediatamente.

Fig. 12.8

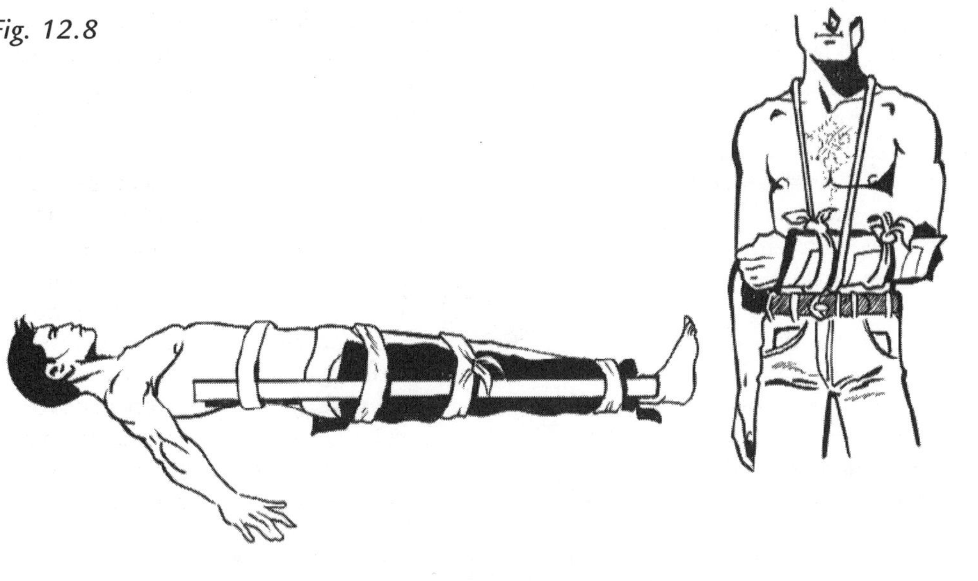

Che cosa non fare
Se ci fosse sospetto di frattura o lussazione, è bene non far compiere movimenti all'infortunato che possono interessare le parti fratturate o lussate. Pertanto è buona regola non togliere gli abiti. Sia in caso di lussazioni sia di fratture non provare assolutamente a rimettere a posto la lesione in loco e non tentare mai di modificare la posizione assunta dall'arto leso, per quanto scomposta possa apparire. Se la situazione può far supporre lesioni di vertebre, è necessario evitare di spostare l'infortunato, se non prendendo le debite precauzioni.

12.7 *Soffocamento*

È dovuto a un'ostruzione delle vie respiratorie causata da un corpo estraneo.

Che cosa fare
Per un adulto si deve attuare la cosiddetta manovra di Heimlich. Ci si pone alle spalle dell'infortunato abbracciandolo da dietro: con le mani a metà dell'addome si comprime, esercitando una serie di spinte verso l'alto per causare l'espulsione dell'oggetto *(Figura 12.9)*. In caso di donna incinta o di individuo obeso si pone l'infortunato in posizione supina e si procede assestando colpi sul torace, prestando attenzione, nel caso della donna incinta, a non colpire l'addome onde evitare danni al feto. Nel caso di un bambino mettere il piccolo a testa in giù e dare colpi nella schiena tra le scapole.

Fig. 12.9

Che cosa non fare
Sdraiare l'infortunato, dargli da bere.

12.8 Ustioni

Questo genere di inconveniente provoca danni all'epidermide o alle mucose del corpo, derivanti da contatto più o meno prolungato con fonti di calore.

Che cosa fare
Impedire all'infortunato di agitarsi, immergere la parte ustionata in acqua fredda e mantenercela a lungo (almeno dieci minuti). Più grave ed estesa è la lesione, tanto più va mantenuta bassa la temperatura corporea. Solo dopo aver immerso la parte in acqua provare a rimuovere eventuali lembi di vestito o altro materiale attaccato alla pelle, ma sospendere al minimo segno di distacco di brandelli di cute ustionata. Qualora si abbia la certezza della lieve entità della lesione per grado di ustione o di espansione della stessa, dopo aver trattato la parte con acqua, cospargere di apposito unguento e fasciare dolcemente con garze sterili, altrimenti ricorrere con sollecitudine alle cure di centri medici attrezzati.

Che cosa non fare
Grattare o sfregare la lesione, o tentare di rimuovere subito eventuali frammenti di abito o altri residui rimasti attaccati alla cute. Tentare di bucare o svuotare in qualsiasi modo le vescicole, per far fuoriuscire il siero. Cospargere oli o anche unguenti specifici sulla parte ustionata senza averla prima trattata con acqua e ghiaccio. Applicare bendaggi troppo stretti sulla lesione.

12.9 Annegamento

È determinato da asfissia dovuta ad aspirazione di liquidi con possibili complicazioni dovute a lunga esposizione a basse temperature. I sintomi specifici sono: nausea, vomito, arresto delle funzioni cardio-polmonari.

Che cosa fare
Prima di tuffarsi per il recupero valutare la distanza e portare dietro un oggetto galleggiante. Quando abbiamo raggiunto la persona in difficoltà, porsi alle sue spalle e afferrarla sotto le ascelle. Una volta in salvo se il soggetto respira ancora, distenderlo supino con la testa girata di lato ed effettuare compressioni sull'addome *(Figura 12.10* alla pagina seguente*)*.

Qualora ci si renda conto che sussiste un blocco della respirazione o cardiaco, procedere immediatamente con le tecniche di rianimazione, dopo aver provveduto nell'eventualità a rimuovere ostruzioni dal cavo orale. Coprire il soggetto con qualcosa di caldo.

Che cosa non fare
Lanciarsi in eroici tentativi se non si è esperti nuotatori, interrompere le tecniche

di rianimazione neanche durante l'eventuale trasporto per il ricovero e somministrare da bere anche in presenza di una timida ripresa.

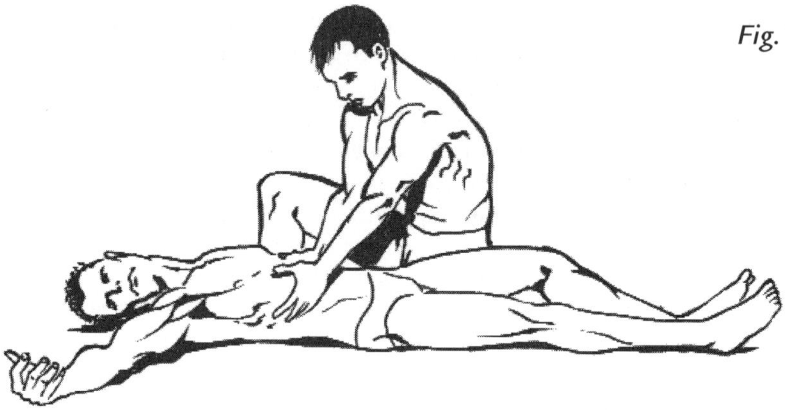

Fig. 12.10

12.10 *Punture d'insetto e contatto con spina dorsale di tracina o con tentacoli di medusa*

In genere si manifestano con: prurito, arrossamento, dolore, formicolio, gonfiore. In caso di reazioni allergiche può insorgere uno shock anafilattico, i primi sintomi compaiono generalmente entro quindici minuti: dolori addominali, nausea, difficoltà di respirazione, aumento della frequenza cardiaca, calo della pressione, pallore in volto e colorito bluastro alle estremità degli arti, sudorazione fredda, arresto cardiaco, perdita di coscienza fino al coma.

Che cosa fare
Pulire accuratamente la lesione, disinfettarla e provvedere eventualmente all'estrazione del pungiglione utilizzando delle pinzette disinfettate. Eseguire impacchi di ghiaccio o acqua ghiacciata e utilizzare preparati antistaminici in pomata o anche per via orale, in caso di sintomatologia particolarmente forte. In presenza di sintomi che possano far presagire uno shock anafilattico, è necessario recarsi velocemente verso un centro medico attrezzato. In caso di blocco della respirazione o arresto cardiaco procedere con le tecniche di rianimazione.

Che cosa non fare
Evitare di grattare la lesione contribuendo a spandere il veleno.

12.11 *Avvelenamenti*

La sintomatologia relativa agli avvelenamenti è piuttosto varia. Essendo collegata alle sostanze ingerite si può parlare genericamente di nausea, dolori addominali, convulsioni e difficoltà respiratorie. Dobbiamo distendere il paziente con le gambe leggermente sollevate e con la testa girata da un lato, e nel caso di blocchi cardio-respiratori procedere con le tecniche di rianimazione. In caso di vomito spontaneo raccogliere possibili campioni per analisi. È necessario accertarsi immediatamente del tipo di sostanza ingerita e della quantità, poi contattare telefonicamente un centro antiveleni tramite il 1530 o altro servizio, per avere informazioni sulle procedure da seguire. Se si è impossibilitati dal contattare specialisti in caso di ingestione di sostanze tossiche o lesive, la prima cosa da fare è provocare il vomito.

12.12 Congestione

È dovuta a carenza di sangue al cervello e al blocco dei processi digestivi. Il sangue viene «rubato» al cervello da un'altra parte del corpo, poiché durante la digestione più lo stomaco svolge uno sforzo maggiore più sangue gli viene concentrato. I sintomi sono: pallore, nausea, vomito e vertigini. A fini preventivi è necessario evitare sforzi fisici intensi e bagni in acqua fredda dopo aver mangiato. Se l'infortunato perde conoscenza, in attesa di un medico, è opportuno sdraiare l'individuo con le gambe sollevate rispetto alla testa, come per lo svenimento.

12.13 Crisi di panico

Cercare di tranquillizzare lo sventurato e dirigersi verso un porto vicino. È necessario valutare attentamente lo stato psichico del soggetto ed eventualmente decidere di legarlo con la cintura di sicurezza per evitare spiacevoli incidenti dovuti a un'offuscata capacità di intendere.

12.14 Incidente di un subacqueo in immersione con autorespiratore ad aria

Può capitare che un subacqueo vada incontro a serie problematiche dovute al profilo di immersione effettuato: il Dan Europe (tel. 167 824 080) o il 1530 sono in grado di fornire indicazioni sulle procedure da effettuare e sulla camera iperbarica più vicina. In questi casi è opportuno controllare che sussista la respirazione e il battito cardiaco, ed eventualmente intervenire con le tecniche di rianimazione, in attesa di informazioni precise dal personale qualificato.

CAPITOLO 13

LA CAMBUSA E LA BORSA DELLO SKIPPER

CAPITOLO 13

La cambusa è molto importante per effettuare una navigazione salutare, soprattutto per noi buongustai italiani. Scegliamo i cibi e le bevande adatti. La borsa dello skipper, anch'essa importante, deve contenere tutto ciò che normalmente non è possibile trovare a bordo.

La gestione della cambusa, la scelta dei cibi e delle bevande è un tema molto caro a noi navigatori buongustai italiani. In navigazione l'appetito aumenta notevolmente: l'aria di mare di per sé è già sufficiente, e mangiare adeguatamente non soltanto permetterà di essere sempre nel pieno delle forze, ma sarà un valido aiuto per mantenere alto il morale dell'equipaggio.

Per coloro che sono alla prima esperienza in barca a vela le attenzioni sono rivolte a ben altri stimoli, e i pasti diventano poco importanti e poco degni d'attenzione, ma quando poi arriva l'ora di cena e il sugo è in scatola, ecco che ritornano alla mente le cenette della mamma.

I pasti a bordo sono essenziali, come dicevamo, per un buono stato di salute psico-fisica. Nutrirsi continuamente di scatolame e di sughi già pronti non è salutare per nessuno, soprattutto per colui che a bordo dovrà permanere per molto tempo (il povero skipper). Con questo non si pretende che una crociera settimanale diventi una gara culinaria alla ricerca della raffinatezza: un pasto cucinato con ingredienti freschi necessita soltanto qualche minuto in più, ma garantisce nello stesso tempo una sana alimentazione. In barca è buona norma conservare le proprie abitudini alimentari: in fondo, anche se sottodimensionata, è presente una cucina funzionale.

13.1 *Lo stivaggio della cambusa*

Lo stivaggio della cambusa ha una logica ben precisa. Innanzi tutto deve essere effettuata una suddivisione degli alimenti: quelli che necessitano refrigerazione saranno riposti in frigo, gli altri saranno, invece, collocati nei gavoni e dentro gli stipetti.

Quest'operazione può essere svolta in due modi: o dividere i diversi generi alimentari in più gavoni (pasta da una parte, scatolame dall'altra), o mantenere un unico gavone ampio di facile accesso in cui sono contenute poche quantità di tutti gli alimenti. In questo modo al momento della preparazione dei pasti potremo avere tutto a portata di mano: sarà poi nostra cura rimpiazzare i cibi mancanti in questo compartimento e prendere nota di quelli esauriti.

Alcuni amano conservare le bottiglie di vino in sentina, ma sarebbe meglio evitare. Se proprio non possiamo farne a meno, accertiamo che siano ben fissate, in modo che non si spacchino a causa del moto ondoso, e soprattutto non posizioniamole nel vano dei trasduttori, poiché un urto contro uno di questi potrebbe provocarne la rottura.

13.2 *Cibi e quantità*

Colazione
Caffè, latte (anche se per alcuni un po' difficile da digerire), tè, cereali, frutta, yogurt, biscotti, fette biscottate, marmellate, miele, cioccolata, uova (per i più audaci) o qualsiasi genere alimentare salato di proprio gusto.

Pranzo
Può comprendere panini ripieni di affettato, oppure tonno, frittata o qualsiasi cosa sia di nostro gradimento. Inoltre, possono essere cucinati pasta o riso, si possono preparare delle friselle o un'insalata, altrimenti se qualcuno è particolarmente appassionato qualsiasi cosa sia di gusto per le persone imbarcate.

Cena
Carne, pesce, pasta, riso, cuscùs, farro, orzo, qualsiasi genere di verdura e frutta.

Bevande
Acqua, vino, birra, succo di frutta o quant'altro.

Olio, sale, zucchero, condimenti e spezie varie, canovacci, tovaglioli, carta igienica, detersivo per i piatti e sacchetti dell'immondizia sono accessori che è meglio ricordare di prendere in ogni caso.

Riguardo alle quantità è necessario valutare le normali abitudini di ognuno: per questo è consigliabile ritrovarsi tra i partecipanti per fare la spesa. Il consiglio è abbondare sui generi a lunga scadenza che in ogni caso possono essere riportati a casa e acquistare «lungo il cammino» i generi alimentari che deperiscono facilmente (frutta, verdura, carne, pesce eccetera). Patate, carote, cipolle, finocchi, sedano e cetrioli sono verdure che possono durare diversi giorni, se conservati in luogo fresco e asciutto: di queste è possibile fare scorta.

Il frigorifero in barca assorbe molta elettricità e, a meno che non si disponga di più batterie collegate ai servizi o di un mezzo alternativo di ricarica al motore (generatore eolico, pannelli solari), per la maggior parte del tempo sarà spento se decidiamo di navigare a vela. Bottiglie di acqua ghiacciate, reperibili nei bar, sono un ottimo refrigeratore da tenere a contatto con gli alimenti per mantenerli alla giusta temperatura di conservazione.

Riguardo alla preparazione dei pasti è opportuno prestare attenzione a non farsi male o bruciarsi: il fornello è basculante in navigazione, ma non tutti sono capaci di abituarsi rapidamente.

13.3 *La borsa dello skipper*

Abbigliamento invernale

Cerata, giacca termica, pantaloni, due maglioni, tuta termica, calze termiche, scarpe, stivali, guanti, cappello di lana, sciarpa, un ricambio totale in sacca stagna, biancheria, sacco a pelo, ciabatte per doccia, asciugamano, borsa da toilette, occhiali da sole.

Abbigliamento estivo

Magliette, bermuda, costumi, cappello, due felpe o maglie pesanti, pantaloni lunghi, giacca, calze, biancheria, sandali, scarpe, occhiali da sole, creme protettive, borsa toilette, asciugamano, ciabatte per doccia, pomata contro zanzare, camicie per le feste sulle barche degli altri.

Attrezzatura consigliata da tenere nello zaino

Documenti personali, maschera subacquea, bansigo, copiglie, strumenti da carteggio ed eventuali carte particolari o portolani, pubblicazione 1111, manuale emergenze mediche, guanti sterili per autoprotezione, bussola da rilevamento, VHF portatile impermeabile, tester, guardapalma, aghi e filo, piccolo saldatore a gas e stagno, fischietto, pennarello, forbici, piccolo set di brugole, faretto da alpinista e luce strobo con pile di ricambio, starlite, fascette di varie dimensioni, scotch e nastro isolante, fastom per cavi elettrici, grilli di varie dimensioni, moschettone per appennellare o per altro utilizzo, carta smeriglio, coltello multiuso da vela, pugnale subacqueo, pinze multiuso, elastici, sagole, accendino, guanti da lavoro e da vela, agenda indirizzi utili dei porti.

APPENDICE

Appendice 1

In condizione di scarsa visibilità ogni unità deve emettere, ogni 2 minuti, i seguenti segnali acustici.

Il suono breve ha la durata di circa 1 secondo	•
Il suono lungo ha la durata di circa 5 secondi	–
Unità a motore in navigazione con abbrivio	–
Unità a motore in navigazione senza abbrivio	– –
Unità a vela, peschereccio, rimorchiatore, posacavi, nave che non governa, nave con manovrabilità limitata, nave condizionata dal proprio pescaggio	–••
Ultima nave di rimorchio se con equipaggio	–•••

Ogni unità all'ancora, in condizioni di scarsa visibilità deve emettere i segnali previsti ogni minuto.

Navi < 100 m	devono suonare la campana a intervalli non superiori al minuto per circa 5 secondi a prora.
Navi ≥ 100 m	devono suonare la campana a intervalli non superiori al minuto per circa 5 secondi a prora; poi emettere suoni di gong per 5 secondi nella parte poppiera della nave.
Navi incagliate	devono emettere i segnali di nave all'ancora, preceduti e seguiti da 3 tocchi di campana.

I segnali di manovra indicano alle altre unità il proprio mutamento di rotta.

Sto accostando a dritta	•
Sto accostando a sinistra	••
Sto andando con le macchine indietro	•••
Non capisco le vostre intenzioni	•••••

I segnali di sorpasso devono essere utilizzati in canali o passaggi ristretti: il sorpasso deve svolgersi in sicurezza e l'unità raggiunta deve accostare in modo da agevolare l'esecuzione della manovra.

Intendo sorpassarvi sulla dritta	– – •
Intendo sorpassarvi sulla sinistra	– – ••
Benestare di sorpasso dall'unità raggiunta	– • – •

Appendice 2

Riportiamo la tabella internazionale relativa alla trasmissione di lettere e cifre.

A	alfa	J	juliet	S	sierra	1	unaone
B	bravo	K	kilo	T	tango	2	bissotwo
C	charlie	L	lima	U	uniform	3	terrathree
D	delta	M	mike	V	victor	4	kartefour
E	echo	N	november	W	whisky	5	pantafive
F	foxtrot	O	oscar	X	x-ray	6	soxisix
G	golf	P	papa	Y	yankee	7	setteseven
H	hotel	Q	quebec	Z	zulu	8	oktoeight
I	india	R	romeo	0	nadazero	9	novenine

Appendice 3

Qui sotto è riportata la tabella riassuntiva delle caratteristiche della luce dei segnalamenti luminosi.

Tipo della luce e descrizione	**Abbreviazioni**		**Rappresentanza della luce**
	Italiane	**Internaz.**	
Fissa: luce continua di colore e intensità costanti	F	F	
Intermittente: la durata della luce è maggiore della durata delle eclissi			
Intermittente a eclisse singola: una sola eclisse è regolarmente ripetuta	Oc	Int.	
Intermittente a gruppi di eclissi: un gruppo di eclissi specificato è regolarmente ripetuto	Oc (2)	Int. (2)	
Intermittente a gruppi compositi di eclissi	Oc (2+1)	Int. (2+1)	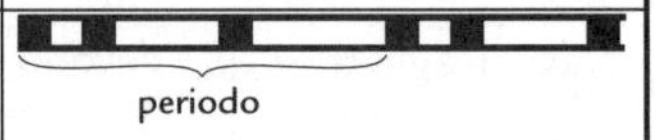

Tipo della luce e descrizione	Abbreviazioni		Rappresentanza della luce
	Italiane	Internaz.	
Isofase: la durata della luce è uguale a quella dell'eclisse	Iso	Iso	periodo
A lampi: la durata della luce è minore di quella delle eclissi e i lampi hanno la medesima durata			
A lampi singoli: regolarmente ripetuti, di numero inferiore a 50 al minuto	Fl	Lam.	periodo
A lampi lunghi: la durata del lampo non è inferiore a 2 secondi	LFl	Lam. L.	periodo
A gruppi di lampi: un gruppo di lampi specificato è regolarmente ripetuto	Fl (3)	Lam. (3)	periodo
A gruppi compositi di lampi	Fl (3+1)	Lam. (3+1)	periodo
Scintillante: la frequenza della luce è compresa tra 50 e 80 lampi al minuto			
Scintillante continua: il lampo è regolarmente ripetuto	Q	Sc	
Scintillante a gruppi: un gruppo di lampi specificato è ripetuto	Q (3)	Sc. (3)	periodo
Scintillante intermittente: la sequenza dei lampi è interrotta da un'eclisse regolarmente ripetuta	IQ	Sc. Int.	periodo
Scintillante rapida: la frequenza della luce è compresa tra 80 e 160 lampi al minuto.			
Scintillante rapida continua: il lampo rapido è regolarmente ripetuto	VQ	Sr.	
Scintillante rapida a gruppi: un gruppo di lampi rapidi specificato è regolarmente ripetuto	VQ (3)	Sr. (3).	periodo
Scintillante rapida intermittente: la sequenza dei lampi rapidi è interrotta da un'eclisse regolarmente ripetuta	IVQ	Sr. Int.	periodo
Scintillante ultrarapida: la frequenza della luce è superiore a 160 lampi al minuto			
Scintillante ultrarapida continua: il lampo ultrarapido è ripetuto	UQ	Su.	
Scintillante ultrarapida intermittente: la sequenza dei lampi ultrarapidi è interrotta da un'eclisse ripetuta	IUQ	Su. Int.	periodo
Codice Morse: la luce a causa della diversa durata dei lampi rappresenta una lettera dell'alfabeto Morse, dove i lampi in questo caso rappresentano i punti e le linee	Mo (Y)	Mo (Y)	periodo
Fissa e a lampi: una luce fissa alla quale viene sovrapposta una luce a lampi più intensa	FFl	F. Lam.	periodo
Alternata: una luce che mostra colori diversi in modo alternato	Al WR	Alt. b. r.	W R W R W R periodo

RINGRAZIAMENTI

Il primo ringraziamento è per i miei amici della scuola di vela La Via del Mare di Firenze Marco Scala, Piero Burresi, Andrea Genna, i quali sono stati presenti nella mia prima formazione velica e hanno sempre discusso con passione i problemi della navigazione che in questi anni ho posto loro.

Un grazie con applauso è per i miei amici filosofi Valter Bucelli, Marino Rosso, Roberto Arpaia che sono per me, per aspetti diversi, persone speciali e mi hanno sostenuto e consigliato riguardo al metodo con cui scrivere il testo, intrecciando una bellissima teoria filosofica sui manuali.

Tante grazie anche per i preziosi consigli di Mauro e Margherita Pelaschier, Alessandro Roggi, Duccio Mediati, Marco Tibiletti, Marco Santucci, Gianfranco Giunti, Fabrizia Baldissera, Mariella Zanieri, Giorgio Gallo, Vittorio Lucchesi, Marco Gaito, Claudio di Colo, Milco Reggioli, Alessio Stefani, Jano, Giuseppe Messina, Adriano Vecchierelli, Gianfranco Zamboni, il Comando Generale del Corpo delle Capitanerie di Porto e il Dipartimento della Protezione Civile, e altri che non ho nominato, ma hanno contribuito con i loro consigli.

Un grazie speciale ai miei genitori che non hanno mai dubitato delle mie capacità di riuscire in questo lavoro e mi hanno incoraggiato fin dall'inizio, ai piedi della montagna.

Grazie a tutti coloro che in questi anni hanno navigato con me e hanno stimolato con le loro domande le mie riflessioni.

INDICE ANALITICO